Corredores de sombra

Índice

Prólogo 7

Corredores de sombra

Cap. 1 11
Cap. 2 20
Cap. 3 29
Cap. 4 37
Cap. 5 47
Cap. 6 58
Cap. 7 69
Cap. 8 78
Cap. 9 90
Cap. 10 100
Cap. 11 107
Cap. 12 119
Cap. 13 127
Cap. 14 134
Cap. 15 139
Cap. 16 146
Cap. 17 155
Cap. 18 160
Cap. 19 166
Cap. 20 173
Cap. 21 181
Cap. 22 189
Cap. 23 197
Cap. 24 204

Agradecimientos 209
El autor y su obra 213
Abreviaturas y símbolos 216

Prólogo

Agustín Fernández Paz es, con toda seguridad, el escritor gallego de literatura juvenil más conocido y leído de todo el territorio español y fuera de él. Su conocimiento del público juvenil proviene de la dilatada experiencia docente que el autor adquirió tanto a nivel de Primaria como de Secundaria impartiendo Lengua y Literatura Gallegas hasta 2008. Éste fue un año lleno de significado para Fernández Paz ya que, además de prejubilarse del mundo de la enseñanza, recibió el Premio Nacional de Literatura Infantil y Juvenil de España, prestigioso galardón en el panorama nacional que le fue concedido por el Ministerio de Educación por su obra *O único que queda é o amor* (Lo único que queda es el amor). Antes de este último reconocimiento ya había sido galardonado por su obra en numerosas ocasiones. Sus libros, escritos originariamente en gallego, han sido traducidos a diversas lenguas y constituyen un referente incuestionable de la literatura juvenil de nuestra época.

Durante su prolífica carrera docente no se conformó solo con impartir clases sino que participó también de manera activa en varios proyectos lingüísticos y educacionales relacionados con la reforma educativa de Galicia, el diseño curricular y la coordinación docente. La renovación pedagógica ha sido y es una de las grandes preocupaciones del autor, quien está convencido de que la educación es una herramienta imprescindible para transformar el mundo. Conjugando esta convicción con el amor por su lengua y por la literatura, Agustín Fernández Paz se entrega de lleno no sólo a la tarea de producir materiales escolares para la enseñanza del gallego, sino también a escribir novelas dirigidas al público que mejor conoce: los jóvenes. Su producción literaria en este campo es muy amplia, comenzando en 1989 y creciendo hasta la actualidad con veintitrés obras que confirman que es uno de los autores más reconocidos en este campo narrativo.

En 2006 ve la luz la novela que aquí se presenta, *Corredores de sombra*. Esta obra forma parte de nuestra nueva colección *Literatura juvenil*, la cual responde a la creciente demanda de textos auténticos por parte del público más joven en la clase de ELE y de sus docentes. Las obras pertenecientes a esta colección han sido escritas por autores de prestigio y reconocido trabajo a través de numerosos premios. Todas ellas tratan temas de actualidad que permiten establecer un puente entre el mundo del alumno y las culturas latinoamericanas y españolas. Además, el tono cercano a los alumnos más jóvenes se refleja en el tratamiento del vocabulario que lo expresa.

A pesar de su larga trayectoria como escritor, en *Corredores de sombra* el maestro gallego aborda por primera vez la temática de la Guerra Civil Española y la represión de la posguerra a través de la mirada de una joven. Agustín Fernández Paz vivió la posguerra, época de penurias y de reconstrucción de un país maltrecho por las secuelas de tres años de horror. Su infancia y su juventud bajo la dictadura (tenía 28 años cuando murió Franco) han influido decididamente en su persona y le han otorgado un claro y personal conocimiento del tema que el autor vuelca en esta obra. En *Corredores de sombra* Fernández Paz modela su historia mediante un entramado de elementos que caracteriza también otras creaciones de su pluma: chicos jóvenes como personajes principales, dilemas morales a los que se enfrentan los mismos, aventura, misterio, lealtad, enfrentamiento entre el bien y el mal. Todos estos ingredientes se conjugan para formar una atrapante historia a lo largo de veinticuatro capítulos en la cual su protagonista, Clara Soutelo, nos relata sus recuerdos del verano de 1995 cuando tenía 16 años. Clara acude a su diario para revivir aquel verano en el pazo familiar. Todo cambiaría en un solo verano, dando un nuevo giro al significado del pasado, tanto el personal como el de su familia.

Corredores de sombra acerca a los jóvenes, por medio de la intriga y el misterio, a una realidad que aún está muy presente en España: la búsqueda, el recuerdo doloroso que se produce en una guerra que enfrenta a hermanos y vecinos. Una guerra que aunque se quiera olvidar, aún forma parte de la vida de muchos que necesitan saber dónde están los que desaparecieron. La falta de un lugar donde llorar a los muertos puede ser peor que el dolor que causa su ausencia.

Las consecuencias de la Guerra Civil y el manto de silencio tendido en torno a este tema son de suma actualidad en la España de hoy, lo que se refleja en la sanción de la Ley de Memoria Histórica en 2007, ley que ha obligado a muchos a echar una mirada atrás. Agustín Fernández Paz sabe usar para ello el recurso de la apasionante narración, mostrando a la juventud a través de historias personales y de una forma muy acertada lo que significó para España vivir el horror de la guerra y logrando así que esa juventud se sirva de los recuerdos de sus abuelos o bisabuelos, los que, aunque ya lejanos en el tiempo, les ayudarán comprender un pedazo de la historia, de su historia.

Silvia Vega Ordóñez

1 El año en el que todo cambió

1995

Ha llegado la hora, sí, no la aplazaré por más tiempo. Nunca pensé que acabaría cumpliendo el deseo de mi tío Carlos, nunca imaginé que sería capaz de romper la barrera invisible que me impedía poner por escrito lo que sucedió en el verano
5 de 1995, un verano cada vez más alejado en el tiempo y en el recuerdo. Por aquel entonces yo todavía era muy joven, mientras que ahora veo cómo se acerca de manera obstinada la frontera de mis treinta años. Supongo que me hizo falta todo este tiempo para distanciarme, para que los hechos
10 se solidificaran en mi memoria y perdiesen todo su potencial perturbador. Han pasado más de diez años, una etapa necesaria para poder enfrentarme a este momento en que, entre miedos e inseguridades, emprendo el viaje al pasado, guiada tan solo por mis palabras.

15 Quizá esto no sea más que un ajuste de cuentas, o esa ruptura con los fantasmas familiares que Carlos me pedía insistentemente. Tal vez nazcan de ahí las razones que me mueven, serían suficientes para justificarme. Pero también soy consciente de que en mi decisión influyeron de modo
20 relevante algunas noticias que, en apariencia, nada tienen que ver conmigo. Cuando leo en la prensa, como he podido hacer reiteradamente estas últimas semanas, esas informaciones que hablan del esfuerzo de tantas personas por encontrar el lugar donde yacen sus muertos, abandonados en alguna tumba
25 anónima tras la guerra civil; cuando constato su afán por recuperar sus restos y rescatarlos del abismo de la desmemoria

---

1 **aplazar** *uc* dejar uc para más tarde – 2 **acabar + ger** hacer uc finalmente – 3 **invisible** que no se ve – 4 **impedir** no dejar hacer uc – 5 **cada vez más** immer mehr – 7 **acercarse ≠** alejarse (ácerca) – 7 **obstinado** stur – 8 **hacer falta** necesitar, ser necesario – 10 **solidificarse** *fig* festsetzen (→ sólido) – 11 **perturbador** störend – 13 **emprender** *uc* empezar uc – 14 **guiado** geführt (→ guía) – 15 **un ajuste de cuentas** *fig* Abrechnung – 16 **una ruptura** uc que se rompe o se separa de uc – 18 **justificarse** *por uc* sich rechtfertigen – 20 **en apariencia** a simple vista, desde *fuera* (draußen) – 22 **reiteradamente** repetidamente, muchas veces – 23 **un esfuerzo** Mühe, Anstrengung – 24 **yacer** liegen – 24 **una tumba** Grab – 25 **el afán por** *uc* Eifer – 26 **rescatar** *salvar* (retten) – 26 **un abismo** Abgrund – 26 **la desmemoria** olvido

que los devoró tras ser asesinados; cuando veo a tanta gente pidiendo que se abran las fosas comunes de una guerra que parece ya tan lejana, tan del siglo pasado, pero que se mantiene aún tan viva, siento que no puedo permanecer indiferente.

5 Y entonces también a mí me entra la urgencia de contar cómo contribuí, aunque fuese de manera involuntaria, a abrir una fosa que todos se empeñaban en mantener cerrada para siempre. Hora es de que rescate con mis palabras la memoria de aquel muerto que pudo haber quedado olvidado hasta el
10 fin del mundo, si no fuera por el azar, ese extraño azar que gobierna nuestras vidas y que me llevó a estar en el lugar preciso aquella mañana de julio de 1995. Porque también los de la estirpe de los vencedores de aquella guerra podemos aportar nuestro grano de arena a la memoria colectiva, aunque otros
15 descendientes de las familias victoriosas permanezcan muy cómodos con su vida construida sobre el crimen y la rapiña de aquellos años. Una traidora, una traidora a mi clase, dirán algunos. Probablemente tengan razón, pero yo no lo siento así. No puedo cambiar mi pasado, es cierto, pero tampoco puedo
20 dejar que ese pasado acabe por condicionar toda la vida que tengo por delante.

La memoria es poderosa, pero también es frágil y nos tiende trampas para que vayamos por donde a ella le conviene. «La memoria nos abre luminosos corredores de sombra», escribió
25 José Ángel Valente, el poeta que, de tanto oírselo citar a mi tío Carlos, acabó por convertirse en un referente imprescindible

1 **devorar** *fig aquí:* auslöschen – 2 **una fosa común** tumba con muertos normalmente sin identificar – 4 **permanecer** *quedar(se)* (bleiben) – 4 **indiferente** que no es importante, que da igual – 5 **entrar la urgencia de uc** tener la necesidad de hacer uc rápidamente – 6 **contribuir** ayudar para *conseguir* (erreichen) uc – 6 **involuntario** sin querer hacerlo – 7 **empeñarse en uc** pedir uc una y otra vez – 10 **el azar** Zufall – 11 **gobernar** *dirigir* (führen) – 12 **preciso** correcto – 13 **una estirpe** Stamm – 13 **un vencedor** up que *gana* (gewinnt) uc – 13 **aportar** dar uc – 14 **un grano de arena** Sandkorn *fig* pequeña ayuda – 15 **un descendiente** Nachkomme – 16 **una rapiña** *robo* (Diebstahl) con *violencia* (Gewalt) – 17 **un traidor** Verräter – 20 **acabar** terminar – 22 **poderoso** mächtig (→ poder) – 22 **tender una trampa** eine Falle stellen – 23 **convenir** venir bien, ser bueno para uc o up – 24 **luminoso** con *luz* (Licht) – 25 **José Ángel Valente** (1929-2000) escritor, *poeta* y traductor español. – 26 **imprescindible** fundamental, necesario

para mí. Es una suerte que conserve los diarios de aquel tiempo: ellos serán mi hilo de Ariadna cuando me adentre en el laberinto. Me servirán para reconstruir los hechos de aquellas pocas semanas; con ellos conseguiré evitar que se deformen
5 con las celadas de la memoria, después de tantos años. Es verdad que siento vergüenza y ternura al leer los cuadernos que fueron tan importantes durante mis años de la adolescencia. Por aquel entonces yo comenzaba a descubrir la vida y usaba palabras solemnes y gastadas para describir mis sentimientos;
10 todavía tendrían que pasar muchos años para que conquistase mi propio lenguaje. Pero anotaba los hechos externos con todo detalle; así que, si prescindo de los pormenores sentimentales, los diarios serán una excelente guía para poder orientar mis pasos.
15 Mi distancia con la chica que yo era en aquellos años es enorme, me cuesta trabajo reconocerme en las palabras que releo ahora. Sin embargo, sí que me permiten confirmar que aquel fue un tiempo de cambios. El fin de una etapa y el comienzo de otra, aunque no fuera muy consciente de la
20 transformación subterránea que se estaba operando en mí. Lo viví todo como una aventura, como una trasgresión de las normas familiares, sin darme cuenta de que dentro de mí comenzaban a germinar las semillas del cambio que me habría de conducir a una nueva fase de mi vida.
25 Y, claro, cómo olvidar a Miguel en esta aventura de volver sobre mis pasos. Fue mi descubrimiento del amor, de ese amor que a veces nos inunda el cuerpo y nos ilumina la vida entera. Aunque después el tiempo también se haya encargado

---

2 **un hilo** Faden – 2 **Ariadna** personaje mitológico griego que ayudó a Teseo a salir del laberinto del Minotauro con un *ovillo* (Knäuel) de hilo de oro – 2 **adentrase** entrar (→ dentro) – 4 **evitar** vermeiden – 4 **deformarse** *perder* (verlieren) la forma – 5 **una celada** trampa – 6 **la vergüenza** Schamgefühl – 6 **la ternura** Zärtlichkeit – 9 **solemne** majestuoso – 9 **gastado** *aquí*: muy usado – 12 **prescindir de uc** dejar a un lado, evitar – 12 **un pormenor** detalle poco importante – 16 **costar trabajo** ser difícil – 17 **releer** leer otra vez – 17 **confirmar** bestätigen – 20 **operar** *aquí*: suceder, pasar, ocurrir – 21 **una transgresión** no cumplimiento de uc (Übertretung) – 23 **germinar** keimen – 23 **una semilla** Samen(korn) – 24 **conducir** *aquí*: llevar, dirigir – 27 **inundar** *llenar* (füllen) – 27 **iluminar** *fig* dar luz – 28 **encargarse de uc** für etw sorgen

de demostrarme que no existen amores eternos, excepto en las novelas que inventamos para engañar a la muerte, y que todos tienen fecha de caducidad desde el mismo instante en que comienzan.

5 Pero todo esto no lo podía saber entonces. No era más que una chica de dieciséis años con muchos pájaros en la cabeza, aunque, de un modo confuso, era ya consciente de que dentro de mí había algo que me apartaba de la superficialidad de la mayor parte de mis compañeras de Santa María del Mar, el
10 colegio al que iba desde niña. Un colegio que recuerdo con ternura, muy lejos del odio que otra gente de mi generación les tiene a los suyos. Es algo que le debo agradecer a mi madre, porque, si fuera por mi padre, habría estudiado en el colegio de las Adoradoras o en alguno semejante, donde iban los hijos
15 de las familias más rancias o más arribistas de la ciudad. En el mío, por el contrario, coincidíamos los hijos de lo que un sociólogo llamaría la clase media-alta de A Coruña: familias liberales, que querían una educación alejada de las rémoras del pasado y del oscurantismo religioso.

20 Apenas he comenzado y ya me he puesto a divagar, tengo que ser más rigurosa. No es ahora el momento de hablar de mis padres ni de mi vida en el colegio. En cambio antes de abrir el diario y dejarme llevar por el recuerdo de lo que ocurrió aquel seis de julio, es obligado que hable algo del Pazo de Soutelo, el
25 lugar donde todo ocurrió.

El Pazo de Soutelo está en el municipio de Vilarelle y pertenece a mi familia paterna desde que se construyó,

---

1 **eterno** para siempre – 2 **engañar** hacer creer uc que no es verdad – 3 **una fecha de caducidad** fecha máxima para el uso de uc – 8 **apartar de** alejar, poner a un lado – 8 **superficialidad** frivolidad (→ superficie) – 9 **Santa María del Mar** colegio religioso jesuita – 14 **las Adoradoras** Santísimo Sacramento colegio religioso de *monjas* (Nonnen) – 14 **semejante** similar, parecido – 15 **rancio** *despect* antiguo, anticuado – 15 **arribista** up que quiere conseguir *éxito* (Erfolg) de cualquier modo (Streber) – 16 **coincidir** estar al mismo tiempo en un lugar – 17 **A Coruña** *gall* La Coruña; ciudad gallega en el noroeste de España – 18 **una rémora** *fig obstáculo* (Hindernis) que no deja continuar – 19 **el oscurantismo** oposición al progreso y a favor de las ideas del pasado – 20 **divagar** hablar o escribir uc sin relación directa con el tema – 24 **un pazo** casa grande de campo gallega antigua – 27 **paterno** del padre

mediado el siglo XVIII. Los Soutelo fueron desde siempre los
señores de la comarca, los hidalgos que poseían una buena
parte de las tierras de los alrededores y vivían cómodamente
del esfuerzo de los campesinos aforados. Una familia que
5 ya era poderosa antes de edificar el pazo, emparentada con
algunos de los linajes gallegos de mayor abolengo y poder,
como el de los Montenegro o el de los Andrade.

   Las de Vilarelle son tierras del interior, muy distintas de los
paisajes amables de la costa. El pueblo está a unos cuarenta
10 kilómetros de A Coruña, la ciudad en la que se instalaron
mis padres después de casarse. La misma en la que yo nací,
seis meses más tarde, como a veces algunas personas se
empeñaban en recordarme cuando era pequeña, aunque tardé
en darme cuenta de lo que significaba esa corta distancia entre
15 las dos fechas.

   El pazo está situado un poco antes de llegar al pueblo, en la
cima de una colina que baja suavemente hasta acabar en el
río. Es un edificio de dos cuerpos en forma de ele que siempre
me ha parecido inmenso, aunque lo realmente grandioso
20 son las extensas tierras amuralladas que lo rodean. En ellas
destacaban el jardín que se extendía por la fachada orientada
al mediodía, con la fuente redonda donde vivían los peces
de color naranja que tanto me fascinaban; la plantación de
árboles frutales que llegaba hasta el mismo cauce del río; y,
25 sobre todo, el bosque que se iniciaba más allá de las huertas
de la parte de atrás: un bosque en el que me encantaba

2 **una comarca** pueblos que tienen características comunes – 2 **un hidalgo** up que es
de una familia de la aristocracia – 2 **poseer** tener uc que le pertenece – 4 **aforado** con
privilegios – 5 **edificar** construir – 5 **emparentado** con relación familiar – 6 **un linaje**
personas que vienen de una familia (Abstammung) – 6 **el abolengo** de familia *ilustre*
(berühmt) – 13 **tardar** necesitar demasiado tiempo en hacer uc – 17 **una cima** punto
más alto de *p ej* una montaña (Gipfel) – 17 **una colina** montaña pequeña (Hügel) –
17 **suavemente** que no es brusco – 20 **extenso** de tamaño, superficie grande –
20 **amurallado** protegido por un *muro* (Mauer) – 20 **rodear** estar alrededor de uc
(umringen) – 21 **destacar** sobresalir (herausragen) – 21 **una fachada** parte exterior de
un edificio – 21 **orientado al mediodía** dirección sur – 22 **redondo** de forma circular o
esférica (rund) – 24 **un cauce** *del río* lugar por donde va el río (Flussbett) – 25 **iniciarse**
comenzar, empezar – 25 **una huerta** tierra donde se plantan verduras o árboles frutales –
26 **de atrás** hinten

perderme cuando era más pequeña, pues parecía tan extenso e inacabable como los de los cuentos de los Grimm que leía en aquella edición tan hermosa que me había regalado mamá en uno de mis cumpleaños.

5   Hoy soy consciente de la singularidad y del valor artístico del edificio, pero en aquellos años no lo era. Para mí siempre había sido la casa de mi abuela Rosalía, el lugar feliz donde podía liberarme de las limitaciones que a una niña le imponía la vida en la ciudad. Mientras ella vivió íbamos muchas veces. Siempre
10 pasábamos allí algunos días en los periodos de vacaciones, que se convertían en una larga temporada en los meses de verano, cuando mis padres se marchaban de viaje y nos dejaban a mí y a mis hermanos al cuidado de la abuela y de unas criadas que me trataban como si yo fuera una princesita. Un trato de
15 privilegio que también percibía en las niñas de las familias pudientes del pueblo, que a veces venían a jugar conmigo, y que me manifestaban una sumisión que entonces aceptaba como algo natural.

   La abuela Rosalía murió en 1993. Yo había cumplido ya
20 los catorce años y me apetecía cada vez menos ir al pazo durante las vacaciones, pues la vida en la ciudad comenzaba a parecerme más atractiva. El verano posterior a su muerte sólo fuimos unos pocos días, y pensaba que la etapa del pazo, que asociaba con una infancia que acababa de abandonar,
25 quedaba ya definitivamente cerrada. Con lo que no contaba era con que, cuando se repartió la herencia de la familia, mi padre les comprara su parte del pazo al tío Carlos y a la tía Ana María. Deseaba reformarlo –nos dijo cuando nos comunicó su decisión–, darle una nueva vida y convertirlo en nuestra

---

2 **inacabable** sin fin, que no se termina – 5 **la singularidad** uc especial – 5 **el valor** Wert – 8 **imponer** poner por la fuerza para dominar (durchsetzen) – 12 **marcharse** irse – 13 **dejar al cuidado de up** estar bajo la *atención* (Beachtung) de up (in Obhut geben) – 13 **una criada** up que trabaja en las tareas de la casa – 14 **un trato** forma de tratar a up (Umgang) – 15 **percibir** notar, darse cuenta de – 16 **pudiente** con dinero, que tiene posibilidades económicas – 17 **la sumisión** Unterwerfung – 20 **cada vez menos** immer weniger – 24 **la infancia** tiempo en que se es niño – 25 **contar con uc** *loc* esperar uc, tener presente uc – 26 **repartirse** distribuir uc entre personas (aufteilen) – 26 **una herencia** uc de valor dejado después de la muerte

segunda residencia. Así evitaría que la propiedad pudiera pasar a otras manos que no fuesen las de un Soutelo, una posibilidad que consideraba inaceptable.

Ahora, desde la distancia que me proporcionan los años,
5 cuando ya lo conozco mejor, pienso que las razones que impulsaron a mi padre eran otras muy distintas. Quizá sentía cierta nostalgia de su infancia, o tal vez deseaba salvaguardar el patrimonio de la familia; pero por encima de todo estaba el ansia de sentirse el representante de una estirpe que, a pesar
10 de que los tiempos ya habían cambiado, seguía teniendo una poderosa influencia en la comarca. En el portalón del pazo, y también en su fachada principal, estaba el escudo de la familia, un blasón labrado en granito, que desafiaba el paso del tiempo. Banderas y cruces de piedra, presididas por la
15 S coronada de los Soutelo, todas ellas marcas de un pasado de grandeza. Un símbolo así debía suponer para mi padre la confirmación de un prestigio que en la ciudad, aunque nuestra posición económica fuera muy desahogada, quedaba muy diluido entre las poderosas familias de siempre y las grandes
20 fortunas surgidas al amparo del negocio de la construcción.

En cuanto se formalizó todo el papeleo que le hacía dueño único de la propiedad, mi padre inició las obras de reforma del edificio. Es verdad que algunas partes se encontraban deterioradas y otras eran poco funcionales, más propias de
25 un estilo de vida ya caduco, pues la abuela Rosalía, desde la muerte de mi abuelo, poco después de nacer yo, no se había preocupado de arreglar nada. Así que, durante más de un año,

---

4 **proporcionar** dar – 6 **impulsar** estimular, motivar (antreiben) – 7 **salvaguardar** *proteger* (schützen) – 8 **un patrimonio** grupo de propiedades que se tienen (Vermögen) – 9 **un ansia** deseo que no puede esperar – 9 **a pesar de que** aunque – 11 **un portalón** puerta grande – 12 **un escudo** superficie o espacio que muestra el emblema de una familia – 13 **un blasón** figura de un escudo (Wappen) – 13 **labrado** trabajado sobre un material para darle una forma – 13 **desafiar** trotzen – 14 **una bandera** *tela* (Stoff) que representa un país – 14 **una cruz** Kreuz – 14 **presidido** con el lugar más importante (→ presidente) – 15 **coronado** con corona – 18 **desahogado** sin problemas económicos – 19 **diluido** *aquí*: que se ve menos – 20 **surgido** salido de – 20 **el amparo** *aquí*: protección, ayuda – 21 **en cuanto** tan pronto como – 21 **el papeleo** documentos necesarios para solucionar uc – 21 **un dueño** propietario – 24 **deteriorado** en mal estado – 25 **caduco** viejo, no actual – 27 **arreglar** reparar

se llevo a cabo un intenso trabajo de reforma que le devolvió al pazo la confortabilidad que había ido perdiendo por el abandono y por el paso del tiempo.

En el verano de 1995, las reformas se encontraban muy adelantadas. De hecho, toda el ala principal y el piso de arriba del ala lateral –la más bonita, con la solana que tanto me gustaba– estaban listos para ser habitados. Tan solo quedaba por arreglar la planta baja del lateral, que antiguamente se utilizaba para las caballerizas y como almacén de todo tipo de cosas, y que, tras la reforma, acogería un gimnasio y diversas salas de tamaño más reducido. En primavera, mi padre decidió que pasaríamos en el pazo los meses de julio y agosto; así él podría seguir de cerca los trabajos de reforma y nosotros podríamos volver a darle una nueva vida al edificio familiar.

Mi madre acogió la idea con entusiasmo: pensaba dedicarse a la pintura con intensidad, y el sosiego del pazo le ofrecía las condiciones idóneas para sus propósitos. Y mis hermanos, los gemelos, también parecían muy satisfechos ante la perspectiva de poder deambular con total libertad por una finca tan fascinante como la que rodeaba el edificio. Además, estaban encantados con la invitación que papá les había hecho a nuestros primos, los hijos de mi tía Ana María. Aunque mi primo Alfredo era algo mayor que ellos, pues tenía catorce años, confiaban en que compartiese juegos y aventuras, como ya había hecho en otras ocasiones.

A mí debería pasarme lo mismo con mi prima Loreto, pero, la verdad, la sola idea de tener que aguantarla me ponía enferma. Supongo que no era culpa suya, pues sólo respondía

---

1 **llevarse a cabo uc** *loc* hacerse, realizarse – 1 **devolver** zurückgeben – 2 **la confortabilidad** capacidad de ser cómodo y agradable (→ confortable) – 5 **un ala** *f aquí:* cada una de las partes a los lados de la estructura central de un edificio – 6 **lateral** un lado (seitlich) – 6 **una solana** parte de la casa donde se toma el sol – 9 **una caballeriza** lugar donde están los *caballos* (Pferde) – 9 **un almacén** lugar para *guardar* (behalten) cosas (Lager) – 10 **acoger** aufnehmen – 10 **un gimnasio** habitación para hacer deporte – 11 **el tamaño** Größe – 16 **la pintura** Malerei (→ pintar) – 16 **el sosiego** tranquilidad – 17 **idóneo** perfecto, ideal – 18 **hermano gemelo** hermanos iguales entre sí, nacidos al mismo tiempo – 19 **deambular** pasear, caminar sin dirección *determinada* (bestimmt) – 24 **compartir uc** participar en uc con otras personas – 25 **una ocasión** Gelegenheit – 27 **aguantar a up** tolerar a up poco agradable (ertragen)

con exactitud a lo que se esperaba de una chica de diecisiete años de su clase social. Le encantaba hablar de ropa, y de maquillajes, y de novios, asuntos todos que a mí me traían sin cuidado. Mal nos podíamos entender, pues yo me encontraba
5 en una etapa de rebeldía y autoafirmación, fascinada por una música –Nirvana, Smashing Pumpkins o The Clash, el grupo con el que más me identificaba– que estaba a años luz de las melodías almibaradas que ella escuchaba a todas horas.

Por eso mencioné antes el azar. Aquel verano tendría que
10 haber transcurrido como estaba previsto. Aquellos meses se habían organizado para que todos disfrutáramos del lujo y los placeres que nos correspondían como propietarios del pazo: unas habitaciones inmensas, todas las comodidades imaginables, criadas para atender nuestros caprichos, los días
15 ocupados sólo en charlar y divertirnos. Pero no fue así, por suerte para mí, y el azar irrumpió en mi vida para alterarla de tal forma que ya nunca más volví a ser la misma.

Sé bien que una historia nunca tiene un comienzo concreto, que todas vienen de muy atrás, y con más razón esta que ahora
20 inicio. Pero tengo que empezar por el seis de julio, si debo fiarme de mi diario, porque fue ese día cuando se descubrió el esqueleto en las dependencias del pazo, el primer esqueleto que yo veía en mi vida. ¿Cómo podía sospechar entonces que un descubrimiento así iba a cambiarme para siempre?

---

3 **el maquillaje** Make-up – 3 **un novio** up con la que se tiene una relación sentimental – 3 **un asunto** *aquí*: tema – 3 **traer uc a up sin cuidado** *coloq* no importarle nada – 5 **la autoafirmación** seguridad en uno mismo – 6 **Nirvana** grupo norteamericano de música grunge en los años 90 y liderado por Kurt Cobain – 6 **Smashing Pumpkins** grupo estadounidense de rock alternativo formado en 1988 – 6 **The Clash** (1976-1986) grupo punk inglés muy importante a finales de los 70 – 8 **almibarado** demasiado dulce – 10 **trancurrir** *el tiempo* pasar – 10 **previsto** que se tiene ya antes pensado, organizado – 14 **atender** *aquí: satisfacer* (befriedigen) *p ej* un deseo – 14 **un capricho** deseo momentáneo a veces sin sentido – 15 **charlar** plaudern – 15 **divertirse** pasarlo bien – 16 **irrumpir** entrar con violencia o fuerza en un lugar – 16 **alterar** modificar, cambiar su estado normal – 17 **de tal forma** de modo tan importante – 21 **fiarse de** vertrauen – 22 **una dependencia** habitación o espacio de una casa – 23 **sospechar** imaginar, pensar

2

Creo recordar con nitidez los pormenores de aquella mañana, aunque tampoco me atrevo a asegurar que el tiempo transcurrido no lo haya distorsionado todo en mi memoria. Ya llevábamos varios días instalados en el pazo y yo, resignada
5 ante tantas semanas como tenía por delante, trataba de buscar la manera de sentirme a gusto y no dejarme arrastrar por la pereza. Había adquirido la costumbre de ir todas las mañanas hasta un coqueto mirador de piedra situado al final del camino que atravesaba el bosque, cerca del muro de cierre, que por
10 aquella zona estaba bastante deteriorado. El mirador, todo él construido de granito envejecido por los años, parecía tener la virtud de trasladarme a otra época. Un magnolio próximo lo protegía del sol, y las madreselvas que crecían por detrás de la piedra apoyándose en una vieja estructura metálica me
15 proporcionaban la sensación de encontrarme en un lugar aislado del resto del mundo. Era un sitio ideal para leer o para dejar pasar las horas mientras pensaba en mis cosas.

Aquella mañana, después de tomar el desayuno que Celsa me preparaba en la cocina, salí por los soportales de atrás,
20 como solía hacer, y dirigí mis pasos hacia el mirador. Y, como los otros días, me vi obligada a pasar por delante de la zona donde trabajaban los obreros encargados de las obras de restauración. Ya habían vaciado todas las estancias de la planta baja y estaban procediendo a derribar las paredes interiores.

---

1 **la nitidez** claridad – 2 **atreverse a uc** tener *valor* (Mut) para hacer uc – 3 **distorsionar** modificar, cambiar uc *aquí*: un recuerdo – 6 **arrastrar** *aquí*: überwältigen – 7 **la pereza** falta de ganas de hacer uc, vagancia – 8 **un mirador** lugar alto donde se mira un paisaje – 9 **atravesar** cruzar, pasar de un lugar a otro – 10 **deteriorado** en mal estado – 11 **envejecido** que está viejo – 12 **una virtud** capacidad de up o uc que es buena y correcta (Fähigkeit) – 13 **una madreselva** Geißblatt – 14 **apoyarse** ponerse sobre uc para que no *caerse* (fallen) – 16 **aislado** solo, sin contacto con uc – 19 **un soportal** parte de la entrada *cubierta* (bedeckt) de una casa – 20 **soler** hacer uc normalmente – 22 **encargado** con la función de uc *determinado* (vorgegeben) – 23 **vaciar** ≠ llenar (leeren) – 23 **una estancia** habitación – 24 **proceder** empezar a hacer uc – 24 **derribar** destruir, ≠ construir

Empleaban pesadas mazas de hierro, y el ritmo de los golpes y el ruido de los escombros me llevaron a detenerme al lado de una de las puertas para observar lo que hacían. Los tabiques no debían de ser muy resistentes, porque iban cediendo con
5 bastante facilidad ante aquella enérgica sucesión de golpes. Y fue entonces, mientras los miraba con el interés de quien veía hacer por primera vez un trabajo como aquel, cuando uno de los hombres paró de golpear el muro y gritó:

–¡Eh, mirad! ¡Venid aquí todos!

10 Los obreros interrumpieron la labor y se acercaron al lugar donde se encontraba el que había gritado. También yo entré en el bajo, atraída por la curiosidad. El hombre había comenzado a derribar un tabique que parecía separar dos de las estancias interiores y acababa de descubrir que no era así: cada una
15 de ellas tenía su propia pared, y entre ambas quedaba al descubierto un hueco alargado, como una extraña cámara de aire de aproximadamente medio metro de ancho. Incluso yo me daba cuenta de que aquello era inusual. El que parecía el capataz se acercó a las paredes a medio deshacer y examinó
20 el interior del espacio que se abría entre ellas. La luz no debía de entrar lo suficiente, porque fue a buscar una linterna y, con ella encendida, iluminó la cavidad y volvió a mirar.

–Aquí dentro hay algo –dijo–. Rebajad un poco más los dos tabiques, pero con cuidado, golpeando de dentro hacia afuera.
25 Con mazos más pequeños, dos de los hombres continuaron deshaciendo aquellos muros de ladrillo. Y yo me quedé

---

1 **emplear** utilizar, usar – 1 **una maza** *herramienta* (Werkzeug) de metal (Stößel) – 1 **el hierro** metal (Eisen) – 1 **un golpe** Schlag – 2 **un escombro** restos de una obra – 2 **detenerse** pararse, ≠ moverse (stehenbleiben) – 3 **un tabique** pared delgada que separa dos habitaciones – 4 **ceder** dejar de estar en contra, mostrar poca *resistencia* (Widerstand) – 8 **parar** dejar de (aufhören) – 8 **golpear** → golpe – 11 **gritar** schreien – 12 **un bajo** *aquí*: planta baja – 12 **atraer** traer hacia si – 15 **al descubierto** que se puede ver – 16 **un hueco** agujero (Loch) – 16 **alargado** largo – 17 **ancho** ≠ estrecho – 17 **incluso** sogar – 18 **inusual** poco normal – 19 **un capataz** jefe de un grupo de trabajadores – 21 **una linterna** aparato que se lleva individualmente y que sirve para dar luz – 22 **una cavidad** hueco, espacio vacío – 23 **rebajar** hacer más pequeño – 25 **un mazo** instrumento de construcción para golpear (Klöppel) – 26 **un ladrillo** piedra de construcción normalmente de color rojo con agujeros

mirando, súbitamente intrigada por lo que pudiese haber en aquella oquedad que no parecía tener una función definida.

Cuando ambos quedaron rebajados hasta una altura de poco más de medio metro, los obreros detuvieron el trabajo. Todos
5 se acercaron a mirar el interior del hueco, y yo hice lo mismo. La luz que entraba por las ventanas permitía ver el fondo de aquel estrecho espacio.

En lo primero que me fijé fue en la calavera. Era la primera que veía una en la vida real, y no pude evitar una repentina
10 sensación de desagrado. La calavera sobresalía por la parte superior de una alfombra enrollada que ocupaba toda la longitud de la cavidad, y parecía mirarnos con enfado y sorpresa desde sus cuencas vacías, como si le molestara aquella inesperada exposición a la luz del día.

15 —¡Aquí hay un muerto! —exclamó uno de los trabajadores.

—¡Mirad! Tiene un agujero en la cabeza —añadió otro que estaba a mi lado.

Aquella observación hizo que yo también reparase en lo que a primera vista no había percibido. En la sien izquierda
20 de la calavera había un hueco circular, un agujero que hasta yo, supongo que por la experiencia que dan las películas, identifiqué al instante. No era necesario ser muy inteligente para deducir que aquel orificio sólo podía ser el que deja una bala cuando penetra en la cabeza. Recuerdo perfectamente el
25 asombro que experimenté, un asombro compartido también por los obreros que acababan de descubrir aquellos restos.

---

1 **súbitamente** de repente, de pronto – 2 **oquedad** hueco, agujero – 3 **la altura** → alto – 6 **un fondo** parte inferior de uc – 8 **fijarse en** darse cuenta, notar – 8 **una calavera** cabeza de un muerto – 9 **repentino** de repente – 10 **desagrado** ≠ agrado (→ agradable) – 11 **enrollado** aufgerollt – 12 **una longitud** largo (Länge) – 12 **el enfado** enojo (Ärger) – 13 **una cuenca** hueco, agujero – 13 **molestar** incomodar (stören) – 16 **añadir** decir una información más – 18 **reparar** *aquí*: fijarse en, darse cuenta de uc – 19 **una sien** Schläfe – 23 **deducir** saber uc a partir de la información que se tenía – 23 **un orificio** agujero, hueco – 24 **una bala** objeto de metal que sale de una pistola (Gewehrkugel) – 25 **el asombro** sorpresa – 25 **compartido** → compartir – 26 **acabar de + inf** expresa que una acción ha ocurrido poco antes

–¡No toquéis nada! Hay que dejarlo todo como está y dar parte de esto –dijo el capataz–. Es mejor avisar a don Víctor cuanto antes.

–Mi padre está en A Coruña, no llega hasta las tres –intervine
5 yo. A pesar de que estábamos ya de vacaciones, papá seguía yendo a la notaría durante todo el mes de julio, aunque siempre volvía a tiempo de comer con nosotros.

–Pues entonces tenemos que decírselo a doña Lourdes, ella puede telefonearle. Es mejor no avisar a nadie más hasta que
10 don Víctor lo sepa.

El capataz mandó a uno de los obreros con el recado de comunicárselo a mi madre. El hombre regresó al poco tiempo, pero ella tardó algo más. Aunque debía de venir preparada para lo que iba a ver, no pudo evitar una expresión de asombro
15 semejante a la que nosotros habíamos experimentado antes. Pero pronto se repuso y adoptó el papel que se esperaba de ella. Seguramente se sentía obligada a asumir el control de la situación ante los trabajadores.

–Acabo de hablar por teléfono con mi marido y me ha dado
20 instrucciones sobre lo que hay que hacer en un caso así –me hacía gracia el aire resuelto que adoptaba, tan distinto del que empleaba cuando estábamos en familia, sobre todo ante mi padre–. Se lo he notificado también a la comandancia de la Guardia Civil: ellos son los que se encargan de avisar al juez.
25 No podemos tocar nada hasta que él no esté presente.

Al poco tiempo, apareció un coche de la Guardia Civil. Del vehículo bajaron tres agentes que, tras comprobar la veracidad

---

1 **tocar** *aquí*: berühren – 1 **dar parte de uc** informar – 4 **intervenir** tomar parte en uc, participar – 5 **seguir + ger** etw weiterhin tun – 11 **un recado** mensaje – 12 **regresar** volver – 16 **reponerse** volver al estado anterior (etw. überwinden) – 16 **adoptar** hacer propio uc – 16 **un papel** *aquí*: Rolle – 17 **asumir** tomar para sí una *responsabilidad* (Verantwortung) – 20 **un caso** Fall – 21 **hacer gracia uc** parecer uc divertido – 21 **un aire** aspecto, apariencia (Erscheinung) – 21 **resuelto** seguro de sí mismo – 23 **notificar** comunicar, informar de uc oficialmente – 23 **una comandancia** edificio donde están las oficinas de los representantes militares de una zona – 24 **la Guardia Civil** grupo de seguridad español en las zonas rurales principalmente – 24 **un juez** Richter – 27 **un vehículo** medio de transporte *aquí*: coche – 27 **la veracidad** la verdad, lo cierto

de nuestro descubrimiento, nos informaron de que el juez no tardaría en llegar. Mientras lo esperábamos, uno de ellos se dedicó a hacer fotografías del interior del hueco y de los espacios anexos. Yo estaba tan interesada en lo que ocurría que ni tan siquiera fui consciente del paso de las horas. En la memoria lo guardo todo como una rápida sucesión de acontecimientos, aunque los tiempos de espera entre unos y otros debieron de ser largos.

Mi padre llegó antes que el juez, posiblemente había salido de A Coruña en cuanto lo avisó mamá. Delante de él, los albañiles, y también los guardias, adoptaban un aire sumiso, como si estuvieran a sus órdenes. Aunque ya había visto antes comportamientos así, siempre me sorprendía ese respeto que se le tenía a mi padre en el pueblo, como si el vasallaje ante el dueño del pazo estuviera inscrito en el ADN de las gentes de Vilarelle desde tiempos inmemoriales.

Tras verificar también él nuestro descubrimiento, papá confirmó que debíamos esperar al juez, a quien le correspondía hacer el levantamiento del cadáver, o lo que quedaba de lo que en algún tiempo había sido un cadáver. No tardó en aparecer. Era un hombre joven, alto y con una acentuada calvicie que no conseguía darle el aire de persona mayor que yo esperaba. Contrastaba con la imagen estereotipada que tenía de los jueces, siempre más viejos y con un aire grave en el rostro. Venía acompañado por un hombre que, como supe después, era el secretario judicial, y por una mujer algo más joven que mi madre, que resultó ser la médica forense.

Aunque todos ellos estarían más que acostumbrados a los procedimientos que se solían seguir en casos así, yo me

4 **un anexo** lugar que está al lado de otro – 5 **ni tan siquiera** noch nicht einmal – 7 **un acontecimiento** hecho, uc de importancia que ha sucedido – 10 **en cuanto** tan pronto como – 11 **un albañil** Maurer – 12 **estar a las órdenes de up** *mp* estar bajo la autoridad de up – 14 **un vasallaje** subordinación, *dependencia* (Abhängigkeit) al señor en la época medieval – 15 **inscrito** *grabado* (eingraviert) sobre una superficie – 17 **verificar** comprobar que uc es verdad (überprüfen) – 19 **un levantamiento** acción de levantar – 21 **acentuado** *aquí*: grande, marcado – 21 **la calvicie** pérdida o falta de pelo en la cabeza – 24 **grave** *aquí*: serio – 24 **un rostro** cara – 25 **acompañado** que está con otra persona – 27 **resultar** ser, comprobarse uc – 27 **un médico forense** médico especializado en medicina legal *p ej* buscar la causa de una muerte

sentía como la espectadora de una película que se estuviese proyectando ante mis ojos. El juez, con tono serio y como dirigiéndose a un interlocutor invisible, describía en voz alta lo que todos contemplábamos. El secretario, situado a su lado, iba
5 anotando en un cuaderno sus palabras. Me llamó la atención aquella descripción fría y precisa; un lenguaje que, con un aire distante, daba cuenta de la realidad terrible que teníamos ante nosotros. Cumplido este trámite, el juez ordenó la extracción de la alfombra enrollada para proceder al examen de lo que
10 había dentro, aunque era muy fácil de imaginar.

Los albañiles tiraron el resto de los tabiques laterales con tanto cuidado como si estuvieran cincelando una delicada escultura. Al acabar la demolición, los guardias civiles procedieron a sacar la alfombra y a depositarla en el espacio
15 que dejamos libre cuantos allí estábamos. La alfombra se deshizo en parte cuando la retiraron: debía de estar completamente podrida tras permanecer tantos años en aquel escondite. Al desenrollarla, dentro apareció lo que yo, supongo que como los demás, ya imaginaba: el esqueleto completo de
20 una persona en buen estado de conservación. Aún se podían reconocer restos de la ropa que llevaba puesta cuando lo tapiaron en aquella extraña tumba, pero debían de ser muchos los años transcurridos, ya que sólo se conservaban bien los huesos, aunque algunos aparecían sueltos. Como el juez
25 seguía describiendo con minuciosidad lo que teníamos ante nosotros, pude reparar en detalles que yo sola nunca hubiera reconocido: la hebilla y los restos de lo que seguramente fue un

---

1 **una espectadora** up que ve, observa las cosas desde lejos – 3 **dirigirse a up** decir uc a up (sich wenden) – 3 **un interlocutor** up con quien hablo – 6 **preciso** *aquí*: concreto, detallado – 7 **distante** lejano – 7 **dar cuenta de uc** *loc* explicar, contar – 8 **cumplir** *con uc* hacer uc que hay que hacer – 8 **un trámite** formalidad burocrática – 11 **tirar** *una pared* derribar, echar abajo (abreißen) – 12 **cincelar** grabar sobre una piedra (einmeißeln) – 13 **una demolición** acción de destruir, derribar uc – 15 **cuantos** todos los que – 16 **retirar** *quitar* (wegräumen) de un lugar para poner en otro – 17 **podrido** en mal estado (verdorben) – 18 **desenrollar** ≠ estar enrollado – 22 **tapiar** cerrar un hueco con un muro o tabique – 24 **suelto** libre, separado de uc – 25 **la minuciosidad** cuidado y detalle – 27 **una hebilla** Gürtelschnalle

cinturón de cuero, diversos botones que habían pertenecido al pantalón y a la camisa que el muerto debía de llevar, así como la goma de los zapatos que calzaba, los únicos materiales que habían resistido el efecto devastador del tiempo.

5 Después, la forense se agachó y movió algunos huesos del esqueleto. Con unas pinzas, recuperó los botones y los restos del cinturón, que los agentes guardaron en bolsitas de plástico transparente. Luego, aunque no se percibía a primera vista, la mujer recuperó también una fina cadena y lo que parecía ser 10 una medalla ennegrecida. Y después, tras examinar la calavera, extrajo de su interior un pequeño trozo de metal. Como ahora era ella la que iba describiendo en voz alta lo que encontraba, supe que se trataba de la bala que había entrado por el agujero del cráneo. La forense todavía rebuscó algo más a la altura de 15 las costillas, y acabó por extraer otro trozo de metal semejante al primero. Dos balas, prueba evidente de que la persona a la que correspondía aquel esqueleto había fallecido tras recibir cuando menos dos disparos, una muerte nada natural.

Tras conversar en voz baja con la forense, el juez describió 20 el esqueleto como el de un hombre joven, de entre 1,70 y 1,80 metros de estatura, y que, con bastante probabilidad, llevaba enterrado allí más de cincuenta años. Detalló también el agujero de la calavera y la fisura de una de las costillas posteriores, producida quizá por el impacto de la segunda 25 bala. Y, por último, hizo una superficial descripción del lugar en el que estábamos y de las circunstancias en las que se habían encontrado los restos.

Una vez concluido el trabajo de las autoridades, el agente todavía tomó algunas fotos más del esqueleto y del lugar

---

1 **un cinturón** Gürtel – 3 **calzar** ponerse *los zapatos* – 4 **devastador** destructor, catastrófico – 5 **agacharse** *doblar* (beugen) el cuerpo hacia bajo – 6 **una pinza** Pinzette – 7 **una bolsita** *bolsa* (Tüte) pequeña – 9 **una cadena** Kette – 10 **ennegrecido** negro por el tiempo – 11 **extraer** sacar (→ extracción) – 11 **un trozo** pedazo – 14 **un cráneo** calavera – 14 **rebuscar** buscar mucho y con cuidado – 15 **una costilla** Rippe – 17 **fallecer** morir – 18 **cuando menos** como mínimo – 18 **un disparo** Schuss – 19 **en voz baja** leise – 22 **enterrado** bajo tierra (→ enterrar) – 23 **una fisura** Riss – 24 **un impacto** muestra que deja en un objeto un golpe (Aufschlag)

donde había aparecido. Poco después entraron en el recinto dos hombres que habían permanecido fuera hasta aquel momento. Depositaron en una camilla la alfombra y los restos que contenía y procedieron a introducirla en el vehículo que
5 habían traído. Por las conversaciones de los obreros, supe que eran los encargados de la funeraria de Vilarelle y que trasladarían los restos al depósito del cementerio municipal. Mi padre, que había estado hablando mientras tanto con el juez y con la forense, se marchó con ellos algo más tarde, pues
10 le habían pedido que se acercara al juzgado para cumplimentar algunos trámites. Mi madre regresó al interior del pazo para ultimar los detalles de la comida. Y, como ya habían dado las dos, los albañiles también recogieron todo y se despidieron hasta el día siguiente, pues mi padre les había dicho que
15 aquella tarde no era necesario que volviesen a trabajar.

Así que allí me quedé yo sola, todavía desorientada por todos los sucesos que acababa de presenciar. Me sentía extraña, no sólo por la experiencia de ver un esqueleto por primera vez, sino porque, aunque no era capaz de verbalizarlo de un modo
20 ordenado, era evidente que estaba ante un acontecimiento excepcional. Alguien le había disparado dos tiros a un hombre y luego había emparedado el cadáver con la intención de que nadie lo descubriera. Un asunto que bien podría pertenecer a alguna de las novelas de misterio que leía entonces, una
25 historia ambientada en un Londres húmedo y envuelto en niebla, por ejemplo, pero nunca en un lugar tan familiar como era nuestro pazo.
Me acerqué otra vez al hueco entre los tabiques, aquella insólita tumba que había albergado un cadáver durante tantos

---

1 **un recinto** espacio, lugar dentro de unos límites – 6 **un encargado** up que tiene un trabajo determinado (→ encargar) – 6 **una funeraria** Bestattungsinstitut – 7 **un cementerio** lugar donde se *entierra* (begraben) a los muertos – 10 **un juzgado** lugar donde trabaja el juez (Gericht) – 10 **cumplimentar** cumplir, completar – 17 **un suceso** acontecimiento (→ suceder) – 21 **disparar** schießen (→ disparo) – 21 **un tiro** disparo – 22 **emparedar** encerrar a up entre paredes, tapiar – 25 **húmedo** se dice de un lugar donde llueve mucho (feucht) – 25 **envuelto** rodeado – 29 **insólito** increíble – 29 **albergar** contener, encerrar, tener dentro de un lugar

años. En el fondo de ella sólo había polvo y algunos restos de la alfombra que lo había envuelto. Los albañiles enseguida se encargarían de deshacerlo todo y de recomponer aquel espacio como si allí nunca hubiese habido ningún cadáver.

5 Nada hay más fácil que borrar las huellas de lo que no nos agrada recordar.

Al darme la vuelta para irme, fue cuando me fijé en un pequeño objeto que había en el lugar donde antes habían extendido la alfombra, medio oculto entre los escombros. Me

10 agaché para recogerlo y luego lo puse en la palma de la mano: era un anillo, un sencillo anillo de un metal de color gris oscuro que se ensanchaba hasta formar un óvalo en la parte superior, dentro del cual había grabada una letra R de trazos refinados.

Sin saber bien por qué, tomé la decisión de guardármelo,

15 aunque lo lógico hubiera sido que se lo entregase a mis padres, pues era fácil deducir que aquel objeto posiblemente perteneciera a la persona cuyos restos acabábamos de desemparedar. En aquel momento no pensé en que se podía tratar de una ocultación de pruebas ni nada parecido, ni

20 tampoco en la trascendencia que el anillo tuvo después. Sólo me dejé llevar por el primer impulso que sentí y, si tengo en cuenta lo que aquel día escribí en el diario, quizá también por mi mente fantasiosa y por un cierto deseo de que aquel inesperado descubrimiento me ayudara a salir de la rutina que

25 me esperaba aquel verano.

---

1 **el polvo** Staub – 2 **envolver** umwickeln (→ envuelto) – 2 **enseguida** rápidamente – 3 **recomponer** arreglar, volver a hacer uc – 5 **borrar** hacer *desaparecer* (verschwinden) uc – 5 **una huella** Spur – 6 **agradar** gustar, ser agradable – 7 **darse la vuelta** girarse (sich umdrehen) – 9 **oculto** que no se puede ver – 10 **la palma de la mano** parte inferior y cóncava de la mano – 11 **un anillo** Ring – 12 **ensancharse** hacerse más ancho – 13 **un trazo** línea que da forma a uc – 13 **refinado** elegante, de buen gusto (raffiniert) – 15 **entregar** dar – 18 **desemparedar** ≠ emparedar – 20 **la transcendencia** importancia – 21 **tener en cuenta** *loc* tener presente, pensar uc con cuidado y atención (beachten) – 23 **la mente** pensamiento

3

Cuando llegué al comedor, ya estaban todos sentados a la mesa. Los gemelos y Alfredo no dejaban de lamentarse por haberse perdido el descubrimiento del esqueleto, del que ya tenían detallada información, y estuvieron haciendo bromas
5 macabras sobre el asunto mientras duró la comida. Mi prima Loreto, por el contrario, mantenía una acentuada expresión de asco y desagrado, igual que mi madre, que apenas probó ningún plato porque decía que no era capaz de tomar nada después de lo que había presenciado. Mi padre era el único
10 que comía con el buen apetito de siempre, y las pocas veces que intervino en la conversación lo hizo sólo para reprender a mis hermanos o para restarle importancia a lo que, varias veces, calificó como «un enojoso incidente».

Cuando acabamos de comer, me retiré a mi habitación con
15 el pretexto de descansar un poco. Lo hacía todos los días, porque a aquellas horas me gustaba estar sola en el dormitorio y escuchar la música que me apetecía, en especial las incendiarias canciones de The Clash, que tan bien encajaban con el difuso desasosiego que sentía desde hacía meses. Como
20 hacía calor, dejé la ventana abierta y entorné algo las contras. Mi cuarto estaba situado en el primer piso del ala lateral y daba a la parte de atrás del pazo. Desde él, a través de una puerta acristalada, se podía acceder a la terraza que se extendía a lo largo de todo el cuerpo principal del edificio. Bajo la terraza
25 había un amplio corredor resguardado por soportales, un excelente lugar para buscar la sombra en los días de calor. En

---

4 **una broma** Scherz – 5 **durar** suceder uc durante un periodo de tiempo – 7 **el asco** Ekel –
11 **reprender** llamar la atención por uc mal hecho (vorwerfen) – 12 **restar importancia a uc**
quitar, dar poco valor a uc – 13 **enojoso** lästig – 13 **un incidente** suceso, acontecimiento
que interrumpe la normalidad – 15 **un pretexto** *excusa* (Ausrede) – 15 **descansar** *aquí*:
dormir – 18 **incendiario** escandaloso, subversivo – 18 **encajar** *aquí*: adaptarse a uc –
19 **difuso** no claro – 19 **el desasosiego** intranquilidad (↔ sosiego) – 20 **entornar** cerrar
un poco – 20 **las contras** contraventanas; puerta de la ventana para que no entre la
luz – 22 **a través** durch – 23 **acristalado** de cristal (verglast) – 23 **acceder** tener entrada a
un lugar – 25 **amplio** espacioso, grande – 25 **resguardado** protegido

el lado izquierdo, el más próximo a mi cuarto, dos buganvillas trepaban por la pared y formaban un techo verde y violeta que hacía de aquel rincón el lugar más agradable de todos. Allí debían de estar mis padres tomando el café, porque sus
5 voces me llegaban tan nítidas como si estuvieran hablando en mi dormitorio. Aunque en otras circunstancias no hubiera prestado ninguna atención, agucé el oído al comprobar que hablaban del esqueleto que habíamos descubierto por la mañana.

10 —No hace falta esperar al informe de la forense para adivinar lo ocurrido —decía mi madre—. Están las dos balas y el agujero en la cabeza. Se trata de un asesinato, Víctor, es evidente para cualquiera.

—¿Y qué pasa si es así? —contestó mi padre con un aire adusto
15 que no solía utilizar en casa, y menos con mamá.

—Pues que alguien lo mató, y alguien lo tuvo que emparedar después. Lo más lógico es pensar en la gente del pazo.

—¿Qué quieres decir con eso? ¿Por qué tendría que haber sido alguien del pazo? —en la voz de mi padre se percibía una
20 irritación que le costaba trabajo contener.

—Si no del pazo, sí debió ser alguien que lo conocía bien —matizó mamá—. No es como si lo hubiésemos encontrado enterrado en el jardín o en el bosque. Una pared no se levanta en un momento: quien lo hizo tuvo que tener acceso a los
25 almacenes y construir en ellos los tabiques.

—¿Y a quién le importa cómo ocurrieron las cosas? Mira, Lourdes, ya has escuchado a la forense: el muerto llevaba ahí más de cincuenta años. En aquel tiempo yo todavía no había nacido.

---

1 **una buganvilla** arbusto americano que *trepa* (klettern) (Bougainvillea) – 3 **un rincón** espacio, lugar pequeño – 6 **prestar atención** achten auf – 7 **aguzar** estimular los sentidos – 10 **adivinar** saber uc antes de que pase – 14 **adusto** seco, serio, ≠ amable – 20 **contener** controlar – 22 **matizar** explicar uc marcando el detalle – 27 **llevar + tiempo** estar desde hace tiempo (verbringen)

–Pero sí tus padres y desde luego tus abuelos. ¿No vivían aquí en aquel entonces? No quiero decir que tuviesen nada que ver, entiéndeme bien; pero quizá pudieron saber algo de lo que sucedió.

5 –¡Qué cosas dices! No sé ni cómo se te pasan por la cabeza –exclamó irritado mi padre. Después de un rato en silencio, añadió–: Si fue en tiempos de la guerra, como parece por las fechas, pudo ser cualquiera. Recuerdo haber oído contar que en agosto del treinta y seis mis abuelos se trasladaron a la casa

10 de Santiago; no volvieron hasta el verano siguiente, cuando las cosas ya se habían calmado por aquí. Y también fue entonces cuando mi padre se incorporó al ejército, no creo que pasara mucho tiempo en el pazo.

–¿Y los criados? Supongo que habría bastante gente

15 trabajando en la casa y en las tierras.

–Deja ya de fantasear, Lourdes, no vale la pena. He hablado con el juez cuando lo acompañé al juzgado. ¿Sabes de quién es hijo? De Alberto Riquer, que trabaja de notario en Ferrol: es un compañero que aún me debe más de un favor –la voz de mi

20 padre había cambiado otra vez y ahora volvía a tener el tono amable que solía utilizar con mamá–. Ya me ha adelantado que no me preocupe, que si el muerto lleva ahí tantos años el caso ha prescrito y las diligencias acabarán archivándose. Así que, ¿a quién le importan unos cuantos huesos? Yo los veo como

25 si fueran un resto arqueológico, de esos que se encuentran al hacer la cimentación de algunos edificios. Lo siento por el muerto, quienquiera que fuese, pero no tiene nada que ver con nosotros. Así que lo mejor será olvidar cuanto antes este enojoso incidente.

---

1 **desde luego** naturalmente, claro que sí – 6 **exclamar** decir uc en voz alta – 6 **un rato** periodo corto de tiempo – 10 **Santiago de Compostela** capital de Galicia – 11 **calmarse** tranquilizarse – 12 **incorporarse** *unirse* (zusammenschließen) a un grupo – 12 **el ejército** Armee – 16 **valer la pena** sich lohnen – 17 **acompañar** ir con up a un lugar – 18 **Ferrol** ciudad gallega al norte de A Coruña – 21 **adelantarse** hacer uc antes de tiempo – 23 **prescribir** no tener ya valor legal por el paso del tiempo – 23 **una diligencia** trámite administrativo – 24 **unos cuantos** algunos – 26 **una cimentación** edificación, construcción de un edificio – 27 **quienquiera que fuese** wer immer es war

Mis padres continuaron un buen rato dándole vueltas al tema, pero no hacían más que repetir con otras palabras los mismos argumentos que ya les había escuchado. Al final se pusieron de acuerdo en evitar que el caso trascendiese: bajo
5 ningún concepto querían que las noticias llegasen a oídos de algún periodista que pudiera manchar el buen nombre de los Soutelo. Papá pensaba pedirle discreción al juez y, a través de él, a la forense y a los otros funcionarios, así como a los agentes de la Guardia Civil. Y también iba a hablar con
10 los albañiles para que no soltasen la lengua por el pueblo. Quedaba claro que usaría sus muchas influencias para que el asunto no se difundiera y todo se llevara con la mayor cautela. Conociéndolo como lo conocía, estaba segura de que le iba a echar tanta tierra encima que, esta vez sí, el esqueleto iba a
15 quedar sepultado para toda la eternidad.

Cuando se retiraron y todo quedó en silencio, yo seguí tumbada en la cama, dándole vueltas a lo que acababa de escuchar, pues no era capaz de apartar de mi cabeza algunas de las cosas que había dicho mi madre. Aquel cuerpo que
20 habíamos encontrado era la prueba evidente de un asesinato. Y eso quería decir que había habido un asesino, y que era razonable pensar en alguien que había vivido en el pazo o tenía acceso a él. ¿Un asesino en la familia? En aquel tiempo yo era joven, estaba ociosa; supongo que entraba dentro de lo
25 normal que se me disparase la imaginación ante un hecho así. Pero, si se cumplían las previsiones de mi padre, nadie iba a hacer nada para investigar aquel misterio.

---

1 **dar vueltas a uc** pensar una y otra vez en uc – 4 **trascender** *una información* empezar a ser conocido o ser sabido uc – 4 **bajo ningún concepto** *loc* de ningún modo, sin ninguna excusa – 6 **manchar** *dañar* (schädigen) la buena fama o nombre de up – 8 **un funcionario** up que trabaja para el Estado – 10 **soltar la lengua** *coloq* hablar, decir uc que no se quiere que se sepa – 12 **difundir(se)** *una información* extenderse (verbreiten) – 12 **la cautela** cuidado – 14 **echar** *aquí*: poner – 15 **sepultado** enterrado bajo tierra – 17 **tumbado** acostado, echado – 22 **razonable** lógico – 24 **ocioso** sin nada que hacer – 26 **una previsión** pronóstico (→ previsto) – 27 **investigar** forschen

Al meterme una mano en el bolsillo, mis dedos tropezaron con el anillo que había encontrado por la mañana; ya casi lo había olvidado. Lo saqué y lo observé con curiosidad: aquel pequeño objeto podía ser un hilo para tirar del ovillo que, sin
5 ser aún del todo consciente, se estaba formando en mi cabeza. ¿A quién correspondería aquel cadáver? Quizá los análisis de la forense lo aclarasen; si era así se acabaría sabiendo, aunque la información quedara restringida al círculo mínimo que decidiese mi padre.
10 Pero también tenía que haber un asesino, y no podía saber si había sido alguien de mi familia o ajeno a ella. Un desconocido para mí, en cualquier caso. De los anteriores habitantes del pazo solamente había conocido a mi abuela Rosalía, pues mi abuelo había muerto algo antes de que yo naciera y sólo lo
15 conocía por las fotos que había en algunas habitaciones de la casa. Pero a partir de ahí nada sabía sobre otros parientes perdidos en el tiempo, comenzando por esos bisabuelos de los que había hablado papá. Para mí eran sólo imágenes que veía en algunas fotos de grupo enmarcadas y colgadas en los
20 pasillos del pazo. A veces, en conversaciones de sobremesa, había escuchado algunas referencias y ciertos nombres, pero nunca me habían interesado de verdad; si exceptuaba a mis abuelos y a mis tíos, del resto de la familia de mi padre no sabía nada.
25 Súbitamente interesada, me levanté y me dirigí a la biblioteca, situada también en el primer piso. Al entrar, me encontré con que el espacio estaba en penumbra, pues el balcón y las ventanas que daban a la fachada principal tenían las contras cerradas; tan solo se filtraban algunos rayos de luz

---

1 **un bolsillo** Hosentasche – 1 **tropezar** stolpern – 7 **aclarar** explicar – 8 **restringido** limitado – 11 **ajeno** que no pertenece, de fuera – 11 **un desconocido** up a quien no se conoce – 12 **en cualquier caso** in jeden Fall – 16 **a partir de** desde – 17 **un bisabuelo** el padre del abuelo – 19 **enmarcado** eingerahmt – 19 **colgar** hängen – 20 **un pasillo** Flur – 20 **la sobremesa** tiempo de charla en la mesa después de la comida – 22 **exceptuar** excluir, no contar – 27 **la penumbra** semioscuridad – 28 **dar a** estar orientado hacia – 29 **un rayo** de luz Lichtstrahl

por las rendijas de las maderas, como intrusos que vinieran a jugar con las partículas de polvo que parecían flotar dentro de ellos. El ambiente era sofocante, parecía que nadie se había preocupado de ventilar la estancia en los últimos días.
5 Abrí las dos hojas del balcón para que la luz y el aire entraran libremente. Después busqué en el estante donde sabía que se guardaban los álbumes con las fotos familiares. En vez de mirar los que contenían los retratos de la infancia de mi padre y de sus hermanos, como había hecho tantas veces, centré mi
10 atención en tres volúmenes que guardaban fotos más antiguas, la mayoría ya de un sepia apagado, señal clara de los estragos del tiempo.

Aunque había varias individuales, predominaban las fotos de grupo. No pude evitar un estremecimiento al pensar que
15 alguno de aquellos rostros que me miraban hieráticos desde el tiempo pasado quizá escondía en sus ojos la mirada del asesino. ¿Cómo saberlo, sin tener ninguna pista? Tan solo el anillo, si es que era indicio de algo. En cualquier caso, si quería conocer algo más tendría que moverme. Tal vez aquel misterio
20 acabaría siendo un buen motivo para hacer interesante el verano que tenía por delante.

Volví a sacar el anillo del bolsillo. Al examinarlo con detalle, pensé que podría ser de plata; tenía en mi mesita de noche algunas medallas que me habían regalado de pequeña y que
25 también habían acabado adquiriendo aquel oscuro color ceniciento. Recordaba haber visto a María, la sirvienta que teníamos en A Coruña, limpiando con un líquido especial las piezas de plata que había en el salón. En el pazo tenía que

1 **una rendija** espacio estrecho entre dos cosas (Spalt) – 1 **una madera** Holzbrett – 1 **un intruso** up o uc que entra en un lugar sin derecho – 2 **flotar** schweben – 3 **sofocante** que no deja respirar (drückend) – 5 **una hoja** *de una ventana* cada parte que abre o cierra – 6 **un estante** Regalfach – 9 **centrar** concentrar – 10 **un volumen** *de un libro* Band – 11 **apagado** sin luz, sin brillo – 11 **una señal** muestra (Zeichen) – 11 **claro** *aquí*: evidente – 11 **los estragos** *mp* uc que daña a uc – 13 **predominar** sobresalir, destacar – 14 **un estremecimiento** Erschaudern – 15 **hierático** que no muestra ningún sentimiento ni expresión – 16 **esconder** ocultar (→ escondite) – 16 **una mirada** acción de mirar – 17 **una pista** indicio, señal que ayuda a saber uc – 23 **la plata** Silber – 26 **ceniciento** gris – 26 **una sirvienta** criada – 28 **una pieza** unidad *p ej* cuchara, cuchillo

haber algo similar que me permitiera devolverle la vida a aquel anillo.

Abandoné la biblioteca y bajé hasta la cocina. Celsa, la cocinera, todavía estaba acabando de guardar la loza de la comida. Siempre se alegraba al verme, desde pequeña yo era su ojito derecho; le encantaba cuidar de mí y estaba atenta a cualquier cosa que necesitase. Le extrañó mi petición, pero no hizo preguntas. Abrió un cajón del chinero azul y sacó de él un frasquito y una bayeta para frotar. Me explicó cómo tenía que hacer y me pidió que se los devolviera al terminar.

De regreso en mi cuarto, vertí un poco del líquido limpiador en el paño y froté con él el anillo. Al poco tiempo, y tras sucesivas pasadas, la joya volvió a brillar como si fuera nueva. Ahora se veía claramente la letra R encerrada en el óvalo, el único adorno del anillo, que por lo demás era de hechura sencilla. Aquella letra podía ser perfectamente la inicial de un nombre, yo misma les había visto anillos como aquel a algunas de mis amigas. Lo primero que me vino a la cabeza fue el nombre de Rosalía, el de mi abuela, aunque me daba cuenta de que no era más que una suposición sin fundamento. No sólo porque había muchos nombres que comenzaban por R, sino también porque no tenía ningún sentido que un anillo de mi abuela estuviera en la mano de aquel cadáver anónimo.

Me sentía atraída por el misterio que se abría ante mí, pero también me sentía impotente, pues no tenía ni idea de cómo abordarlo. Ahora que ya soy mayor, mi visión de las cosas es más elaborada; quizá al contarlo, sin pretenderlo, introduzco

---

4 **la loza** Steingut – 6 **cuidar de up** achten, aufpassen – 6 **atento** que muestra atención – 7 **una petición** → pedir – 8 **un cajón** parte de un mueble, *p ej* una mesa, donde se guardan cosas – 8 **un chinero** armario donde se guarda la porcelana china – 9 **un frasquito** *frasco* (Fläschchen) – 9 **una bayeta** Lappen – 9 **frotar** polieren – 11 **verter** vaciar (eingießen) – 11 **limpiador** que limpia – 12 **un paño** Tuch – 13 **una joya** objeto de valor *aquí*: el anillo – 13 **brillar** glänzen – 14 **encerrado** contener, estar dentro de uc sin poder salir (→ cerrar) – 15 **un adorno** decoración – 15 **lo demás** el resto – 15 **una hechura** forma – 20 **una suposición** lo que se supone o se piensa que es verdad – 25 **impotente** sin poder hacer nada – 25 **no tener ni idea** *coloq* keine Ahnung haben – 26 **abordar** *un problema, un tema* tratar, acercarse, empezar a solucionar uc – 26 **una visión** forma de ver uc – 27 **pretender uc** querer uc, tener la intención

elementos de lo que con el paso de los días llegaría a saber. Porque, cuando releo lo que aquella noche escribí en mi diario, no encuentro más que una descripción bastante atropellada y superficial del descubrimiento del cadáver. Pero algo tuve que
5   intuir ya en aquellos momentos, porque también escribí las palabras que ahora transcribo aquí:

Claro que, además de lo que descubrimos, un cadáver con dos balas en el cuerpo (¿un esqueleto es un cadáver?), está lo que no descubrimos, pues no hay asesinato sin asesino. ¿Tendrá algo
10 *que ver con nuestra familia, con alguno de mis antepasados? Como los muertos no hablan, quizá nunca se llegue a saber nada. Me gustaría que estuviese aquí Sherlock Holmes: con gusto yo sería su doctor Watson en este caso, a ver si se daba tanta maña como en las novelas.*

---

3 **atropellado** *aquí*: rápido y sin pensar demasiado – 5 **intuir** notar, sentir antes sin saber uc – 10 **un antepasado** up de la familia anterior a nuetro tiempo – 12 **Sherlock Holmes** personaje de novela (s. XIX), detective que soluciona casos difíciles – 13 **el doctor Watson** médico que ayudaba a Sherlock Holmes en su trabajo – 14 **darse maña** tener talento, *habilidad* (Fähigkeit) para uc

4

Si he de fiarme de las notas de mi diario, tres días después del hallazgo del esqueleto fue cuando tuvo lugar mi primer encuentro con Miguel. Aunque no me hace falta recurrir a lo que escribí aquel día para recordar con claridad la mañana en
5 la que hablé con él por primera vez, hay momentos de la vida que no se borran nunca, porque quedan anclados con firmeza en la memoria.

Ya he dicho que me gustaba especialmente pasar las horas en el mirador que había al final del bosque. También se podía
10 llegar a él siguiendo el camino que, desde los jardines laterales, atravesaba las plantaciones de árboles frutales y acababa uniéndose con el paseo que discurría a la orilla del río, cerca del muro que cerraba la finca. Cuando me sentaba en el banco de piedra, con los árboles formando una espesa barrera detrás
15 de mí y las madreselvas protegiéndome de cualquier mirada, tenía la sensación de encontrarme en una isla solitaria.

Como los frutales escaseaban por aquella zona, desde el mirador podía ver los prados que descendían en pendiente hasta la orilla. No es que hubiera un río en las tierras de los
20 Soutelo, pero sí parte de él: un arroyo que nacía lejos, en uno de los montes que cerraban el horizonte, entraba en nuestras tierras por un arco abierto en el muro y discurría por la zona inferior de la finca durante unos doscientos metros, para luego salir por otra abertura semejante y continuar el camino hacia
25 las afueras del pueblo, al que rodeaba haciendo una ancha curva. A lo largo de uno de sus márgenes crecían sauces y alisos

---

2 **un hallazgo** descubrimiento – 3 **recurrir** dirigirse, volver *aquí*: usar, servirse de uc –
6 **con firmeza** con fuerza – 12 **unirse** vereinigen – 12 **discurrir** *aquí*: seguir, ir – 12 **una orilla** parte lateral del río – 14 **espeso** denso, compacto – 17 **escasear** no haber mucho de uc – 18 **un prado** campo – 18 **una pendiente** Gefälle – 20 **un arroyo** río pequeño – 22 **un arco** Bogen – 24 **una abertura** zona, lugar abierto (→ abrir) – 25 **las afueras** *fp* parte final de un lugar, alrededores – 26 **un margen** extremo, orilla – 26 **un sauce** Weide – 26 **un aliso** Erle

que, junto con el muro que se elevaba tras ellos, marcaban los límites de las tierras del pazo.

Aquella tarde, cuando ya llevaba un buen rato leyendo *Grandes esperanzas*, la novela de Dickens con la que había
5 decidido iniciar mis lecturas de verano, descubrí que en una zona próxima al muro, donde crecían algunos ciruelos, había un chico subido a un árbol. Sentado entre dos de las ramas más gruesas, estaba ocupado en escoger las ciruelas maduras, que iba depositando en una bolsa de plástico colgada de una
10 rama más baja. Intrigada por aquel descubrimiento, dejé el libro en el banco y me acerqué con cuidado, procurando hacer el menor ruido posible. Entretenido como estaba, no me debió de oír llegar, porque casi se cae del árbol cuando escuchó mi voz:
15 –¿Se puede saber qué haces ahí subido? ¿Acaso no sabes respetar lo que no es tuyo?

El chico volvió la cabeza y me miró desde arriba. Me pareció que se ruborizaba un poco por la sorpresa, pero pronto se repuso. Descolgó la bolsa, bajó del árbol con movimientos
20 ágiles y, después de dejarla en el suelo, se encaró conmigo. Era más alto que yo, al menos me sacaría unos diez centímetros. Lo que más me llamó la atención de él, si es que la memoria no me engaña, fueron sus ojos, de un azul grisáceo, y el pelo completamente despeinado, que intentó arreglarse usando los
25 dedos como un improvisado peine.

–A vosotros os sobra la fruta, todos los años dejáis que se pudra –me contestó con una voz que me sonó agresiva–. Vengo

1 **junto con** *loc* en colaboración con (in Verbindung mit) – 1 **elevar** subir – 1 **tras** *aquí*: detrás – 1 **marcar** mostrar, *señalar* (zeigen) – 2 **un límite** frontera – 4 **Grandes Esperanzas** Große Erwartungen; Pip es un chico sin familia que intenta llegar a ser un hombre noble – 4 **Dickens, Charles** (1812-1870) escritor inglés de novelas principalmente de crítica social – 6 **un ciruelo** Pflaumenbaum – 7 **una rama** Ast – 8 **grueso** ≠ fino, delgado – 8 **escoger** elegir (aussuchen) – 8 **maduro** ≠ verde – 11 **procurar** *intentar* (versuchen) – 15 **acaso** quizá, tal vez – 18 **ruborizarse** ponerse rojo – 19 **descolgar** ≠ colgar – 20 **el suelo** Boden – 20 **encararse** enfrentarse, ponerse cara a cara (entgegentreten) – 23 **grisáceo** del color gris – 24 **despeinado** sin *peinar* (kämen) – 24 **arreglarse** *el pelo* peinarse – 25 **un peine** objeto para peinarse – 26 **sobrar** más de lo necesario – 27 **pudrirse** ponerse en mal estado (→ podrido)

a buscarla cada verano, es una lástima que se estropee sin que
nadie la aproveche. En el otoño, también voy a recoger las
castañas de los árboles de ahí atrás.

–¿Y por dónde entras? ¿No sabes que esto es propiedad
5 privada?

–Ya lo sé. Pero, mientras no arregléis el muro, seguiré
entrando por allí –señaló una zona que tenía la parte superior
parcialmente derribada, por lo que debía de ser fácil escalarlo
desde fuera. Después, como si se sintiera obligado a justificar
10 su conducta, insistió–: A vosotros os sobra toda esta fruta, sé
que no la recoge nadie. Me da pena que se pudra.

–¿Vosotros? –contesté, todavía asombrada por la naturalidad
con la que el chico encaraba la situación–. ¿A quién te refieres?

–Pues a los del pazo, ¿a quién va a ser? Ya sé que ahora es de
15 don Víctor y que vuelve a estar habitado.

–¿Don Víctor? ¿De qué lo conoces?

–En Vilarelle, a los del pazo los conoce todo el mundo.
Aunque yo a quien conocía bien era a doña Rosalía. Ella solía
verme a menudo por la huerta, cuando era más pequeño, y
20 nunca le pareció mal.

Después me miró de arriba abajo y me preguntó:

–¿Y tú quién eres?

–¿No te parece que eso te lo tendría que preguntar yo?
–respondí, desconcertada por el rumbo que adquiría la
25 conversación.

–Me llamo Miguel, aunque no creo que te interese mucho
saberlo –contestó–. Vivo en una de las casas que hay a la salida
del pueblo. Si te subes al muro podrás verla, no hay ni medio
kilómetro desde aquí.

30 –Mi nombre es Clara –dije, después de un silencio
incómodo–. Doña Rosalía, como tú la llamas, era mi abuela. Y
ese don Víctor del que hablas es mi padre, ahora ya lo sabes.

---

1 **estropear** pudrir – 2 **aprovechar** sacar utilidad a uc – 8 **parcialmente** en parte, ≠
totalmente – 8 **derribado** → derribar – 8 **escalar** trepar, subir – 10 **una conducta** forma de
actuar o reaccionar, comportamiento – 12 **asombrado** sorprendido (→ asombro) – 19 **a
menudo** frecuentemente, muchas veces – 24 **desconcertado** sin saber como reaccionar –
24 **un rumbo** dirección

–Pues ya ves: en teoría, podría decirse que somos vecinos. Aunque, en la práctica, es como si estuviéramos a mil kilómetros de distancia –el tono de su voz era irónico, y también la media sonrisa que bailaba en su rostro.

5 –¿Por qué lo dices?

–Porque la mía es una casa humilde, señorita –pronunció la palabra señorita con un sarcasmo que me dolió y que de repente me hizo sentir irritada ante aquel muchacho que parecía mirarme como si robar la fruta del pazo fuera lo más 10 natural del mundo–. La distancia entre pobres y ricos puede ser infinita, supongo que ya te lo habrán enseñado en ese colegio elegante al que seguramente vas.

Allí lo tenía, desafiante y orgulloso, mirándome con aire de suficiencia. Tendría que haber sido él quien me pidiera perdón 15 por haberlo sorprendido robando; y, por el contrario, era yo la que parecía obligada a justificarme.

–¿Qué pasa? ¿Tengo que pedir disculpas por nacer en la familia en la que he nacido? Si eres tan listo, ya sabrás que eso no se elige –contesté con tono áspero–. Y ahora vete, por favor; 20 me parece que por hoy ya te llevas bastante cosecha.

–Como usted mande, señorita Escarlata –se despidió con aire de burla, imitando la voz de la esclava negra que aparece en Lo que el viento se llevó. Después se acercó al muro, puso la bolsa en lo alto, trepó por las piedras con agilidad y desapareció de 25 mi vista.

Aquel encuentro me puso de mal humor para el resto de la tarde. Y la irritación aún me duraba por la noche, a juzgar por

---

4 **una sonrisa** Lächeln – 6 **humilde** sencilla, de clase baja – 7 **doler** tener dolor *aquí*: molestar (weh tun) – 8 **un muchacho** chico – 9 **robar** tomar algo que no es propio – 11 **enseñar** lehren – 13 **desafiante** provocador (→ desafiar) – 13 **orgulloso** stolz – 17 **pedir disculpas** pedir perdón, disculparse (sich entschuldigen) – 18 *ser* **listo** inteligente – 19 **áspero** ≠ suave, *aquí*: seco, ≠ amable – 20 **una cosecha** Ernte – 21 **mandar** *aquí*: ordenar – 21 **señorita Escarlata** personaje principal de la película, señora de una plantación de *algodón* (Baumwolle) – 21 **despedirse** decir adiós (sich verabschieden) – 22 **burla** Verspottung – 22 **Lo que el viento se llevó** *Vom Winde verweht*; historia de una chica de familia aristócrata, Scarlett O´Hara, en la época de la Guerra de Secesión – 27 **a juzgar por uc** *loc* según se deduce de uc

las líneas que escribí en el diario. Las leo ahora y me resultan raras, e incluso injustas, quizá porque me influye todo lo que vino después, o porque entonces no quería reconocer que me habían impresionado el atractivo de Miguel y la seguridad en
5 sí mismo que manifestaba:

Hoy por la tarde he tenido un encuentro muy extraño. Un chico del pueblo, mayor que yo, entró a robar en la finca: lo descubrí recogiendo ciruelas como si le perteneciesen. Le llamé la atención y, en vez de huir, se puso a contestarme como si
10 *fuera yo la que me tuviese que disculpar con él. Se comportaba con chulería, y además era muy desagradable. Me hizo sentir como si fuera la culpable por llamarle la atención y por vivir en el pazo. Si todos los chicos de Vilarelle son tan antipáticos como este, mejor seguir aquí encerrada todo el verano. ¡Valiente*
15 *imbécil! Espero no volver a tropezarme nunca más con él.*

A pesar de las palabras que escribí, aquel primer encuentro debió de dejar en mí más efecto que el de la rabia, porque dos días más tarde sentí una inesperada y desconcertante alegría cuando me lo volví a encontrar. Era un sábado por la mañana
20 y había amanecido un día radiante. Todavía no se había levantado nadie de mi familia, pero yo me había despertado temprano y, después de desayunar en la cocina el café con leche y las tostadas que me había servido Celsa, decidí dar un paseo en bicicleta por la finca.
25 Ya he comentado que las tierras del pazo son muy extensas. Más allá de los jardines que hay en la parte de atrás y en el lateral orientado al poniente, comenzaba el bosque que, de no

---

1 **resultar** *aquí*: parecer – 2 **injusto** ≠ justo (ungerecht) – 8 **una ciruela** fruto del ciruelo –
9 **huir** escaparse (fliehen) – 10 **comportarse** reaccionar de un modo determinado
(→ comportamiento) – 11 **una chulería** arrogancia – 11 **desagradable** ≠ agradable –
14 ¡**valiente imbécil**! wahrer Dummkopf! – 17 **la rabia** enfado grande – 18 **desconcertante**
que sorprende y desorienta (→ desconcertado) – 20 **amanecer** salir el sol por la mañana –
20 **radiante** brillante – 27 **el poniente** occidente

ser por la presencia del muro de cierre que le servía de límite, a
mí me parecía tan inacabable como los bosques de los cuentos.
Fue por él por donde decidí perderme aquella mañana, en
busca de algún rincón inexplorado.

5   Pedaleé durante algún tiempo por los estrechos senderos
que se abrían entre castaños y robles. Los rayos del sol aún
no habían atravesado el ramaje y el aire conservaba intacto
el frescor de la noche. Aunque llevaba puesto un jersey fino,
pronto comencé a sentir frío, por lo que decidí abandonar el
10 bosque y dirigirme al camino que baja por los prados y bordea
el río. Había un lugar que a mí me gustaba especialmente,
donde el cauce se abría en un remanso curvo y las aguas
se empozaban formando una especie de piscina natural,
sombreada siempre por los alisos que crecían en la otra orilla.

15 Cuando ya me encontraba a pocos metros de mi objetivo,
advertí la presencia de Miguel, inmóvil junto al río con una
caña de pescar en la mano. En esta ocasión él oyó el rodar de
la bicicleta por el sendero, pero se limitó a volver la cabeza y a
hacerme un breve gesto a modo de saludo.

20   –Hola, Clara –me dijo cuando me acerqué a él–. Eras
Clara, ¿no? Todavía es temprano; pensaba que los ricos no
madrugabais tanto. ¿Vienes a reñirme otra vez?

    –¡Mira a quién tenemos aquí! –contesté. Su voz no sonaba
irónica, pero la mía sí, como si me quisiera vengar de la
25 humillación que me había hecho sentir el día anterior–. ¡El

---

2 **inacabable** que no se termina, sin final, infinito – 4 **inexplorado** nunca visitado –
5 **pedalear** mover los pedales de la bicicleta – 5 **un sendero** camino estrecho – 6 **un
roble** Eiche – 7 **un ramaje** grupo de ramas – 7 **intacto** sin tocar, sin cambios – 8 **el
frescor** aire frío moderado y suave – 10 **bordear** rodear – 12 **un remanso** lugar donde se
detiene el agua de un río – 13 **empozarse** aufstauen – 13 **una especie** *aquí*: uc parecido
a, como – 14 **sombreado** con sombra – 16 **advertir uc** darse cuenta, notar – 16 **inmóvil**
sin moverse – 16 **junto** al lado de – 17 **una caña de pescar** Angel – 17 **el rodar** ruido al
moverse las *ruedas* (Räder) – 18 **limitarse a + infinitivo** hacer uc dentro de unos límites,
un mínimo – 19 **breve** que dura poco tiempo, corto – 22 **madrugar** levantarse temprano –
22 **reñir** reprender – 24 **vengarse de** hacer *daño* (Schaden) a up o uc como respuesta
a otro recibido (sich rächen) – 25 **una humillación** motivo que molesta y lastima los
sentimientos (Kränkung)

ladrón de fruta! Y ahora el de las truchas, porque supongo que sabes que esta parte del río es del pazo.

–Me llamo Miguel, ya te lo dije ayer. Además, el río es de todos, lista, a ver si te enteras. Que este tramo esté en las tierras
5 del pazo sólo es una injusticia a la que se le pondrá remedio algún día. –Cambió el tono de voz, que volvía a ser desafiante, y añadió más calmado–: Por otra parte, este es uno de los mejores sitios para pescar truchas.

–Para robarlas, querrás decir –insistí.

10 –Yo no robo nada, no os vais a arruinar por unas cuantas truchas que quizá hace unos minutos nadaban fuera de vuestras tierras. A lo mejor, los ladrones sois los del pazo. O la ley que permite que una parte del río pueda estar en una propiedad privada.

15 Decidí no contestar a sus impertinencias, quizá porque, en el fondo, había mucho de verdad en lo que acababa de decir. Comprobé con sorpresa que me había desaparecido la rabia del otro día. Aunque me costara reconocerlo, me apetecía hablar con aquel chico tan seguro de sí mismo, que parecía
20 tener respuesta para todo.

–No te voy a denunciar, puedes estar tranquilo. –Arrimé la bicicleta a un banco que había junto al camino y me acerqué a Miguel–: ¿Qué? ¿Pican?

–Picarán si te estás callada y no te acercas demasiado. Las
25 truchas son listas, no vienen si advierten nuestra presencia. Hoy ya han caído cinco, mira qué buenas.

Me enseñó la bolsa que había dejado sobre la hierba. En el fondo había preparado una especie de cama con helechos, sobre la cual había cinco truchas de piel brillante y resbaladiza.

---

1 **un ladrón** up que roba – 1 **una trucha** pez que vive en el río (Forelle) – 4 **un tramo** parte *aquí*: del río – 5 **una injusticia** uc injusta – 5 **un remedio** *aquí*: solución – 8 **pescar** angeln – 10 **arruinar** *causar* (verursachen) ruina, volverse pobre – 10 **unos cuantos** algunos – 15 **impertinencia** uc que se dice o hace y produce molestia o enfado (Frechheit) – 23 **picar** anbeißen – 24 **callado** que no habla – 27 **enseñar** *aquí*: mostrar – 27 **la hierba** Gras – 28 **un helecho** planta sin flores (Farn) – 29 **resbaladizo** rutschig

Eran muy hermosas, con aquellas pintas de intenso color naranja distribuidas por todo el lomo, aunque daba algo de pena verlas muertas.

–En cuanto pesque otra más, lo dejo. Seis son las justas para que coman tres personas. Ya ves, como en los viejos tiempos, cuando el hombre tenía que volver a casa con la comida necesaria.

Me callé y permanecí allí, inmóvil como me había pedido, atenta a las leves oscilaciones del corcho sobre la superficie del agua. No tardó mucho en picar una nueva trucha. Me sorprendió el repentino hundimiento del corcho, el impetuoso tirar del sedal, la tensa curvatura de la caña, la reacción rápida de Miguel. La trucha apareció brincando en el aire, como si emergiese del río en un salto poderoso, mientras agitaba su cola con movimientos enérgicos. Pero era un esfuerzo inútil, porque Miguel enseguida desvió la caña, depositó el pez en la hierba y lo sujetó después con una mano, mientras con la otra le quitaba el anzuelo de la boca. Luego lo echó en la bolsa, donde el animal siguió agitándose, cada vez de forma más débil. Después, tal y como había dicho antes, recogió el aparejo, plegó la caña y se fue a sentar en el banco en el que yo había dejado la bicicleta arrimada.

–Así que tú eres la hija de don Víctor –me dijo, al tiempo que me invitaba a sentarme a su lado–. ¿Y por qué nunca te había visto antes por el pazo?

–Antes venía sólo a visitar a mi abuela, pero desde que se murió, ya no volvimos más. Hasta este verano, claro.

Miguel se quedó callado y me miró con una intensidad que me hizo desviar la vista.

---

1 **una pinta** puntos, *mancha* (Fleck) pequeña – 2 **un lomo** *de la trucha* parte lateral – 8 **callarse** no hablar – 9 **leve** pequeño, mínimo, ligero – 9 **un corcho** Kork(en) – 11 **un hundimento** introducción, descenso de uc en el agua (Versenken) – 11 **impetuoso** violento, fuerte – 12 **un sedal** Angelschnur – 12 **tenso** rígido, ≠ relajado, ≠ flexible – 12 **una curvatura** → curva – 13 **brincar** *saltar* (springen) – 14 **emerger** salir hacia arriba – 14 **un salto** acción de saltar – 14 **agitar** mover de un lado para otro – 15 **una cola** parte de atrás del pez – 15 **inútil** sin sentido, ≠ útil – 16 **desviar** mover hacia un lado – 17 **sujetar** festhalten – 18 **un anzuelo** Angelhaken – 20 **tal** *aquí*: según – 21 **un aparejo** conjunto de objetos necesarios para pescar – 21 **plegar** doblar (zusammenklappen) – 22 **arrimado** apoyado en uc

–¿Cuando eras pequeña, tenías una melena muy larga?

–Sí que la tenía; me la corté hace tres años –respondí.

–¡Ahora ya sé quién eres! De niña eras muy guapa; recuerdo haberte visto muchas veces, era imposible no fijarse en ti. Pero siempre me parecías muy distante.

–Así que era muy guapa de niña –contesté con ironía–. Pues gracias por el cumplido, aunque sea con cierto retraso.

Miguel me miró fijamente durante unos instantes que me parecieron larguísimos. Acabé apartando la vista otra vez, desconcertada por el efecto que me producía aquella mirada.

–La verdad es que ahora estás muy cambiada –comentó, sonriendo–. Y yo diría que el cambio ha sido para mejor.

–No soy yo la única que cambia –contesté, tratando de disimular el escalofrío de placer que había sentido al escucharlo–. El otro día me hablaste como si yo fuera tu enemiga, pero ya veo que también puedes ser amable.

–Tranquila, lo del otro día no era nada personal. A lo mejor es cierto eso de que no tienes la culpa de ser de los del pazo.

–Siempre estás con lo mismo, no sé qué tienes contra la gente de mi familia –protesté, íntimamente satisfecha de que se acordara de mis palabras.

–¿Qué tengo contra vosotros? ¿Y todavía me lo preguntas? Pues que sois ricos y podéis hacer lo que os venga en gana. Que no sabéis lo que es desear algo y no poder tenerlo. Actuáis como si el mundo fuera vuestro y los demás no existiéramos.

Iba a contestarle a aquel discurso cargado de rabia, pero me dejó con la palabra en la boca. Me dijo que se le hacía tarde, que aún tenía muchas cosas que hacer. Cogió las truchas y la caña y se marchó en dirección a la zona del muro por la que había saltado la primera vez que nos habíamos encontrado.

---

1 **una melena** pelo largo – 7 **un cumplido** piropo, palabras para decir lo bueno o bonito de up – 7 **retraso** tarde, después del tiempo – 8 **fijamente** con atención, concentradamente – 12 **sonreír** lächeln (→ sonrisa) – 14 **disimular** ocultar, no mostrar – 14 **un escalofrío** estremecimiento – 23 **hacer lo que venga en gana a up** *coloq* hacer lo que se quiere – 26 **cargado** *aquí*: lleno – 27 **dejar a up con la palabra en la boca** irse sin dejar terminar a up lo que quiere decir

Cuando había caminado unos veinte metros, se volvió y me dijo:

–Adiós, Clara. Ya nos veremos, pienso venir a robar más veces.

5 Yo me quedé sentada sin responder nada, mirando como se alejaba, mientras maldecía mi incapacidad para alargar una conversación que había sido mucho más breve de lo que hubiera deseado. Me sentía alegre por dentro, con una alegría nueva que me desconcertaba. Esta vez, por lo menos, no me
10 había llamado señorita Escarlata, y tampoco había notado en sus palabras la agresividad de la primera vez. Me hubiera gustado hablar más con aquel Miguel que era tan distinto a todos los chicos del colegio que conocía, pero tendría que esperar a que se me presentara una nueva oportunidad. El
15 verano iba a ser largo y él había prometido volver.

---

6 **maldecir** verfluchen – 6 **alargar** hacer más largo – 9 **desconcertar** → desconcertante

5

Vi a Miguel al día siguiente, y por partida doble. La primera vez fue por la mañana, de la manera más inesperada. Mientras desayunábamos, mi madre me recordó que le debía «un favor de esos que no le podía negar». Al poco tiempo de llegar, se había comprometido a ir a visitar a Adelaida Novo y, como esta no paraba de insistir, había decidido cumplir aquella mañana con su obligación social. Los Novo eran una familia que había tenido mucho peso en el pueblo; vivían en Madrid todo el año, pero cada verano regresaban puntualmente a la casa que tenían en Vilarelle. Mamá quería que yo la acompañara; supongo que mi presencia podía servirle de coartada para evitar una posible invitación a comer o librarse de alguna situación incómoda.

De paso, aprovecharía para llevar su Golf al taller, el coche necesitaba pasar la revisión desde hacía varias semanas. En la ciudad no había tenido tiempo, me explicó, y en el pueblo todo era más fácil. Lo que quería decir, supongo, era que, tratándose de la dueña del pazo, tenía la seguridad de que la iban a atender rápidamente aunque tuviera veinte clientes delante.

Primero fuimos a dejar el coche en el taller. Mientras mamá hablaba con el encargado, que enseguida movilizó a media humanidad para atenderla, yo me aparté de ellos y me distraje mirando todo lo que había por allí. Fue entonces cuando vi a Miguel. Estaba al fondo de la nave, arrimado a un Citroën rojo que tenía el capó levantado. Llevaba un mono azul, como los otros empleados, y sostenía una lámpara con la que iluminaba el hueco del motor, mientras otro operario, inclinado sobre el

---

1 **por partida doble** dos veces – 4 **negar** decir que no – 8 **un peso** *aquí*: importancia, poder – 11 **una coartada** *aquí*: excusa, pretexto – 14 **de paso** de camino hacia otro lugar – 14 **un taller** Werkstatt – 22 **media humanidad** *fig* mucha gente – 23 **distraerse** estar entretenida, pasar el tiempo – 25 **al fondo** al final – 25 **una nave** construcción grande de un piso – 26 **un capó** Motorhaube – 26 **un mono** traje de una sola pieza que usan *p ej* los mecánicos – 27 **sostener** halten – 28 **un operario** obrero, trabajador – 28 **inclinado** con el cuerpo hacia delante

coche, parecía afanarse en arreglar alguna avería. Yo me quedé parada a pocos metros de él, observando la escena y sin saber bien qué hacer.

No tardó en darse cuenta de mi presencia. Noté enseguida
5 que se sentía desconcertado, incluso me pareció que le daba rabia que lo viera así, con el mono manchado de grasa y la lámpara en la mano. Lo saludé con la cabeza y sonreí, al tiempo que daba unos pasos con la intención de acercarme a donde él estaba. Pero Miguel me devolvió el saludo con expresión seca
10 y volvió a concentrar su mirada en el motor, como si este fuera la cosa más importante del mundo y mi saludo no mereciese más que una fugaz interrupción.

Cuando salimos del taller, mamá y yo nos encaminamos a la casa de los Novo. No se podía ni comparar con nuestro
15 pazo, claro, había una diferencia abismal; pero era uno de los edificios más hermosos del pueblo, una mansión muy representativa de ese estilo colonial que es fácil encontrar aún en muchos lugares de Galicia. Estaba cerca del parque, en el centro de un terreno ajardinado de poca extensión, y
20 destacaba desde lejos por la elegante torre que se erguía en su lado derecho.

Me arrepentí de acompañar a mi madre en cuanto entramos. Y no por doña Adelaida, que ya nos estaba esperando y se desvivía por atendernos; o, más bien, por movilizar a dos de
25 las sirvientas de la casa, que iban y venían afanosas con las bandejas de los aperitivos que nos habían preparado. Quien consiguió ponerme de mal humor fue su hija Teté, que era de mi edad y que, como comprobé en cuanto empezamos a hablar, seguía siendo tan insufrible como la recordaba de

---

1 **afanarse** trabajar con concentración – 1 **una avería** daño que no deja funcionar uc – 2 **parado** sin moverse – 6 **manchado** sucio – 6 **la grasa** Fett – 7 **al** (mismo) **tiempo** a la vez – 11 **merecer uc** ser digno de, tener le valor de uc (verdienen) – 12 **fugaz** rápido – 13 **encaminarse** ponerse en camino – 15 **abismal** enorme – 16 **una mansión** casa grande y señorial – 19 **ajardinado** con jardines – 19 **la extensión** tamaño – 20 **una torre** Turm – 20 **erguirse** levantarse – 22 **arrepentirse de uc** sentir pena o tristeza por haber hecho o no uc – 24 **desvivirse** mostrar gran interés o cariño (Zärtlichkeit) por up – 26 **una bandeja** Tablett – 29 **insufrible** que no se puede aguantar (unerträglich)

niña. Mientras nuestras madres conversaban en el salón, me vi en el compromiso de tener que acompañarla a su cuarto, decorado con todas las variantes del rosa y lleno de pósters de los cantantes almibarados que yo odiaba. Supongo que
5 ella también se desmayaría del susto si llegase a ver el enorme cartel que había en el mío, la impactante portada del *London Calling* de The Clash, con Paul Simonon destrozando su bajo contra el suelo del escenario, mientras Joe Strummer lo observa algunos pasos más atrás. Un cartel que, a pesar de
10 estar deteriorado, aún conservo, pues la música de The Clash no ha dejado de acompañarme todos estos años.

Pronto me quedó claro que, más que a una chica de su misma edad, Teté veía en mí a una representante de la estirpe de los Soutelo. Hacía esfuerzos patéticos por caerme bien,
15 como si yo fuese una persona de rango superior. Me daban ganas de explicarle que no éramos más que dos chicas obligadas por las circunstancias a soportarnos, pero recordé todo lo que me había sermoneado mi madre antes de salir y decidí aguantarla como mejor pudiera. Lo peor de todo fue
20 que, ante su insistencia, me vi obligada a invitarla a venir a pasar una tarde al pazo. A cambio, ella prometió llamarme para salir con la pandilla que tenían los chicos y chicas que veraneaban en el pueblo, a los que se les unían algunos de las familias más acomodadas que vivían allí todo el año. Una
25 perspectiva que no me agradaba en absoluto y que procuré dejar en el aire, a la espera de tener la oportunidad de librarme de tal compromiso.

---

4 **odiar** ≠ amar (lieben) – 5 **desmayarse** perder el conocimiento y el sentido por un momento – 5 **un susto** asombro repentino causado por sorpresa o miedo (Schreck) – 6 **un cartel** papel o cartón en el que se ha escrito o dibujado uc para que la gente lo vea – 6 **impactante** que impresiona – 6 **una portada** foto presentación *aquí*: de un disco – 6 **London Calling** nombre del tercer álbum de The Clash – 7 **Paul Simonon** (1955) músico de The Clash durante toda la vida del grupo – 7 **destrozar** romper con violencia – 8 **Joe Strummer** (1952-2002) compositor, guitarrista y cantante del grupo The Clash – 14 **caer bien a up** gustar a up, ser simpático a up – 17 **soportar** tolerar (aushalten) – 18 **sermonear** reprender con un sermón o discurso (predigen) – 22 **una pandilla** grupo de amigos – 23 **veranear** pasar el verano en un lugar – 24 **acomodado** *aquí*: con dinero

Cuando consideró que había suficiente confianza entre nosotras, Teté se acercó a mí con un gesto cómplice y me dijo:

–Ya me he enterado de lo del muerto que habéis encontrado en tu casa. Me contaron que estabas tú delante cuando lo
5 descubrieron. ¿Cómo fue? ¿Es verdad que tenía varios agujeros de bala en la cabeza?

¡Tierra trágame!, pensé cuando la oí. ¡Era lo que me faltaba, tener que darle explicaciones de lo que consideraba mi secreto particular! Contesté con monosílabos a todo cuanto me
10 preguntó, sin darle más información que la que ella, a juzgar por las preguntas, ya conocía. Consiguió irritarme con su insistencia sobre el número de balas (seis, según decía Teté; por lo visto, ya había empezado la rueda de las exageraciones) y sobre quien podría ser el autor del crimen. Me molestó
15 especialmente que emplease la palabra «crimen», pero lo cierto es que tenía razón, pues lo mismo pensaba yo. Crimen o asesinato, qué más daba. Me hizo tantas preguntas, que incluso llegué a pensar si entre ella y su madre no habrían preparado el interrogatorio previamente; las creía capaces de
20 algo así. Me zafé como pude e intenté restarle importancia a todo, aunque las preguntas que ella me hacía eran las mismas que me obsesionaban desde el día en que descubrimos el cadáver.

Mi madre vino a rescatarme cuando ya estaba a punto de
25 darme un ataque de histeria. Me fui aliviada de aquella casa, con la sensación de haberme liberado de una tela de araña pegajosa y desagradable. Por suerte, mamá no hizo ninguna alusión al tema: quizá no había salido en su charla, o quizá sí

---

3 **enterarse de uc** *aquí*: saber uc por primera vez – 7 **¡tierra trágame!** *loc* expresa querer ocultarse o desaparecer para no ser visto – 9 **un monosílabo** palabras de una sílaba *p ej* sí, no – 13 **una rueda de exageraciones** informaciones que no son verdad y se trasmiten rápidamente aumentando su falsedad – 17 **qué más da** es igual, no importa – 19 **un interrogatorio** preguntas que se hacen para saber uc – 19 **previamente** antes – 20 **zafarse de** huir, escaparse para librarse de uc o up – 20 **restar importancia a uc** hacer como que uc no es importante – 24 **estar a punto de** *pasar uc* casi – 25 **aliviado** tranquilo y libre de uc incómodo (erleichtert) – 26 **una tela de araña** Spinnennetz – 27 **pegajoso** que se pega con facilidad (klebrig) – 27 **hacer alusión a** *un tema* hablar de, comentar uc

y deseaba olvidarlo. En cualquier caso, me pareció percibir en ella la misma sensación de alivio que yo tenía por abandonar la casa de los Novo. Mamá no despreciaba la vida social, sobre todo cuando debía acompañar a mi padre, pero prefería pasar

5 el tiempo ocupada con sus cuadros. Podría no ser así, sería lógico que, sobre todo en el pueblo, se aprovechase de la privilegiada situación social que le otorgaba ser la señora del pazo; pero, por una vez, la suerte estaba de mi lado.

Después del fugaz encuentro en el taller, pensé que tardaría

10 en volver a ver a Miguel. Pero me equivocaba, pues nos volvimos a encontrar la tarde de aquel mismo día. Yo estaba sentada en el mirador, como otras veces, leyendo la novela que había comenzado al llegar al pazo. Levanté la vista al oír un ruido y entonces fue cuando advertí que la cabeza y los brazos

15 de Miguel se asomaban por la parte superior del muro, justo en el lugar por donde había entrado las otras veces. Al darse cuenta de que me fijaba en él, se dejó caer otra vez del lado de fuera. Lo que menos quería era que se marchase, así que elevé la voz y le pregunté:

20 –¿Qué? ¿Es que los ladrones no trabajan hoy?

Al rato, volví a ver sus manos, y después su cabeza, asomándose por el borde del muro. Acabó de trepar y, de un salto ágil, entró en la finca. Yo dejé mi libro a un lado y le hice un gesto para que se aproximase.

25 –Las manzanas de esta zona todavía están verdes, pero hay algunos perales que ya tienen la fruta madura –le dije, en cuanto se acercó a donde yo estaba. Empleé un tono irónico, pero amable; supongo que se notaba lo mucho que me alegraba de verlo–. Por mí no te cortes, haz como si yo fuese

30 invisible.

---

2 **un alivio** tranquilidad, liberación de uc pesado – 3 **despreciar** no gustar, ≠ apreciar, ≠ estimar (verachten) – 3 **sobre todo** vor allem – 7 **otorgar** ofrecer, dar – 10 **equivocarse** hacer o pensar uc que es falso (sich irren) – 15 **asomarse** aparecer, empezar a verse – 18 **elevar** *la voz* subir *aquí*: hablar más alto – 22 **un borde** extremo – 24 **aproximarse** acercarse – 26 **un peral** árbol de peras – 29 **cortarse por** *coloq* sentir vergüenza

–Ya ves que ni siquiera traigo bolsa, hoy no vengo a por nada –respondió, con voz neutra–. O sí, depende de como se mire.

–¿Qué quieres decir?

–Pues que me apetecía venir para comprobar si estabas por aquí. Pero, tranquila; si te molesto, me voy ahora mismo.

–Por mí quédate, si quieres. Así podremos hablar un poco, que el otro día desapareciste como un fantasma –por primera vez, le sonreí abiertamente–. ¡Hay que aprovechar los días de descanso de los delincuentes!

Miguel se acercó al banco y se sentó a mi lado. Tomó el libro que había dejado sobre la piedra y lo examinó minuciosamente:

–*Grandes esperanzas*, del amigo Dickens. Buen libro, sí, señora. A mí también me gustó mucho cuando lo leí.

–¿Pero tú has leído este libro? –pregunté, sin poder ocultar mi asombro.

–Pues sí. Hay obreros que también leemos, ya ves qué cosas más raras pasan en este pueblo –había abandonado la expresión amable y volvía a tener el tono desafiante de nuestros primeros encuentros–. Bichos raros, como otros que existen por el mundo. Creo que la *National Geographic* está preparando un documental sobre nosotros.

–No quise decir eso, no seas mal pensado –mentí. En realidad, Miguel había adivinado a la primera lo que pasaba por mi cabeza.

–Es igual, no te preocupes. En realidad, tienes razón –ahora volvía a su tono normal–. De mis amigos, yo soy el único que no podría vivir sin leer.

–También pasa eso entre los que tú llamas los ricos, no vayas a pensar. ¿Acaso crees que yo tengo muchos amigos que hayan leído a Dickens?

---

9 **un delincuente** criminal, up que no respeta la ley – 12 **minuciosamente** con cuidado – 20 **un bicho raro** up diferente, fuera de lo normal – 21 **National Geographic Society** organización que busca el conocimiento general de la geografía y otros temas entre la gente – 22 **un documental** reportaje – 23 **ser mal pensado** pensar mal de la gente

Él no me contestó. Se limitó a mirarme con intensidad y a sonreír. Su mirada me hizo sentir el mismo estremecimiento de placer que el otro día, no sé qué tenían aquellos ojos azules que tanto me fascinaban. Para disimular lo que me pasaba,
5 añadí:

–¿De dónde te viene lo de leer? Ya sabes lo que se dice: que es un vicio que te tiene que contagiar alguien. A mí me viene de un tío mío que se llama Carlos; y también de mi madre, le encantan los libros. Cuando yo era pequeña siempre me
10 leía cuentos antes de dormir. Le gusta presumir de que fue mi Scherezade. Aún ahora solemos hablar muchas veces de nuestras lecturas.

–Pues, ya que estamos de confesiones, en mi caso es la herencia que me dejó mi bisabuelo. La herencia de un hombre
15 al que sólo conozco por fotos, ya ves que hay contagios muy extraños. Se llamaba Ismael y era encuadernador. Todo un personaje, y no lo digo porque yo sea su bisnieto.

–*Call me Ismael* –dije, casi de manera automática, poniendo un aire teatral en mi voz.
20 –No te hagas la lista conmigo, yo también he leído Moby Dick –me miró con una sonrisa irónica ante mi exclamación de sorpresa; me había dejado boquiabierta que reconociera al instante las palabras que abren la novela de Melville. Tras un breve silencio, añadió–: ¿Sabes que casi me ponen Ismael
25 también a mí? Era lo que pretendían mi madre y mi abuela. Pero mi padre insistió en que no, y acabé siendo Miguel. No es tan literario, pero tampoco está mal.

Me callé, no sabía qué decir. Me sentía desconcertada ante aquel chico tan distinto de todos los que había conocido hasta
30 entonces. Nada en él era previsible, nunca sabía por dónde

---

7 **un vicio** mala costumbre, uc que se hace en exceso *p ej* tomar alcohol – 7 **contagiar** transmitir uc *aquí*: el gusto por leer – 10 **presumir** prahlen – 11 **Scherezade** personaje que cuenta la historia árabe de *Las mil y una noches* – 15 **un contagio** transimisión de uc *p ej* una enfermedad (→ contagiar) – 16 **un encuadernador** up que hace libros – 17 **un bisnieto** Urenkel – 20 **Moby Dick** (1851) novela en la que una *ballena* (Wal) blanca es *perseguida* (verfolgt) obsesivamente por el capitán Ahab – 22 **boquiabierto** con la boca abierta – 23 **Melville**, Herman (1819-1891) escritor estadounidense de la novela Moby Dick – 30 **previsible** que puede ser previsto

podría salir cada vez que hablaba. La pregunta que me hizo a continuación también me pilló por sorpresa:

–¿Es cierto que habéis encontrado un esqueleto dentro del pazo? Me acabo de acordar ahora, al hablar de mi abuela.

5 –Sí, en la parte baja donde antes estaban los almacenes. ¿Cómo te has enterado?

–No debe de haber ninguna casa en Vilarelle en la que no se hable del asunto. Quizá aún no te hayas dado cuenta, pero lo que ocurre en el pazo siempre es importante en el pueblo

10 –como yo no decía nada, ocupada como estaba en no perder detalle de sus ojos, añadió–: Además, la noticia se publicó en el periódico. Aunque sólo a una columna, muy escondida. A las cosas del pazo no conviene darles publicidad si no son agradables, no se vaya a ensuciar el buen nombre de los

15 Soutelo.

Cuando se ponía así, Miguel era odioso. Parecía como si dentro de él hubiera una rabia subterránea que afloraba a la primera ocasión. Una rabia que me incomodaba y me hacía sentir mal, pues cumplía el efecto de una barrera que me

20 impedía acercarme a él. Ahora, cuando pienso en esto después de tantos años, creo que quizá también yo lo desconcertaba a él, pues no respondía a los esquemas que parecía tener sobre los que pertenecíamos a familias como la mía. Como no quería que nuestra conversación siguiese por esos caminos, decidí

25 cambiar de tema:

–Antes me dijiste que tu bisabuelo Ismael era todo un personaje. ¿Se puede saber qué tenía de especial?

Mi pregunta le sorprendió y noté que dudaba antes de contestar. Me acerqué algo más a él, en un intento inconsciente

30 de provocar su respuesta. Tras un silencio que se me antojó muy largo, dijo:

---

2 **pillar** *coloq* encontrar a up en una determinada situación por sorpresa – 12 **una columna** Spalte – 12 **escondido** oculto, que no se puede ver – 14 **ensuciar** manchar (→ sucio) – 16 **odioso** antipático, desagradable (→ odiar) – 17 **aflorar** salir al exterior – 18 **incomodar** hacer sentir incómodo – 28 **dudar** no saber que hacer – 30 **antojarse uc** *aquí*: parecer, tener la sensación de ser

–Sólo sé lo que me ha contado mi abuela. Nunca llegué a conocerlo: murió en 1954, muchos años antes de que yo naciese. Trabajaba de encuadernador, y los libros eran su pasión. Nunca pudo estudiar –en Vilarelle sólo había una
5 escuela elemental–, pero leía todo lo que llegaba a sus manos: novela, poesía, historia... Tendrías que ver los libros que guardó en el baúl, fueron los únicos que se pudieron salvar.

–¿Que se pudieron salvar? ¿Qué quieres decir?

–Mi bisabuelo era republicano. Dirigía un Ateneo que había
10 aquí antes de la guerra, una especie de sociedad cultural para la gente trabajadora. Hablaba de sus ideas con libertad, defendía que este país necesitaba pan y libros. Por eso, cuando se produjo el golpe de estado del 36, a él fue a uno de los primeros que detuvieron.

15 Callé; callé y agaché la cabeza, como una alumna cuando la pillan con la lección sin aprender. Por un momento pensé que Miguel se marcharía, como el día de las truchas, pero al poco tiempo continuó con el relato que había iniciado:

–El día que vinieron a buscarlo para llevárselo preso, los de
20 la Falange reunieron todos los libros que encontraron en la casa y en el taller e hicieron una hoguera con ellos en el medio de la calle. Excepto los del baúl que había en el desván, esos no los encontraron. Mi bisabuelo había sido previsor y había escondido allí los que más le gustaban.

25 Después de lo que acababa de escuchar, estaba verdaderamente impresionada. No es que yo no supiera nada de la Guerra Civil, ya había leído algunas novelas ambientadas en esos años. A través del colegio no me había llegado gran cosa, pues en todos los cursos, tanto en Historia como en
30 Literatura, el mundo parecía acabar justo antes de 1936 y

---

7 **un baúl** mueble alargado para guardar normalmente la ropa (Truhe) – 9 **un ateneo** lugar ocupado por grupos culturales o científicos – 12 **defender** *una idea* sostener, mantener una idea en contra de otras opiniones – 13 **un golpe de Estado** Staatsstreich – 14 **detener** llevarse (la policía) a up a comisaría – 18 **un relato** historia – 19 **preso** *aquí*: a la cárcel – 20 **la Falange Española** *partido* (Patei) político español de la derecha radical, ultranacionalista, de ideología fascista – 21 **una hoguera** fuego – 22 **un desván** Dachboden – 23 **previsor** up que previene – 28 **gran cosa** *aquí*: mucha infomación

nunca se daban los últimos temas de los libros. Pero aquella era la primera vez que alguien me hablaba de la guerra desde la memoria familiar, de la guerra en carne viva. Lo que Miguel me contaba le había ocurrido a su bisabuelo y había sucedido

5 en Vilarelle, el último escenario que yo imaginaría para una hoguera de libros como las que a veces veía en las películas que transcurrían en la Alemania nazi.

–Me has dicho que detuvieron a tu bisabuelo. ¿Por qué razón?

10 –Eso no lo enseñan en los colegios de los ricos, ¿a que no? –por un momento, en la voz de Miguel volvía a aparecer la ironía agresiva que ya iba conociendo; pero sólo le duró unos instantes, porque añadió–: Perdona, no he debido decirte eso; no lo enseñan ni en los de los ricos ni en los otros. A mí, por lo

15 menos, nunca me han explicado nada. Si sé algo del tema, es por lo que he oído contar en mi casa.

»Lo detuvieron por ser republicano, por estar en la directiva del Ateneo, por andar entre libros… habría mil excusas, supongo. Pero no me gusta hablar de esto, me entra un cabreo

20 muy grande por dentro. Además, quien sabe la historia de verdad es mi abuela; seguro que te encantaría conocerla.

Debíamos de llevar sentados mucho rato, aunque a mí se me había pasado el tiempo sin darme cuenta. El sol ya estaba bajo y el aire comenzaba a ser más fresco. Los dos permanecimos

25 callados, quizá sentíamos que aquella charla había llegado a su fin. Algo después, Miguel se decidió a seguir:

–Lo que son las cosas. ¿Sabes que mi abuela estos días no para de hablar de otro tema que de los años de la República? Mi madre dice que fue desde que supo lo del cadáver. Tal vez lo

30 asocie con aquella época: hubo muchas muertes cuando vino la guerra; supongo que será por eso.

---

3 **en carne viva** desde la propia experiencia – 7 **transcurrir** pasar, suceder, ocurrir – 17 **una directiva** grupo de personas que organizan y dirigen uc – 18 **andar entre** *fig* estar relacionado con – 19 **un cabreo** *coloq* enfado – 27 **Lo que son las cosas** cómo es la vida – 28 La *Segunda* **República** *Española* (1931-1936) Estado democrático y republicano. Terminó con el golpe de Estado anterior a la Guerra Civil Española

–Me gustaría conocerla. Deben de ser muy interesantes esas historias que cuenta –comenté, por decir algo.

–Sí, seguro que te interesarían. ¿Sabes que también habla mucho de tu abuela Rosalía? Siempre dice que era la chica más guapa de la comarca.

–¿Y tu abuela querría hablar conmigo? –me atreví a preguntar. Tras la referencia a mamá Rosalía, empezaba a notar un repentino interés que ni tan siquiera yo sabía bien de dónde nacía.

–Si algo le agrada a mi abuela es hablar, seguro que estaría encantada de contarte sus historias. Claro que para eso tendrías que venir a mi casa. Y eso depende de ti. ¿Podrías resistir la visión directa de cómo vive la clase baja?

De nuevo volvía a aparecer el Miguel mordaz que tanto me molestaba. Pero decidí no hacerle caso y concentrarme en lo que de verdad me interesaba. Tardamos poco tiempo en ponernos de acuerdo en los detalles de mi futura visita. Cuando Miguel se fue y desapareció tras el muro, yo todavía me quedé un tiempo en el mirador, repasando mentalmente la larga conversación que acabábamos de mantener. Me sentía extrañamente eufórica y, por primera vez, me alegraba de que las circunstancias me obligasen a pasar aquel verano recluida en el pazo familiar.

---

14 **de nuevo** otra vez – 14 **mordaz** sacástico, satírico, irónico – 15 **hacer caso** prestar atención, tomar en cuenta uc – 19 **repasar** volver a mirar o examinar uc – 22 **recluido** encerrado, sin poder salir

6 El encuentro con la abuela de Miguel

Al día siguiente, después de comer, fui a reunirme con Miguel, tal como habíamos quedado la tarde anterior. Para evitar preguntas incómodas, pues mi salida por la puerta principal seguro que no iba a pasar inadvertida, aparenté
5 seguir la rutina de otras tardes: con mi ejemplar de Grandes Esperanzas en la mano, anuncié que me iba a pasear por el bosque. Tenía miedo de que a alguien le extrañara verme vestida con deportivas y vaqueros, en vez de con el pantalón corto que solía utilizar, pero nadie pareció darse cuenta de ese
10 detalle.

Miguel ya me esperaba dentro de la propiedad, sentado en la hierba y con la espalda apoyada contra el muro. Debía de llevar allí algún tiempo, porque la comida se había retrasado más de lo debido y pasaba bastante de la hora que habíamos
15 acordado. Por primera vez desde que nos conocíamos, me saludó con normalidad; casi me extrañó no detectar ninguna ironía en sus palabras, agradecía no tener que estar en guardia permanente. Me ayudó a escalar el muro por la zona semiderruida y después saltó también él. Al verme fuera de lo
20 que eran las posesiones del pazo, sentí por dentro la excitación que siempre experimentaba al hacer algo prohibido; porque desde la perspectiva de mi familia, aquella cita con Miguel era, sin duda, una clara transgresión.

Por el camino, Miguel me explicó en pocas palabras quiénes
25 eran las personas que encontraríamos en su casa: su madre y su abuela. También tendría que estar Iria, su hermana pequeña, pero como la habían ido a buscar sus amigas se

---

1 **reunirse con up** encontrarse, juntarse – 4 **inadvertido** que no se nota (unauffällig) – 4 **aparentar** mostrar uc que no es verdad – 6 **anunciar** dar a conocer uc que va a suceder en el futuro – 8 *zapatillas* **deportivas** zapatos de deporte – 8 **un vaquero** pantalón de tela vaquera, jeans – 13 **retrasar** tardar, llegar con retraso – 14 **debido** → deber – 14 **acordar** llegar a un *acuerdo* (Absprache), decidir juntos uc – 16 **detectar** notar, darse cuenta – 19 **semiderruido** en ruina, destruido en alguna de sus partes – 20 **una posesión** propiedad (→ poseer) – 22 **una cita** encuentro organizado anteriormente – 23 **una duda** vacilación (→ dudar)

había marchado con ellas a bañarse a la playa fluvial. «Todas mujeres: el hombre de la casa soy yo», añadió medio en broma. Cuando le pregunté por su padre, me explicó que estaba en Bilbao, trabajando de capataz en una empresa de
5 la construcción. Llevaba fuera más de cinco años; era bueno en su oficio y en el País Vasco, además de tener trabajo fijo, su salario era muy superior al que ganaría aquí. Venía un fin de semana al mes, y también cuando le daban algunos días libres. Una vida muy sacrificada, pero era la única manera de ganar el
10 dinero necesario para que la familia saliera adelante.

–La emigración, Clara; es la condena que tenemos los de este país si queremos hacer algo más que malvivir. Supongo que también me tocará a mí, dentro de unos cuantos años.

Yo no dije nada; ¿qué podía decir ante una situación que
15 contrastaba claramente con la mía? Agradecí que llegásemos tan pronto a nuestro destino, pues la casa de Miguel no se encontraba lejos del pazo. Estaba en un lugar que tanto se podía considerar el final de una de las calles del pueblo como el inicio de la carretera que llevaba a Betanzos. En realidad,
20 se trataba de dos casas. Una de ellas daba a la carretera: era un edificio antiguo, con bajo y una planta, y con un tejado de pizarra que se veía viejo y deteriorado. La puerta y las contras del bajo estaban cerradas, como si allí no viviese nadie, aunque las ventanas de arriba aparecían abiertas, con las cortinas
25 blancas agitadas por el viento. Detrás de esta vivienda había otra de dos pisos, de construcción reciente, que aún tenía las paredes laterales sin recubrir. La fachada de este nuevo edificio daba a un camino que se iniciaba en la carretera y continuaba luego entre huertas y prados.

1 **bañarse** baden – 1 **fluvial** de río – 4 **Bilbao** ciudad del norte de España pertenciente al *País Vasco* (Baskenland) – 6 **un oficio** profesión – 6 **fijo** seguro – 7 **ganar** *dinero* verdienen – 9 **sacrificado** duro, difícil – 10 **salir adelante** sobrevivir – 11 **una condena** *castigo* (Strafe) por haber hecho uc mal – 12 **malvivir** vivir en malas condiciones, sobrevivir – 13 **tocar** *el turno* an der Reihe sein – 16 **un destino** meta, lugar al que se quiere llegar – 19 **una carretera** camino, calle para los coches – 19 **Betanzos** ciudad de la provincia de La Coruña capital de la comarca del mismo nombre – 21 **un tejado** Dach – 22 **la pizarra** Schiefer – 24 **una cortina** tela grande delante de una ventana – 25 **agitado** → agitar – 25 **una vivienda** lugar donde se vive, casa – 26 **reciente** de hace poco tiempo – 27 **recubrir** bestreichen

–¿Y esta casa? –pregunté, al comprobar que Miguel pasaba por delante de la vivienda vieja y continuaba hacia el edificio de atrás–. ¿Quién vive en ella?

–No vive nadie. Esta casa de delante pertenecía a mi
5 bisabuelo Ismael. En ella nació mi abuela y también mi madre. Mi hermana y yo nacimos en otra casa, porque cuando mis padres se casaron se fueron a vivir a un piso alquilado cerca de la Plaza Mayor. Pero cuando tuvieron a Iria decidieron levantar la casa de atrás; el solar ya lo tenían y mi padre la fue
10 construyendo poco a poco.

–¿Y desde cuándo vivís en ella?

–Hará unos cuatro años que nos mudamos. Todavía está sin terminar, ya lo ves, pero es que no hay dinero para más. A veces hablamos también de arreglar la casa vieja, pero para eso
15 nos tendría que tocar la lotería.

Miguel abrió la puerta de aluminio blanco y me invitó a pasar a un recibidor en el que había varias macetas con begonias. A la izquierda nacían unas escaleras que llevaban al piso de arriba, y en la pared de la derecha había una puerta
20 entreabierta con dos hojas acristaladas que dejaba ver parte de lo que debía de ser la sala. Frente a nosotros comenzaba un pasillo largo que, allá al fondo, terminaba en otra puerta semejante a la de la entrada. Como estaba abierta, la intensa claridad del exterior inundaba el pasillo.

25 Por ella entró una mujer que traía un saco en la mano. En cuanto nos vio, lo dejó en el suelo y se acercó a nosotros, mientras se secaba las manos en el mandil. Me pareció mayor, andaría por los cuarenta años, y la mano que me tendió tenía la piel áspera de las personas acostumbradas al trabajo manual.

---

7 **alquilado** que se paga al mes una cantidad de dinero, ≠ comprado – 9 **levantar** *aquí*: construir – 9 **un solar** terreno – 12 **mudarse** cambiar de lugar – 17 **un recibidor** parte de la casa en la entrada antes de otras habitaciones (→ recibir) – 17 **una maceta** objeto donde se plantan flores y plantas – 20 **entreabierta** un poco abierta – 21 **frente** enfrente – 22 **allá** allí – 24 **la claridad** *aquí*: mucha luz (→ claro) – 25 **un saco** bolsa de tela de gran tamaño (Sack) – 27 **secar(se)** trocknen (→ seco) – 27 **un mandil** prenda de vestir que protege la ropa (Schürze) – 28 **andar por** *los cuarenta* tener aproximadamente *cuarenta años* – 28 **tender** *la mano* ofrecer

Me sonreía de un modo franco y, tras presentarse como Irene, la madre de Miguel, me invitó a pasar al cuarto de la entrada, que resultó ser la sala de estar. Se notaba que no la usaban a diario, porque todo estaba demasiado ordenado, como si se
5 tratase de un decorado.

En el centro había una mesa rectangular, de madera oscura y compacta. Sobre ella, encima de un paño de encaje, había un jarrón de cristal con un ramo de rosas recién cortadas. Alrededor de la mesa se distribuían seis sillas a juego, con el
10 asiento tapizado de terciopelo verde. También hacía juego un chinero arrimado contra una de las paredes laterales, que me pareció muy bonito. Me llamaron la atención unos sofás floreados que no pegaban nada con aquellos muebles antiguos. Por último, a un lado de la ventana había un pequeño armario
15 con puertas de cristal que dejaban ver los estantes llenos de libros. En las paredes, una reproducción de *Los girasoles* de Van Gogh y otra de un cuadro impresionista de Renoir, con unas mujeres con sombrillas paseando por un prado cubierto de amapolas. Me di cuenta de que no había televisión, una
20 prueba más de que no era allí donde se hacía la vida de la casa.

Miguel evitó el sofá y me invitó a sentarme en una de las sillas de la mesa. Después, como si me adivinase el pensamiento, dijo:
25 –Estos muebles, salvo los sofás, que son comprados, los hizo todos mi abuelo Xoán. Fue carpintero toda su vida; tenía el taller aquí, en el mismo terreno donde se edificó esta casa.

---

1 **franco** que dice la verdad – 4 **a diario** todos los días – 6 **rectangular** rechteckig – 6 **la madera** Holz – 7 **un encaje** Klöppelspitze – 8 **un jarrón** *recipiente* (Gefäß) para poner flores, florero – 8 **un ramo** *de flores* grupo de flores – 8 **recién** recientemente, hace poco tiempo – 9 *a* **juego con uc** igual, con el mismo diseño – 10 **un asiento tapizado** parte de, *p ej* una silla, para sentarse cubierto de tela (Sitzpolster) – 10 **el terciopelo** Samt – 13 **pegar con uc** a juego con – 16 **Los girasoles** die Sonnenblumen – 17 **van Gogh, Vicent** (1853-1890) pintor holandés representante del Postimpresionismo – 17 **Renoir, Pierre Auguste** (1841-1919) pintor francés impresionista – 18 **una sombrilla** objeto para protegerse del sol (Sonnenschirm) – 18 **cubierto** → cubrir – 19 **una amapola** Feldmohn – 25 **salvo** excepto – 26 **Xoán** *gall* Juan – 26 **un carpintero** *up* que trabaja con la madera

Dicen que era muy bueno en su oficio; seguro que en el pazo se conserva algún mueble hecho por él.

–Mi padre se murió joven, en el verano de 1978, ni siquiera había cumplido los sesenta años –intervino Irene–. Le dio
5 un infarto cuando estaba cargando unas tablas, y ya no se recuperó. La ambulancia de A Coruña tardó mucho en venir, y cuando llegaron a la Residencia ya no había nada que hacer. Hoy quizá no pasaría eso, están las cosas un poco mejor, pero entonces había menos medios.

10 Yo callé. No sabía qué decir en situaciones así, y Miguel tampoco parecía decidido a facilitarme las cosas. Irene anunció que nos iba a traer un café, que ya tenía todo preparado. Cuando nos quedamos solos, le dije a Miguel:

–Me parece bien que me presentes a tu madre, pero
15 veníamos a ver a tu abuela. ¿Dónde está?

–En una sala que hay en el piso de arriba. Enseguida vamos, pero antes tenemos que tomar el café que nos va a servir mi madre. Si no lo hacemos, le parece mal y luego se enfada conmigo. –Se acercó a mí con aire cómplice y añadió–: Ya
20 verás como trae el juego de café nuevo. Para ella eres una visita importante, debes de ser la primera persona del pazo que entra en esta casa.

–¿Y esos libros? –pregunté, señalando el mueble acristalado.

–Esperaba que me lo preguntases. Son el orgullo de mi
25 familia: los libros del baúl, la herencia que nos dejó mi bisabuelo Ismael, los pocos que se salvaron de la hoguera.

–¿Y el baúl? –pregunté, como una tonta.

–El baúl está arriba, en el desván. Tuvimos que sacarlos de allí porque dentro se pudrían.

30 Me levanté y me acerqué al mueble. Eran todos libros antiguos, la mayoría encuadernados en tela, y tenían los títulos grabados en el lomo con letras que en algún tiempo debieron

---

5 **una tabla** Brett – 6 **recuperarse** *de una enfermedad* ponerse sano, volver a tener *salud* (Gesundheit) – 7 **una residencia** *aquí*: hospital – 9 **un medio** recurso, posibilidad – 11 **facilitar uc** hacer más fácil uc – 20 **un juego** *de café* grupo de tazas, platos y demás cosas para tomar el café – 24 **el orgullo** Stolz (→ orgulloso)

de ser doradas. Los colores que predominaban eran el azul y el marrón, aunque todos aparecían decolorados por el paso de los años.

5 Abrí las puertas del armario y saqué uno de aquellos volúmenes. Las hojas del interior comenzaban a amarillear, sobre todo por los bordes, y en algunas eran muy visibles las manchas producidas por la humedad. Pero no me fijé en eso, sino en los títulos que fui leyendo al azar, la mayoría de ellos en castellano: *El último mohicano* de Fenimore Cooper, *Historia*
10 *de dos ciudades* de Charles Dickens, *La hija del capitán* de Alexander Pushkin, *Crimen y castigo* de Dostoievski, *Madame Bovary* de Gustave Flaubert, *La isla misteriosa* de Jules Verne, *La madre* de Máximo Gorki, *El escarabajo de oro* de Edgar Allan Poe... También había un estante con libros de autores
15 gallegos, que me sonaban porque había oído hablar de ellos en las clases de literatura: *Arredor de si* de Otero Pedrayo,

---

1 **dorado** de color amarillo oro – 2 **decolorado** con pérdida de color – 5 **amarillear** ponerse amarillas – 6 **visible** que se puede ver claramente, ≠ invisible – 7 **la humedad** Feuchtigkeit (→ húmedo) – 9 **el último mohicano** der letzte Mohikaner; libro de aventuras: Nathaniel es hijo adoptivo de un indio mohicano es el último de los suyos – 9 **Fenimore Cooper, James** (1789-1851) escritor estadounidense de novelas de aventuras – 9 **Historia de dos ciudades** *Eine Geschichte aus zwei Städten*; se cuenta la vida en el s. XVIII, en la época de la Revolución Francesa – 10 **La hija del capitán** *Die Tochter des Kapitän*; historia de amor y guerra en la que el honor es lo más importante en una Rusia con grandes diferencias sociales – 11 **Alexander Pushkin** (1799-1837) escritor ruso de poemas y novelas – 11 **Crimen y castigo** *Schuld und Sühne*; Rodion Raskólnikov es un estudiante pobre que mata a una vieja usurera (para solucionar sus problemas económicos y librar al mundo de su maldad) – 11 **Dostoievski , Fjodor** (1821-1888) uno de los escritores rusos más influyentes en la literatura mundial – 11 **Madame Bovary** historia de una mujer casada e insatisfecha que desea y busca una vida de lujos – 12 **Gustave Flaubert** (1821-1880) escritor francés y uno de los mejores novelistas occidentales – 12 **La isla misteriosa** *Die geheimnisvolle Insel*; las aventuras de cinco prisioneros de guerra que llegan a una isla de donde no pueden salir – 12 **Jules Verne** (1828-1905) escritor francés de novelas de aventuras y creador de la ciencia ficción – 13 **La madre** *Die Mutter*; historia de una campesina rusa que tras conocer las actividades políticas de su hijo cambia su forma de pensar – 13 **Máximo Gorki** (1868-1936) escritor ruso identificado con el movimiento revolucionario soviético – 13 **El escarabajo de oro** *Der Goldkäfer*: William Legrand se traslada a una isla donde encuentra un tesoro – 13 **Edgar Allan Poe** (1809-1849) escritor estadounidense, poeta y periodista romántico famoso por sus cuentos de terror – 16 **Arredor de si** *gall* Alrededor de sí; novela parcialmente autobiográfica y que nos permite ver el camino recorrido por las personas de la llamada Generación *Nós* (Nosotros) hasta el galleguismo – 16 **Otero Pedrayo** (1888-1976) escritor gallego pertenciente a la Generación Nós, galleguista y diputado de la República

Cousas de Castelao, *Na noite estrelecida* de Ramón Cabanillas, *Follas novas* de Rosalía de Castro, *O divino sainete* de Curros Enríquez…

Me interrumpió la madre de Miguel, que entró con una
5 bandeja y la dejó sobre la mesa. El juego de café, que era de Sargadelos, estaba nuevo, como recién comprado. Al verlo, no pude evitar una sonrisa de complicidad con Miguel.

–Así que tú eres la hija de don Víctor –me dijo Irene, después de servirnos el café–. Cuando yo era una niña, tu padre era casi
10 un hombre, me llevará seis o siete años. Por aquel entonces era muy guapo, ya lo habrás visto en fotos. Tenía de quien heredarlo: don Pablo, tu abuelo, siempre fue un hombre de muy buena presencia. Y de doña Rosalía, qué te voy a decir; incluso poco antes de morir, con los años que tenía, daba
15 gusto verla cuando salía a pasear.

Como me limité a sonreír y a asentir con la cabeza, Irene añadió:

–Pero tú tienes más hermanos, ¿no es así?

–Sí, dos de doce años, Samuel y Rubén. Son gemelos
20 –contesté.

Las preguntas amenazaban con hacerse interminables, pero Miguel vino en mi ayuda:

–Mamá, no empieces con tus interrogatorios. Otro día que venga Clara por aquí te cuenta más cosas. Pero hoy a quien
25 queremos ver es a la abuela. ¿Se habrá despertado ya?

---

1 **Cousas** *gall Cosas;* libro con la obra del escritor gallego – 1 **Castelao** (1886-1950) escritor gallego y figura del movimiento galleguista y miembro de la generación Nós – 1 **Na noite estrelecida** *gall La noche estrellada;* libro de poesía – 1 **Ramón Cabanillas** (1876-1959) poeta español en lengua gallega perteneciente a la generación entre dos siglos – 2 **Follas novas** *gall Hojas nuevas;* Neue Blätter; poemas en gallego sobre la injusticia social – 2 **Rosalía de Castro** (1837-1885) poetisa y novelista gallega que escribió uno de los primeros libros completamente en gallego – 2 **O divino sainete** *gall El divino sainete;* Göttlicher Schwank; poemas satíricos – 2 **Curros Enríquez, Manuel** (1851-1908) poeta en lengua gallega y representante del periodo histórico llamado el resurgimiento en la literatura gallega – 6 **Sargadelos** marca de loza gallega – 10 **llevar a up** *seis años* ser mayor *seis años* que up – 12 **heredar** recibir una herencia – 14 **dar gusto** ser un placer – 16 **asentir** decir que sí, ≠ negar – 21 **amenazar** anunciar,preveer uc malo – 21 **interminable** sin fin, inacabable

64

Irene se disculpó y se fue al poco rato; explicó que tenía trabajo en la cocina. Nosotros terminamos el café y también nos levantamos. Salimos de la sala y subimos al piso de arriba. En él había un pasillo central con una puerta al final y dos más
5 a cada lado. Miguel me llevó hasta la del fondo y la abrió. Tras ella había otra sala, con un gran ventanal desde el que se veían las huertas de detrás de la casa. Los muebles eran nuevos, con ese brillo excesivo que tienen cuando son de poca calidad. Una mesa con la televisión, un aparador, una mesita baja, un
10 sofá. En una butaca estaba sentada una mujer mayor, de cara alargada y con arrugas muy pronunciadas. Sus ojos eran como los de Miguel, o quizá más claros. Tenía el pelo blanco, bien peinado y recogido en un moño. Vestía una blusa gris y una falda larga, de un gris más oscuro. Me pareció que se había
15 arreglado expresamente para mi visita.

–¡Hola, abuela! –la saludó Miguel, con aire alegre–. Vengo con alguien que te quiere conocer.

Luego, volviéndose a mí, añadió:

–Clara, esta es mi abuela Hortensia. La hija de Ismael, mi
20 bisabuelo, del que te hablé el otro día.

Después de darme dos besos y de intercambiar algunas frases rituales, Hortensia me miró fijamente durante varios minutos, estudiando con atención los detalles de mi rostro.

–¡Cómo te pareces a tu abuela! Te veo y tengo la impresión
25 de que la estoy viendo a ella cuando era joven –dijo, por fin–. Doña Rosalía era muy guapa, mucho. Y tú eres igualita; parece mentira, qué cosas tiene la vida.

Yo no sabía qué decir, y empezaba a pensar que había sido un error empeñarme en hacer aquella visita. Me molestaba,
30 además, que todos los de mi familia tuviesen el «don» delante. Para mí eran mis padres y mis abuelos, y me sentía incómoda

---

6 **un ventanal** una ventana grande – 9 **un aparador** mueble donde se guarda lo necesario para el servicio de la mesa – 10 **una butaca** silla cómoda (Lehnstuhl) – 11 **una arruga** Falte – 11 **pronunciado** marcado, profundo – 13 **un moño** pelo recogido en la cabeza – 15 **expresamente** especial y solamente – 21 **intercambiar** cambiar uc entre personas (austauschen) – 25 **por fin** finalmente

con aquel tratamiento que no sabía si obedecía al respeto o a la sumisión. ¿Y a mí cómo me llamarían, señorita Clara? Además, no estaba allí para que me interrogasen, sino para hablar de lo que Miguel me había anunciado, de los recuerdos que aquella
5 mujer mayor conservaba. Unos recuerdos que podrían arrojar alguna luz sobre mis abuelos y sobre una época de la que nada sabía.

–Abuela, el interrogatorio se lo acaba de hacer mamá abajo –intervino Miguel, intuyendo mi incomodidad–. ¿Por qué no
10 hablamos de todo lo que me comentaste al enterarte de que había aparecido el esqueleto?

La señora Hortensia sonrió y me miró en una muda petición de disculpa. Permaneció unos instantes en silencio, como si estuviese ordenando las palabras.
15 –Te habrás llevado una gran impresión el otro día –dijo, por fin–. Miguel me ha contado que estabas allí cuando encontraron al muerto en el almacén.

Percibí enseguida que sus palabras encerraban una pregunta, quizá aquella era su particular manera de entrar en
20 los recuerdos. Le conté todo lo sucedido aquel día, omitiendo, eso sí, cualquier referencia al anillo que guardaba en mi mesilla de noche.

–Así que es cierto lo de la bala en la cabeza –me comentó, tras escucharme con toda atención–. Lo había oído contar,
25 pero pensé que sólo serían habladurías. La gente del pueblo siempre anda trayendo y llevando rumores.

Yo permanecí en silencio. Ahora le tocaba hablar a ella, si es que quería decirme algo. Era necesario tener paciencia y esperar a que fuera encadenando sus recuerdos.

---

1 **el tratamiento** forma de tratar a up – 1 **obedecer a uc** ser por causa de uc – 3 **interrogar** hacer preguntas para conseguir una información (interrogatorio) – 5 **arrojar (una) luz** *loc* ayudar a explicar uc – 12 **mudo** sin palabras, en silencio – 18 **encerrar** → encerrado – 20 **omitir** *una información /un detalle* no decir uc conscientemente – 25 **una habladuría** noticia falsa que cuenta la gente – 26 **andar + gerundio** estar + gerundio – 26 **un rumor** noticia incompleta que se transmite entre la gente – 28 **la paciencia** tranquilidad para esperar – 29 **encadenar** *aquí*: ordenar (→ cadena)

–Ese hombre debe de llevar ahí desde los tiempos de la guerra, no es posible otra explicación –dijo, como hablando para sí–. Desde que lo supe, no se me van de la cabeza las imágenes de aquellos años; es como si volviese a revivirlo todo.
5 ¿Quieres creer que hacía mucho tiempo que no me pasaba? Siempre he luchado por olvidar, no se puede vivir con tanta desgracia dentro de una. Y ahora aparece este muerto, como un viento impetuoso que lo remueve todo. Y mi mente se llena de recuerdos, sin que pueda hacer nada por evitarlo.

10 Se quedó callada un rato, con la mirada perdida en las nubes blancas que se veían tras la ventana. Después, como si regresara de un viaje imaginario, me volvió a mirar y continuó:

–A mi edad los recuerdos vienen siempre acompañados de lágrimas. Los de la guerra fueron años muy tristes, en aquellos
15 tiempos todos estábamos sumidos en una gran tristeza. ¡Murió tanta gente que no tenía culpa de nada! Algunos pudieron huir, como mi hermano Luis, y así evitaron una muerte segura. Otros que no habían hecho nada, como mi padre, tuvieron que pasar en la cárcel unos años amargos que los destrozaron por
20 dentro.

»Ese muerto que habéis encontrado lleva varios días sin dejarme dormir. Cada noche vuelvo al Vilarelle de aquellos años, como en una película que me traslada a mi juventud. Y, además de mi familia, tu abuela Rosalía aparece siempre en el
25 centro de mis recuerdos. Y también Rafael, el hombre del que estaba tan enamorada.

–¿Rafael? –interrumpí, extrañada–. Querrá decir Pablo. Mi abuelo se llamaba Pablo.

–Don Pablo estaba muy enamorado de ella, como todos,
30 pero Rosalía entonces no le hacía mucho caso. Sólo tenía ojos

---

4 **revivir uc** vivir uc de nuevo – 6 **luchar** kämpfen – 7 **una desgracia** acontecimiento triste, mala suerte – 8 **remover** volver a un suceso o asunto ya olvidado o parado – 11 **una nube** Wolke – 14 **una lágrima** pequeña cantidad de agua que sale del ojo – 15 **sumido** *en la tristeza* hundido, caído en una determinada situación o sentimiento – 19 **una cárcel** edificio donde se encierra a los prisioneros (Gefängnis) – 19 **amargo** bitter; *aquí*: triste, que causa pena – 23 **la juventud** época de la vida en la que se es joven – 27 **extrañado** → extrañar – 30 **tener** *sólo* **ojos para up** fijarse solamente en up, querer solo a up

para Rafael, lo sé muy bien. Pero llegó la guerra y les torció la vida, como torció la mía y la de tanta otra gente.

A medida que hablaba, la voz de aquella mujer se fue volviendo más pausada y más débil, como si los recuerdos
5 que guardaba se resistieran a transformarse en palabras. Tras las últimas frases que le acababa de escuchar, yo intuía que la conversación podía ser importante, mucho más de lo que había imaginado, pues Hortensia era la depositaria de informaciones que me afectaban y de las que lo ignoraba todo. De la abuela
10 Rosalía sólo conservaba la imagen de la persona mayor que había conocido de niña, y de mi abuelo ni tan siquiera eso. ¿Qué sabía de cuando ellos eran jóvenes, qué sabía de la vida que habían llevado? Nada, o muy poco; tan solo lo que a veces se contaba en comidas familiares, anécdotas sueltas que
15 carecían de sentido para mí. La inesperada mención de aquel Rafael del que mi abuela había estado enamorada desbarataba certezas familiares que nunca se me había ocurrido poner en cuestión. Acababa de tropezar hacía unos días con un misterio desconcertante y me encontraba aquella tarde con que el azar,
20 a través de la anciana que acababa de conocer, me colocaba ante otro que nunca habría imaginado.

---

1 **torcer** *la vida* estropear, cambiar de forma brusca los planes – 3 **a medida que** según – 4 **pausado** tranquilo, lento (→ pausa) – 8 **una depositaria** up que tiene y guarda uc (→ depositar) – 9 **afectar uc** tener relación con (betreffen) – 15 **carecer de uc** no tener uc – 15 **una mención** recuerdo que se hace de up al hablar de él o nombrarlo (→ mencionar) – 16 **desbaratar** deshacer, estropear, romper uc – 17 **una certeza** conocimiento claro y seguro – 17 **poner en cuestión** poner en duda, dudar de uc – 20 **una anciana** mujer muy mayor – 20 **colocar** situar, poner en el lugar

7

–¿Tienes tiempo, Clara? Lo que te voy a contar es largo, los viejos guardamos mucha vida en la memoria. Pero tampoco quiero aburrirte, las mías no son más que historias de un tiempo que ya queda muy lejos.

5 La señora Hortensia no parecía la misma mujer que yo había conocido pocos minutos antes. En aquel momento su rostro aparecía lleno de vida, como si una luz lo iluminase desde dentro, y le brillaban los ojos con una intensidad que me sorprendió. Le dije que no se preocupase por mí, que había 10 ido allí para escuchar sus historias, sobre todo las que tuviesen que ver con mi abuela Rosalía.

–Es una lástima que no estén aquí mi padre o mi hermano Luis. Te lo contarían todo mucho mejor –comentó con voz apesadumbrada–. Yo era sólo una niña cuando empezó la 15 guerra, acababa de cumplir trece años. También es cierto que ahí se acabó mi juventud, la vida me obligó a madurar de golpe y a soportar desgracias que aún hoy me duele recordar.

–De su padre me habló mucho Miguel. Me dijo que era encuadernador.

20 –Sí, hija, sí. Encuadernador de profesión y lector de vocación. Algún día tendrás que ver los libros que conservamos de él, los que no le consiguieron quemar.

–Ya los ha visto, abuela –intervino Miguel–. Al bajar los miraremos con más calma.

25 –¿Y ese hermano suyo del que me habló antes? –pregunté, para animarla a continuar.

–Luis era mi hermano mayor, me llevaba once años. Tuvo que huir al acabar la guerra, no tenía otra salida. En México comenzó una nueva vida, como otros exiliados. Para nosotros

3 **aburrirse** ≠ divertirse – 14 **apesadumbrado** triste – 16 **de golpe** de una sola vez – 20 **una vocación** deseo, llamamiento (Berufung) – 22 **quemar** destruir con fuego – 24 **la calma** tranquilidad (→ calmarse) – 29 **un exiliado** up que tiene que salir de su país por motivos políticos

fue muy duro estar tantos años sin verlo. Y también para él, por supuesto. Nos visitó alguna vez después de morir Franco, pero nunca quiso volver aquí. Se murió allá, en otoño se cumplirán cinco años.

5 –A su manera, él volvió –intervino Miguel–. Dejó escrito que lo incinerasen y que esparciéramos sus cenizas por el robledal que hay al otro lado del río. Algunas veces voy a pasear por allí, sobre todo en otoño. Me gusta pensar que todavía queda algo de los ideales de mi tío entre la hierba y las hojas secas que
10 piso al caminar.

Miré a Miguel y le pedí con los ojos que se callase. Si quería escuchar lo que aquella mujer deseaba decirme, tendríamos que dejarla hablar sin interrupciones.

–Mi hermano y tu abuelo eran de la misma edad. Tenían
15 alguna relación, los dos eran jóvenes, e incluso llegaron a entablar cierta amistad antes de que todo se estropease con la guerra –prosiguió Hortensia–. Cuando yo era pequeña, el señor del pazo era don Raimundo, tu bisabuelo. Después de tener a su primer hijo, tu bisabuela ya no pudo quedarse
20 embarazada de nuevo, por ese problema que había antes de incompatibilidad de sangre. Ese hijo era don Pablo, tu abuelo. Todavía me acuerdo cuando lo veía pasar por delante de mi casa, a caballo o en coche, como si fuera el dueño del mundo. Tú no tienes la culpa, hija mía, que no te parezca mal, pero los
25 Soutelo eran los caciques de la comarca, y no se movía ni una hoja sin su permiso.

–He oído en mi casa que la familia de mi abuela también era rica –comenté, algo incómoda.

–Sí que lo era. Los Bermúdez tenían mucho dinero, el padre
30 hizo fortuna en Cuba, aunque no poseían el prestigio de los

---

2 **Francisco Franco** (1892-1975) militar y dictador español, líder del golpe de Estado de 1936 que llevó a la Guerra Civil Española – 6 **incinerar** quemar uc hasta hacerlo *ceniza* (Asche) – 6 **esparcir** extender, repartir – 6 **un robledal** bosque de robles – 10 **pisar** poner los pies sobre algo – 16 **entablar** dar comienzo, empezar uc – 16 **la amistad** relación de amigos – 17 **proseguir** continuar, seguir – 21 **incompatibilidad** imposibilidad de unirse con uc – 25 **un cacique** up de una región *p ej* una comarca con excesivo poder – 26 **un permiso** Erlaubnis (→ permitir)

Soutelo. La casa del Cubano, que era como la llamábamos en el pueblo, con ser muy buena, no se podía comparar con el pazo. Tenían cuatro hijos, todos hombres salvo Rosalía, la que luego fue tu abuela. Era muy guapa, parecía de otro mundo, siempre
5 con aquellos vestidos tan elegantes; mientras que nosotros, ya te lo puedes imaginar, andábamos todo el día desaliñados.

–¿Le cuento lo de los negros, abuela? –la interrumpió Miguel.

–¿Qué negros? –pregunté desconcertada, antes de que la
10 señora Hortensia pudiera responder.

–Fue hace poco, una noche en que estábamos viendo una película en televisión. La acción se desarrollaba en algún país de África, en la época en que estaba colonizada por los europeos. En una escena se veía a los protagonistas, todos
15 blancos, dispuestos a emprender un safari: elegantes, limpios, seguros de sí mismos. Y a la orilla del camino estaban los niños nativos, llenos de roña, con una nube de moscas alrededor. Miraban a los blancos con ojos de asombro, como si fueran dioses de otro mundo que se dignaran pisar la tierra. Y
20 entonces va mi abuela y dice: «Así, así mirábamos nosotros a los del Cubano y a los del pazo cuando los veíamos pasar».

–Mi familia era pobre, todos lo éramos en Vilarelle –continuó la mujer, algo molesta por la interrupción–. Pero mi padre tenía una riqueza que lo hacía diferente: su oficio y el apego por los
25 libros. Si en el pazo todavía se conserva la biblioteca, tiene que haber muchos volúmenes que él encuadernó. Supongo que de ahí le venían las ideas que tenía, era de las pocas personas del pueblo que se atrevía a proclamar en voz alta sus simpatías por la República. Y mi hermano salió a él, también leía todo
30 cuanto caía en sus manos. Lástima que no hubiera podido estudiar, por aquel entonces aquí no había nada. Tuvo que ser

2 **con ser** *muy buena* aunque era – 6 **desaliñado** sucio, ≠ arreglado, ≠ cuidado – 15 **dispuesto** preparado – 17 **la roña** suciedad grande – 17 **una mosca** insecto (Fliege) – 19 **dignarse a hacer uc** sich herablassen etw zu tun – 23 **molesto** un poco enojado, enfadado (→ molestar) – 24 **el apego** cariño, amor, unión a uc – 28 **proclamar** hacer público, decir uc para todos – 29 **salir a up** parecerse a up

en México, ya en el exilio, cuando se hizo abogado. Pero así es la vida; no se puede luchar contra ella, hay que tomarla como viene.

»En lo que más se notó la llegada de la República fue en la
5 educación. Incluso aquí en Vilarelle percibimos el cambio, y eso que parecía que estábamos abandonados de la mano de Dios. Fue en aquel tiempo cuando construyeron las escuelas graduadas, donde está ahora el Centro Social. Y también fue cuando nos enviaron más maestros; hasta entonces sólo había
10 uno para los niños y una maestra para las niñas. Y la mitad de los días no teníamos clase, porque no venían muy a menudo; la nuestra estaba casi siempre enferma, o eso nos decía.

»Te lo cuento porque de quien te quiero hablar es de don Rafael, el único hombre de los tres maestros que enviaron,
15 pues las otras dos eran mujeres. Llegaron en el otoño de 1934, lo recuerdo muy bien; por entonces yo tenía doce años, era mi último curso en la escuela. Al poco tiempo de comenzar las clases, las mayores ya estábamos todas enamoradísimas de él. Y que no te extrañe, era un hombre que se hacía querer: listo,
20 simpático, amable… Y guapísimo, daba gusto verlo; por aquí no estábamos acostumbrados a ver hombres con aquel porte tan erguido y tan firme, que incluso parecía ser tanto como los del pazo.

»Hay historias que no las sé por mí, ya te he dicho que por
25 entonces yo era muy pequeña. Son hechos que no entendí hasta que mi padre me los contó con todo detalle cuando volvió de la cárcel. Rafael pronto hizo amistad con Luis, y después con mi padre. Era normal; si exceptuamos el pazo, no había en el pueblo otra casa donde se leyera tanto como
30 en la nuestra. Además, los tres compartían las mismas ideas. Fue entonces cuando papá y el maestro fundaron el Ateneo. Rafael venía a visitarnos con frecuencia, recuerdo que muchas

---

1 **un exilio** lugar fuera de su país donde se vive – 6 **abandonado de la mano de Dios** *loc* olvidado, lejano, perdido – 8 **graduado** *aquí*: con diferentes niveles – 8 **un centro social** sitio de encuentro de la gente del mismo lugar para hacer uc – 21 **un porte** aspecto físico y forma de moverse de up – 22 **erguido** recto (→ erguir) – 22 **firme** seguro, estable – 31 **fundar** crear, construir (gründen)

noches se quedaba a cenar en nuestra casa. Hablaban de libros horas y horas, y también comentaban las cosas de la política. A mí no me hacían ningún caso, siempre me tocaba ayudarle a mi madre en la cocina; pero Rafael me parecía tan guapo que
5 hacía lo posible por no perderme ni una palabra de lo que decía.

Todo lo que me contaba aquella mujer tenía interés, sí, pero no era lo que deseaba escuchar, pues en su relato mi familia sólo aparecía de un modo tangencial. Debí de hacer un gesto
10 de impaciencia, porque me miró con aquellos ojos vivos que tenía y continuó:

–Tu abuelo, como ya sabrás, defendía otras ideas. O quizá otros intereses, si es que las dos cosas han ido separadas alguna vez. Aun así, eso no impidió que Rafael y don Pablo
15 acabasen siendo amigos. Recuerdo haberlos visto muchas veces conversando en el bar, y también cuando pasaban por delante de mi casa, de paseo por la carretera.

–A ver si lo entiendo –la interrumpí–. ¿Me está contando que mi abuelo y ese maestro, Rafael, eran amigos? ¿Pero no me dijo
20 antes que tenían ideas muy distintas?

–Sí que las tenían; pero los dos eran jóvenes y cultos, y les gustaba conversar. En Vilarelle no había mucha gente así; estaba también mi hermano, y Sebastián y los otros que pusieron en marcha el Ateneo. Pero eran del pueblo de toda la
25 vida y don Pablo los consideraba de modo distinto.

–¿Y no me ha dicho que en la familia de mi abuela, los del Cubano, como los llamó usted, también había tres hijos jóvenes?

–Que no te parezca mal, ya sé que eran parientes lejanos
30 tuyos, pero a los del Cubano la cultura les interesaba tanto como nada. Para ellos, el dinero y las chicas eran lo más importante. Y del mayor no quiero ni acordarme, era un mal

---

9 **tangencial** ≠ directo – 10 **impaciencia** ≠ paciencia – 14 **aun** incluso – 21 **culto** con cultura, educación – 24 **en marcha uc** en funcionamiento

hombre, en la guerra hizo cosas terribles. Se llamaba Héctor, no sé si en tu casa se habla de él alguna vez. Era el jefe de los falangistas, dicen que él decidía a quién había que matar y a quién no. En aquella casa la única distinta era tu abuela
5 Rosalía, seguramente se parecía a su madre.

»Rosalía era guapa y muy lista, ya te lo he dicho, no había chico que no estuviese enamorado de ella. Lo normal era que se casase con don Pablo, los de su posición siempre acaban juntándose. Pero las cosas a veces no salen como uno desea.
10 Y, no me preguntes cómo, de quien Rosalía se enamoró perdidamente fue de Rafael.

»Que Dios me perdone, pero no le hago daño a nadie diciéndolo: era un amor loco el que se tenían, tanto que Rosalía estaba decidida a huir de su casa para casarse con él.
15 Me lo contó mi padre muchos años después; fue cuando me confesó que los ayudaba a verse a solas. Aunque a mi madre la llevaban los demonios por aquel encubrimiento, algunas tardes cerraba el taller para que ellos dos pudiesen tener un tiempo de intimidad. Y también los iba a ayudar a llevar a
20 cabo los planes que tenían de marcharse fuera, a Madrid o a París; no sé si sabes que en aquel entonces las mujeres no se podían casar sin el consentimiento paterno. El Cubano nunca aceptaría por yerno a un hombre del que nada sabía, con ideas republicanas y sin un céntimo. Y los hermanos, sobre todo
25 Héctor, todavía menos.

–Pero mi abuela con quien se casó finalmente fue con mi abuelo –objeté, desconcertada por lo que estaba oyendo–. ¿Entonces qué pasó?

–Pues que llegó la guerra, hija mía, y acabó con todo lo que
30 pudiera haber de bueno en aquellos tiempos. Hasta aquí, a un pueblo pequeño como Vilarelle, llegó la marea de odio que

---

3 **un falangista** seguidor de la doctrina totalitaria *aquí*: de Franco – 3 **matar** quitar la vida – 5 **parecerse a up** ser similar o parecido físicamente o en el carácter a up – 11 **perdidamente** *aquí*: muchísimo, con locura – 13 **loco** sin control, irreflexivo (verrückt) – 17 **llevar a up los demonios** *loc* estar muy enfadado – 17 **un encubrimiento** ocultación de uc – 22 **un consentimiento** permiso – 23 **un yerno** marido de la hija – 24 **sin un céntimo** sin dinero – 27 **objetar** oponerse, criticar (beanstanden) – 31 **una marea** *aquí*: una gran cantidad (Flut)

provocaron los de Franco. Les resultó muy fácil hacerse con el control de todo, los republicanos declarados eran pocos. Aun así, la brutalidad fue enorme, cuántos no aparecieron en las cunetas con un tiro en la cabeza. A mi padre no lo mataron,
5 pero le truncaron la vida para siempre. Nos la truncaron a todos nosotros. Hay cosas que no se pueden olvidar.

La señora Hortensia me contó muchas más historias aquella tarde, parecía que el cadáver del pazo había abierto en su memoria las compuertas que reprimían los recuerdos
10 escondidos. Cuando le pregunté directamente por mi abuelo, sólo me dijo que desde el principio había estado del lado de los sublevados. Los Soutelo representaban el poder desde siempre, tenían claro cuál era su lugar en aquella guerra. En cuanto a Héctor y a los otros dos hermanos de mi abuela, Hortensia se
15 negó a darme muchas explicaciones, a pesar de que se las pedí con insistencia. Pero era fácil deducir que ellos habían tenido mucha responsabilidad en las muertes y venganzas ocurridas en el pueblo.
Sin embargo, de todas las personas que fueron apareciendo
20 en las historias que le escuché, mi mayor interés se centraba en aquel Rafael del que tan enamorada había estado mi abuela. No podía evitar relacionar su nombre con la letra del anillo que había encontrado, aunque me daba cuenta de que era una asociación muy tenue, porque hay muchos nombres
25 que empiezan por R, y porque, además, ninguna de mis fantasías encajaba con la respuesta de la señora Hortensia a mis insistentes preguntas sobre el maestro:
–¿Don Rafael? Mi padre me dijo que estuvo escondido en el pueblo los primeros días, pero que después consiguió cruzar
30 la frontera con Portugal y embarcó con destino a Argentina.

---

1 **hacerse con el control de uc** conseguir, controlar uc – 4 **una cuneta** lado de un camino –
5 **truncar** interrumpir uc dejándolo incompleto – 9 **una compuerta** Schleusentor –
9 **reprimir** controlar un impulso o sentimiento – 12 **sublevado** rebelde, que lucha en contra del Estado – 14 **negarse a uc** no querer hacer uc – 17 **una venganza** respuesta a un daño recibido – 24 **tenue** con poca intensidad, débil, ≠ fuerte – 30 **embarcarse** subirse a un barco

Al terminar la guerra, desde México, mi hermano intentó localizarlo, pero no lo consiguió. Nunca más volvimos a saber nada de él.

Como vio mi cara de frustración, añadió:

5 –Quien puede saber algo es Sebastián, él siempre mantuvo el contacto con los exiliados.

–¿Quién es Sebastián? –pregunté.

–Un abogado de aquí. Era algo más joven que mi hermano. Está retirado desde hace años, creo que no anda muy bien de

10 salud.

–Si te interesa hablar con él, podemos ir algún día a su casa –comentó Miguel–. Seguro que nos recibe, ¿verdad, abuela?

–Sí que os recibirá, no creo que tengáis problema. Tú dile que eres mi nieto, eso debería bastar para que habléis con él.

15 Ya eran las ocho cuando me despedí, primero de la abuela y luego de la madre de Miguel. Él me acompañó de vuelta al pazo. Por el camino, no recuerdo bien por qué motivo, le comenté lo mucho que me gustaba estar sola en el mirador, abandonarme a la sensación de que no había en el mundo

20 nadie más que yo.

–También a mí me gusta la soledad. Ya ves que, aunque te parezca mentira, tenemos algo en común –repuso Miguel, dejando aflorar de nuevo la ironía que tanto me molestaba.

Callé. Ni se me ocurría ninguna respuesta sarcástica ni tenía

25 ganas de estropear aquella tarde en la que había descubierto tantas cosas en compañía de Miguel. Cuando estábamos cerca del muro, él me dijo:

–¿Te puedo hacer una pregunta?

–¿Y desde cuándo pides tú permiso para preguntar?

30 –contesté, riendo–. ¡Y menos a un miembro del linaje de los Soutelo!

---

2 **localizar** encontrar – 12 **recibir a up** permitir la visita de up – 14 **un nieto** Enkelkind –
14 **bastar** ser suficiente, ser bastante – 16 de **vuelta** aquí: regreso (→ volver) – 24 **ocurrirse
uc a up** tener una idea – 26 **una compañía** ≠ soledad, up que acompaña a otra

–Hablo en serio. ¿Te gustaría venir conmigo a la Pena do Encanto? Es un lugar muy especial, junto al río. Allí es adonde voy yo cuando quiero estar solo. Estoy seguro de que te gustaría.

5 –De acuerdo –contesté enseguida. Me agradaba mucho la idea de volver a encontrarme con Miguel–. Así quizá acabe perfeccionando esto de saltar el muro.

–Esta vez tendrás que salir por la puerta, hay que ir en bicicleta. Está un poco lejos, a unos cinco kilómetros de aquí.

10 –Pues, por mí, vamos cualquier día. Siempre puedo decir que voy a dar un paseo en bici, no creo que le extrañe a nadie.

–Yo mañana no puedo, tengo que ir al taller también por la tarde. Pero pasado a lo mejor sí.

–Como quieras. Pero avísame antes, claro. Aunque es mejor 15 que no me llames por teléfono, después me harían muchas preguntas en casa. Y a mis padres seguro que no les parece una buena idea que salga contigo.

Pensé que Miguel iba a soltar otra de sus frases sarcásticas, pero no dijo nada. Llegamos al lugar del muro por donde 20 habíamos salido y me ayudó a entrar de nuevo en la finca. Cuando aparecí otra vez por la terraza, comprobé que nadie había notado mi ausencia. A mi madre le conté que había estado leyendo en el mirador, y le debió de parecer lo más normal, porque no me dijo nada. Era un buen truco, seguro 25 que lo podría volver a utilizar cuando fuéramos a ver a ese Sebastián que, a lo mejor, podría darnos más información sobre aquel misterioso Rafael que había encendido el corazón de mi abuela.

---

1 **Pena do Encanto** *gall* Pena del Encanto – 13 **pasado** *mañana* el día después de mañana – 22 **la ausencia** ≠ presencia, falta de uc o up que no está – 24 **un truco** Trick – 27 **encender** prender fuego, quemar

8 La relación entre Clara y Carlos

Gracias a las notas minuciosas y apasionadas que escribía en mi diario noche tras noche, sé que mi tío Carlos llegó al pazo el 22 de julio. Carlos era hermano de mi padre, un año más joven que él. Aunque físicamente había entre ellos cierto aire
5 de familia, ahí se acababan los parecidos, pues en el carácter y en la forma de entender la vida eran como el blanco y el negro. Los dos se trataban con cordialidad, eso sí, pero la suya era una relación en la que resultaba fácil percibir algún tipo de distanciamiento soterrado.

10 Con quien Carlos se llevaba mejor era con mamá; podían pasarse horas enteras hablando de pintores y de libros, y quizá eso era lo que hacía que todos los veranos compartiese con nosotros algunos días de sus vacaciones. Aquel año tenía la intención de quedarse en el pazo hasta mediados de agosto.
15 Como me confesaría más tarde, volver a Vilarelle poseía un significado especial para él, pues, de alguna manera, el centro del mundo siempre está situado en los lugares donde transcurrió nuestra infancia, aquellos en los que descubrimos los sentimientos y los afectos que después nos marcarán para
20 toda la vida.

El tío Carlos vivía en Barcelona desde hacía muchos años. Se había ido después de finalizar en Santiago la carrera de Historia del Arte. Nunca volvió a vivir en Galicia, si exceptuamos los breves viajes que hacía para visitarnos, viajes que casi siempre
25 aprovechaba para reunirse con algunos de los pintores que exponían con regularidad en sus galerías de arte. Porque, con el paso de los años, mi tío había conseguido ocupar un lugar destacado en el ambiente artístico de Barcelona; regentaba tres galerías, y una de ellas era de las más prestigiosas de la

---

7 **la cordialidad** forma amable y afectuoso – 9 **un distanciamiento** alejamiento, separación (→ distancia) – 9 **soterrado** oculto, escondido – 10 **llevarse** *bien* **con up** *loc coloq* tener una buena relación con up – 19 **el afecto** cariño, amor – 22 **una carrera** *aquí*: Studium – 22 **la Historia del Arte** Kunstgeschichte – 27 **con el paso de los años** con el tiempo – 28 **regentar** administrar y dirigir una empresa

ciudad. También tenía una pequeña editorial especializada en libros de artista de tirada muy reducida. Libros maravillosos, delicadas joyas dirigidas al escaso grupo de gente que podía adquirir productos tan exclusivos.

5 Aunque nos escribíamos con frecuencia, no lo había visto desde Navidad, cuando nos hizo una visita fugaz a nuestra casa de A Coruña. Me alegré mucho de volver a tenerlo con nosotros. Carlos me consideraba su sobrina favorita, y a mí me sobraban razones para corresponder a aquel cariño. Varios

10 años después, cuando entre los dos ya no había secretos, me confesaría que siempre vio en mí a la hija que le hubiera gustado tener y que nunca tuvo. De niña, lo que yo más valoraba de él eran los regalos tan especiales que me traía en cada visita; los juguetes más bonitos que tuve fueron siempre

15 obsequios suyos. También traía regalos para mis hermanos, y supongo que tampoco se olvidaba de los hijos de mi tía Ana María, pero él siempre me hacía notar sus preferencias. Que no eran sólo palabras tuve ocasión de comprobarlo aquel verano y, sobre todo, en estos últimos años de su vida.

20 Su nombre también va unido a mi pasión por los libros. Supongo que fue gracias a mi madre por quien me hice lectora, si es cierto ese dicho de que normalmente ha de haber una persona que te contagie. Pero el papel de Carlos fue decisivo, pues durante las pocas semanas del año que pasábamos

25 juntos siempre lo recuerdo leyéndome cuentos (esos días era él quien me los leía antes de dormir, un rito que a los dos nos gustaba especialmente) y, sobre todo, poniéndose a mi altura para caminar conmigo. Ahora que lo pienso, no creo que le gustaran aquellas tonterías de las Aventuras de Los Cinco y

30 otras semejantes que yo devoraba con entusiasmo cuando

---

1 **una editorial** Verlag – 2 **una tirada** *de edición* número de ejemplares de un libro en cada edición – 2 **maravilloso** fantástico, estupendo – 3 **escaso** pequeño, limitado – 4 **adquirir** *aquí*: comprar – 8 **una sobrina** la hija del hermano – 13 **valorar** dar valor a uc – 14 **un juguete** objeto para jugar – 15 **un obsequio** regalo – 23 **decisivo** fundamental, definitivo – 26 **un rito** Ritus – 29 **una tontería** uc sin sentido (Dummheit) – 29 **las Aventuras de Los Cinco** Fünf Freunde; libro para jóvenes sobre las aventuras de cuatro amigos y un perro – 30 **devorar** *aquí*: leer con entusiamo

tenía nueve o diez años. Pero le pedía que se los leyera, y Carlos se tomaba el trabajo de hacerlo, para así poder compartir conmigo todo lo que me gustaba.

Cuando empecé a hacerme mayor pareció asumir de modo
5 consciente la responsabilidad de participar en mi formación, aunque fuese a distancia, pues comenzaron a ser habituales sus envíos de libros, siempre tan bien elegidos que parecían especialmente escritos para mí. A él le debo, más que a ninguna otra persona, la pasión por la lectura que mantengo
10 desde la adolescencia y que espero que ya no me abandone nunca.

El verano anterior habíamos pasado los meses de julio y agosto en un chalet que la familia de mamá tenía en Ombre, a las afueras de Pontedeume, y que permanecía deshabitado
15 la mayor parte del año. El tío Carlos también vino a estar con nosotros unos cuantos días y, más que otros veranos, buscaba con insistencia mi compañía, quizá porque notaba que yo ya había abandonado los años de la infancia y comenzaba a sentir esa soledad interna que nos abruma en la adolescencia.
20 Muchos días hacíamos juntos excursiones por los alrededores, en bicicleta o en su coche, y puedo decir que fue entonces cuando nuestras conversaciones comenzaron a adquirir mayor profundidad, creándose entre nosotros una red de complicidades que jamás perderíamos.

25 Recuerdo muy bien el día que fuimos a las fragas del Eume y se nos ocurrió subir a pie hasta las ruinas del monasterio de Caaveiro. Era un día de semana, por la mañana, y no encontramos a nadie en todo el camino, ni durante la dificultosa subida ni cuando llegamos al final. Estábamos los
30 dos solos entre las paredes semiderruidas del monasterio,

---

8 **deber a up uc** *aquí*: tener que agradecer uc a up – 13 **un chalet** casa unifamiliar con jardín – 14 **Pontedeume** *gall* Puentedeume; ciudad y municipio del mismo nombre en la provincia de A Coruña – 14 **deshabitado** que no vive nadie – 19 **abrumar** bedrücken – 23 **la profundidad** intensidad, fuerza (→ profundo) – 23 **una red** Netz – 25 **las fragas del Eume** *gall* parque natural gallego de la provincia de La Coruña, el mejor bosque costero de Europa – 26 **una ruina** resto de un edificio – 26 **el monasterio de Caaveiro** monasterio (Kloster) de los *Sacerdotes* (Priester) de Santo Agostiño

contemplando las maravillas que la naturaleza nos ofrecía: las
dos laderas que forman la garganta del Eume, de pendiente tan
pronunciada que incluso producía vértigo mirarlas, cubiertas
de árboles que formaban una compacta masa con diferentes
5 tonos de verde. El río discurría allá abajo, brillando como una
serpiente inmóvil tendida al sol, aunque sabíamos que era una
sensación engañosa, porque al llegar habíamos observado
cómo las aguas bajaban bravas e impetuosas por su cauce.

–Amo tan profundamente esta tierra que cada año que pasa
10 me cuesta más dejarla –había dicho Carlos–. Galicia tiene algo
que sólo aprecias de verdad cuando estás lejos de ella.

–Pues si te gusta tanto, ¿por qué te fuiste a Barcelona?

–¿De verdad no lo sabes, Clara? No puedo creer que seas aún
tan ingenua; mi sobrina más lista no puede estar tan ciega.

15 Yo me quedé mirándolo, sin saber qué quería decir. Notaba
en su expresión que era algo importante, pero no sabía qué
responder.

–¿Nunca te has preguntado por qué no me casé? Ya tengo
edad más que suficiente para decidirme, si les hacemos caso a
20 las convenciones sociales.

–Pues te lo pregunto ahora –había contestado yo–. ¿Por qué
no te has casado?

–En realidad, sí que me casé. Hace casi quince años,
recuerdo que tú no tenías más que unos meses. Mi pareja se
25 llama Andreu, aunque oficialmente sólo sea mi mejor amigo.
Seguro que me has oído hablar de él más de una vez.

Al caer en la cuenta de lo que había detrás de su confesión,
descubrí que, en realidad, lo sabía desde hacía tiempo, aunque
fuera uno de esos conocimientos que permanecen difusos en
30 nuestro interior, a la espera de las palabras precisas que los
hagan visibles. El hecho de que me lo contara aquel día, de que

---

2 **una ladera** lado de un monte – 2 **la garganta** *aquí:* Schlucht – 3 **el vértigo** Schwindel –
4 **una masa** grupo de numerosas y diversas cosas – 6 **una serpiente** reptil largo y sin
patas (Schlange) – 6 **tendido** *al sol* acostado, echado – 7 **engañoso** que engaña, que no
es verdad – 8 **bravo** salvaje, violento (wild) – 14 **ingenuo** sin maldad, ≠ culpable – 14 **ciego**
up que no ve – 27 **caer en la cuenta** darse cuenta de repente de uc

me hiciese partícipe de su secreto, contribuyó a crear entre nosotros unos lazos aún más intensos, afianzados después por las cartas que nos escribimos durante el curso, unas cartas muy distintas de los escritos ingenuos que le enviaba de niña.
5 En ellas le hacía las confidencias propias de la adolescente que yo era, una chica insegura y ansiosa de saber. Quizá, lo he pensado más de una vez, porque encontraba en mi tío la ternura y la complicidad que nunca me daba mi padre, siempre tan distante, y que tampoco era capaz de ofrecerme mi madre,
10 pues entonces yo estaba en esa etapa en la que necesitaba distanciarme de ella para poder afianzar mi personalidad.

Carlos llegó a media tarde. Había salido de Barcelona dos días antes, pero se detuvo en Bilbao para poder ver la obra de unos pintores vascos que le interesaban. Venía en su coche –un
15 Masseratti rojo que despertaba la admiración de los gemelos y de mis primos–, recorriendo toda la costa del Cantábrico; una ruta que, a pesar de ser más larga, le gustaba hacer cuando viajaba sin prisa hasta Galicia.
Después de los besos y de toda la parafernalia propia de
20 los recibimientos, mi tío me pidió que lo acompañara a su cuarto. Le habían preparado el mismo que ocupaba de niño, cuando vivía en el pazo, y noté cómo se emocionaba al entrar, y también al contemplar todos los muebles que, a excepción de pequeños cambios, seguían en el mismo lugar después de
25 tantos años.
–Es curioso cómo el tiempo nos cambia la percepción de las cosas –dijo, como si hablase para sí–. Este dormitorio es amplio, ya lo ves, pero de niño me parecía enorme. ¡Y frío! Porque aquí los inviernos eran muy fríos, había años en los que nevaba

1 **partícipe** participante, que comparte uc con up – 2 **un lazo** *aquí*: unión, relación – 2 **afianzado** hecho más fuerte, fortalecido – 4 **un escrito** uc escrita *p ej* carta, texto – 5 **una confidencia** secreto, información muy personal – 6 **ansioso** con muchas ganas de uc (→ ansia) – 11 **afianzar** → afianzado – 15 **una admiración** asombro, sorpresa – 16 **recorrer** caminar, moverse por un espacio *aquí*: en coche – 16 **el mar Cantábrico** mar del océano Atlántico que baña la costa norte española – 18 **la prisa** Eile – 19 **una parafernalia** exceso en un acto *p ej* una fiesta, una presentación – 20 **un recibimiento** acto de recibir a up cuando llega a un lugar

durante varios días seguidos. Se encendían las chimeneas y se disponían estufas y braseros en todas las habitaciones, pero como el pazo es tan grande no había manera de calentarlo.

Me resulta difícil explicar aquí la alegría que sentía mientras
5 le escuchaba, fascinada por cualquier cosa que dijera. A medida que me hacía mayor, iba siendo cada vez más consciente de que deseaba hacer mía su forma de entender la vida y de estar en el mundo. Y aquella tarde intuía que mi tío podía ser la persona que me salvara del aislamiento al que me
10 obligaba la vida del pazo, el cómplice que me ayudaría a huir de las obligaciones sociales que no me interesaban nada.

–Aquí están tus regalos –Carlos abrió una de las maletas y sacó dos paquetes–. ¿Creías que me iba a olvidar de ti?

Cogí los paquetes y me senté en una silla para abrirlos con
15 comodidad. Me sorprendió descubrir lo que contenía el más pequeño; como siempre, Carlos había tenido la habilidad de encontrar el regalo que más encajaba con mis gustos. Sabía por mis cartas que yo comenzaba a descubrir ciertas músicas a las que antes no prestaba atención. Y el blues, sobre todo,
20 me fascinaba desde hacía meses. Por eso me emocioné tanto al examinar lo que tenía entre mis manos: una caja con cuatro CD que contenían una selección de las mejores grabaciones de blues de la historia, desde los más antiguos, de cantantes que no me sonaban de nada, hasta las canciones de algunos
25 músicos que estaba empezando a conocer, como Muddy Waters o John Lee Hooker.

Cuando abrí el segundo paquete, comprobé que contenía dos libros: *El palacio de la luna*, de Paul Auster, y *Retrato del*

1 **seguido** contínuo, uno después de otro – 1 **una chimenea** Kamin – 2 **disponer de uc** colocar, preparar, poner – 2 **una estufa** Ofen – 2 **un brasero** Kohlebecken – 3 **calentar** dar calor, elevar la temperatura – 9 **el aislamiento** falta de comunicación, soledad (→ aislado) – 19 **el blues** género musical vocal e instrumental originario de las comunidades afroamericanas de Estados Unidos – 22 **una grabación** *aquí*: Aufnahme – 25 **Muddy Waters** (1915-1983) músico estadounidense de blues considerado el Padre del Blues de Chicago – 26 **John Lee Hooker** (1917-2001) famoso cantante y guitarrista de blues estadounidense – 28 **Paul Auster** 1947, escritor de poesía y novelista estadounidense. La acción de sus obras transcurre en Nueva York – 28 **Retrato del artista adolescente** ein Porträt des Künstlers als junger Mann; cuenta la historia de un joven que lucha contra las convenciones de la sociedad burguesa

artista adolescente, de James Joyce. Nunca había oído hablar de ellos, pero el hecho de que mi tío los hubiera elegido era una garantía para mí.

–Creo que te van a gustar, especialmente el de Auster –me
5 ccmentó–. Has entrado ya en la edad de leer historias que hablen de la vida con mayor profundidad.

–Siempre aciertas, ya lo sabes. En cuanto acabe con el que estoy leyendo ahora, empiezo con estos.

–¿Ah, sí? ¿Y qué estás leyendo?

10 –*Un mundo feliz*, de Aldous Huxley –respondí con orgullo. Este título no me lo había regalado él, sino que había sido una adquisición mía, intrigada por un comentario fugaz que le había escuchado en clase a mi profesor de Biología al hablar de la clonación.

15 –¡Aldous Huxley! ¡Así que estás con los alfa más y con los pobres épsilon menos! Cuando lo leí, hace ya muchos años, me pareció terrible la sociedad que describía; supongo que ahora lo será aun más. Bien mirado, quizá lo único que hizo Huxley fue observar por una rendija el futuro que nos espera. En lo
20 que no acertó fue en imaginar las drogas que se les darían a las personas para que viviesen como esclavas y siguiesen pensando que son felices. En eso, la realidad de hoy en día ya supera con mucho a la ficción.

Yo me callé. En realidad aún no lo había empezado, pues
25 seguía con la novela de Dickens, pero las palabras de Carlos aumentaron mis ganas de hacerlo cuanto antes. Me limité a seguir sentada hojeando los libros, mientras mi tío colocaba en los armarios la ropa que traía. En un momento dado, como quien hace una observación rutinaria, me preguntó:

---

1 **James Joyce** (1882-1941) escritor irlandés de gran influencia en el s. XX – 7 **acertar** saber lo que es correcto, ≠ equivocarse – 10 **Un mundo feliz** Schöne Neue Welt; año 2540: las personas se manipulan para que al nacer pertenezcan a diferentes castas – 10 **Aldous Huxley** (1894-1963) escritor anarquista inglés que emigró a Estados Unidos – 12 **una adquisición** conseguido por su propio trabajo y esfuerzo – 15 **Alfa más** personaje del libro de la casta superior que hace trabajos más inteligentes – 16 **Épsilon menos** personaje de la casta más baja que hace trabajos duros – 23 **superar** sobrepasar, ser superior a uc – 26 **aumentar** hacer más grande, mayor – 27 **hojear** mirar sin detenerse demasiado – 28 **dado** *aquí*: determinado – 29 **rutinario** → rutina

–¿Y qué? ¿Qué tal de amores?

La pregunta me pilló por sorpresa. O, más bien, lo que me pilló por sorpresa fue encontrarme pensando en Miguel, como si, sin poder controlarla, se estableciera dentro de mí una asociación a la que, hasta aquel momento, no le había dado importancia. Me sonrojé de repente, desconcertada y confusa. Mi tío enseguida lo notó:

–¡Uy, qué colorada te pones! Algo debe de haber, todavía no has aprendido a disimular bien. Pues ya me lo contarás estos días, ese capítulo no me lo quiero perder.

Como vio que no le decía nada, porque bastante tenía con superar la confusión que me dominaba, optó por no insistir. Siguió colocando la ropa en los estantes, mientras yo me recuperaba de mi desconcierto. Cuando acabó su trabajo, comentó:

–¿Y cómo van las cosas por aquí? Ahora tu padre es el Señor de Soutelo, por fin lo ha conseguido. Estará que no cabe en sí de contento, en estas tierras esa siempre fue la mayor de las distinciones. –Adoptó una postura teatrera y siguió–: ¡El linaje de los Soutelo! Este pazo siempre ha sido muy importante, tanto como un castillo de la Edad Media. ¡Sólo le falta un fantasma para estar completo!

–Pues fantasma no habrá, pero esqueleto, sí. ¿Sabes que encontramos uno a los pocos días de llegar?

–¿Un esqueleto? ¿Pero qué me dices, Clara?

Ante la expresión de interés de mi tío, le pedí que se sentara a mi lado y le conté todo lo que sabía. Todo, desde lo sucedido la mañana en que, por casualidad, había sido testigo del descubrimiento de la cámara escondida entre los tabiques, hasta lo que les había oído comentar a mis padres. Aunque, a

---

4 **establecerse** instalarse para quedarse en un lugar (ansiedeln) – 6 **sonrojarse** ponerse rojo – 8 **colorado** rojo – 12 **optar por uc** escoger, elegir entre varias cosas (→ opción) – 14 **un desconcierto** desorientación, sorpresa – 17 **no caber en sí de** *contento* estar contentísimo – 19 **una distinción** *honor* (Ehre) dado a up – 19 **una postura** forma de estar colocada up – 19 **teatrero** tetral – 21 **un castillo** Burg – 21 **la Edad Media** Mittelalter – 28 **por casualidad** zufällig – 28 **un testigo** up que ha visto uc (Zeuge)

decir verdad, no se lo conté todo, pues no le hablé ni del anillo ni de mis hipótesis fantasiosas tras lo que me había relatado la abuela de Miguel. No sé por qué lo hice, con mi tío tenía suficiente confianza; pero en aquel momento no lo consideré
5 necesario, y preferí esperar a más adelante.

–Pues si había dos balas, esa persona tuvo que ser asesinada –comentó Carlos, después de escucharme con una atención que me sorprendió–. ¿Nadie ha reclamado el cadáver? ¿No se sabe cuántos años llevaba ahí?

10 –De todo eso puede informarte mejor papá. Yo sólo sé que vinieron el juez y la Guardia Civil, y que papá tuvo que ir a declarar al juzgado; aquel día estaba muy enfadado. Pero no sé más, será mejor que se lo preguntes a él.

Ese mismo día, después de cenar, mi tío abordó el tema
15 delante de mi padre. Alfredo y los gemelos ya se habían levantado de la mesa y se habían ido a la sala a ver la televisión. Loreto y yo continuábamos sentadas, quizá porque ya nos considerábamos con derecho a compartir algunos rituales del mundo de los adultos.

20 –Clara me ha contado el descubrimiento del esqueleto al hacer las obras. ¡Vaya sorpresa que os llevaríais! –comenzó mi tío. Luego, dirigiéndose a papá, añadió–: Víctor, cuéntame algo, seguro que tú sabes más detalles del caso.

Mi padre disimuló una primera expresión de contrariedad,
25 aunque yo se la noté, al igual que la mirada fugaz que cruzó con mi madre. Los dos parecían sentirse muy incómodos con las palabras de Carlos.

–Un incidente muy desagradable –contestó finalmente mi padre–. Además de tener que paralizar las obras durante unos
30 días, no nos ha causado más que trastornos, sobre todo a mí. Declaración en el juzgado, papeleo… ya te puedes imaginar.

---

2 **relatar** contar – 8 **reclamar** pedir uc que le pertenece a up – 12 **declarar** informar y responder a las preguntas de un juzgado – 18 **un derecho** razón para uc (Recht) – 21 **¡vaya una sorpresa que os llevaríais!** Was für eine Überraschung habt ihr mit erlebt! – 24 **una contrariedad** tristeza o pena de poca importancia – 29 **paralizar** detener, parar, ≠ continuar – 30 **un trastorno** incomodidad, dificultad, cambio de planes

–Y eso que Víctor controló muy bien a los periodistas –intervino mamá–. La noticia solamente salió el primer día en algún periódico, pero luego no se volvió a hablar del tema. Y en la radio y en la televisión ni siquiera apareció.

5 –Me costó lo mío –presumió mi padre–. Tuve que recurrir a mis influencias para que no nos molestaran, el tema podía haberse convertido en un enojoso escándalo para nosotros y para el buen nombre de nuestra familia.

–¿Pero no se sabe nada del muerto? ¿No lo ha identificado 10 nadie? ¿Nadie se ha interesado por saber quién es? ¿Qué se comenta en el pueblo? –Carlos parecía dispuesto a no dejar que mi padre despachase el asunto de una manera tan sencilla.

–Estoy seguro de que por el pueblo circularán mil cuentos, ya sabes como es esa gente. Y no, no ha habido ningún tipo de 15 reclamación. A estas alturas, si tenía parientes ya estarán todos muertos.

–Sin embargo, tengo entendido que tiene que haber un informe del forense. Y los juzgados deben abrir una investigación de oficio –insistió mi tío–. ¿O no es así?

20 –Así debe ser, tienes razón. –Papá sacó un puro delgado, de los que solía fumarse en la sobremesa, y se demoró un tiempo en encenderlo. Se le notaba mucho que no le hacía ninguna gracia la insistencia de Carlos–. La forense, porque es una mujer, ya sabes que ahora te las encuentras ocupando 25 cualquier puesto, redactó un borrador previo al que será su informe preceptivo. Pero no contiene más que lo previsible; supongo que sabes que se encontraron dos balas entre los restos.

–¿Y no dice nada del tiempo que llevaba oculto?

30 –Ella cree que estaba ahí desde hace más de cincuenta años. Así que puede ser de la guerra civil, o también de los años

---

12 **despachar** *aquí*: solucionar – 13 **circular** *una noticia* moverse, pasar de up a otro – 15 **a estas alturas** *loc* en este tiempo, cuando han llegado las cosas a este punto – 20 **un puro** cigarro hecho de hojas de tabaco enrolladas – 21 **demorar** retrasar, tardar en hacer uc – 25 **un borrador** escrito no definitivo donde se hacen correcciones – 25 **previo** anterior – 26 **preceptivo** definitivo, que contiene la normas y órdenes a seguir (vorschriftlich)

cuarenta. Aquellos fueron tiempos muy revueltos, yo creo que es imposible saberlo con exactitud.

–Será así, si la forense lo afirma. Lo que más me llama la atención es lo de las dos balas, porque eso apunta claramente 5 a que se trata de un asesinato –mi tío parecía dispuesto a aferrarse al asunto hasta el final–. ¿Te has parado a pensar que el asesino pudo ser alguien del pazo?

–¡El asesino! ¡Tú siempre tan exagerado, no tienes arreglo! El cadáver apareció en los antiguos almacenes, así que pudo ser 10 cualquiera que tuviera acceso a esa ala del edificio. Alguno de los criados o de la gente que trabajaba en las tierras. O alguien de fuera, yo que sé. Recuerda lo que siempre contaba papá, que los abuelos se habían ido una larga temporada a Santiago, no quisieron estar aquí mientras hubiera tantos enfrentamientos 15 con los huidos –mi padre había ido subiendo el tono de voz, pero se detuvo al darse cuenta y volvió a su hablar pausado–. Así que lo pudo haber hecho cualquiera. Desde luego, quien quisiera ocultar el crimen escogió el sitio ideal, pues al pazo nadie vendría a mirar.

20 –¿Y desde el juzgado no van a hacer nada? Pensé que habría unos protocolos…

–Y los hay: de hecho han abierto un expediente. Pero ya hablé con el juez, que es hijo de Alberto Riquer, un colega mío de Ferrol. Me comentó que el expediente, si nadie reclama 25 nada, permanecerá abierto, pero sin más diligencias. Ten en cuenta que, aunque se llegue a saber a quién pertenecen los restos, o quién lo mató, los hechos ocurrieron hace más de cuarenta años. Según la ley, está todo prescrito. Así que no tiene sentido revolver nada.

30 Escucharle aquella información a mi padre me dejó desconcertada. ¿Así que ya conocía todo, el informe de la

---

1 **revuelto** inseguro, confuso, turbulento – 3 **afirmar** decir que uc es cierta, asegurar uc, ≠ negar – 4 **apuntar** *aquí*: señalar hacia, mostrar – 6 **aferrarse** sujetarse fuertemente a uc *aquí*: *al asunto* sin dejar de hablar sobre ello – 8 *tener* **arreglo** *aquí*: solución – 14 **un enfrentamiento** *lucha* (Kampf), oposición (→ enfrentarse) – 15 **un huido** up que se ha escapado (→ huir) – 21 **un protocolo** *de actuación* grupo de normas que hay que seguir – 29 **revolver** cambiar, mover el orden de las cosas

forense, los trámites del juzgado? Si no llega a venir mi tío y preguntar, ni siquiera lo hubiera mencionado. Quizá porque yo había sido la primera persona de la familia en ver el esqueleto, me sentía con derecho a conocer todo lo referido a él. Pero
5 mi padre parecía estar preocupado únicamente por el buen nombre de los Soutelo; daba la impresión de querer cerrar el asunto cuanto antes.

Tal vez ya estaba cerrado, claro. Pero lo cierto era que yo tenía un anillo y que, desde la conversación con la señora
10 Hortensia, me habían entrado ganas de tirar de los hilos que me ayudarían a saber algo más. Mi tío Carlos podría ser un aliado inesperado, si en alguien podía confiar era en él. Así que, cuando cruzó su mirada con la mía, le hice un gesto cómplice que entendió al momento. Cambió de conversación y se puso a
15 hablar con mi madre de la exposición que se había inaugurado en el MACBA, una completísima muestra de la obra pictórica de las vanguardias rusas en las primeras décadas del siglo xx.

Mi madre vio el cielo abierto, nada le interesaba más que tener a Carlos para conversar sobre pintura. Cuando me
20 levanté de la mesa, poco tiempo después, allí se quedaban los dos enfrascados en la conversación, mientras mi padre fumaba su cigarro y los oía sin prestar atención a algo que, lo sabía bien, no le interesaba en absoluto.

Yo ya estaba decidida. Tenía que hablar con Carlos y contarle
25 todo lo que la señora Hortensia me había dicho. Aunque eso me obligase también a hablarle de mi relación con Miguel, una relación que, debía reconocerlo, empezaba a ser muy importante para mí.

---

4 **referido** relacionado – 5 *estar* **preocupado** preocuparse – 10 **tirar de los hilos** *loc* intentar conseguir información – 12 **un aliado** up que está de nuestra parte y nos apoya – 16 **MACBA** Museo de Arte Contemporáneo de Barcelona – 16 **pictórico** de pintura – 18 **ver el cielo abierto** *loc coloq* presentárse a up una oportunidad muy buena para conseguir uc – 21 **enfrascado** concentrado, metido, distraído

9

[handwritten: El primer beso]
[handwritten: el secreto de Clara (anillo)]

Dos días después, cuando me acerqué al mirador, a eso de las doce de la mañana, encontré en una de las esquinas del banco una nota de Miguel, sujeta con una piedra para que no se la llevara el viento. Seguramente había saltado el muro a primera
5 hora de la mañana, antes de ir al trabajo, conocedor de que acostumbraba a ir cada día a aquel lugar. Puedo reproducir aquí el texto íntegro de la nota, pues todavía conservo entre las páginas de mi diario aquel papel doblado que después releí tantas veces:

10 ¿Puedes venir esta tarde al río? Si puedes, te espero a las cinco, en la zona del muro por donde saltamos anteayer. Si te apetece bañarte, donde vamos hay un sitio estupendo. Y si no puedes venir, da igual, ya quedaremos otro día. Miguel.

Nada me impedía acudir a la cita. Después de la comida,
15 como quien no quiere la cosa, anuncié que posiblemente saldría a dar una vuelta en bicicleta, a sabiendas de que a Loreto ni de lejos se le ocurriría acompañarme. Mi tío Carlos fue el único que se mostró dispuesto a venir conmigo, pero le dije que me apetecía ir sola y no insistió.

20 A las cinco salí del pazo, montada en mi bicicleta y con una mochila en la que había metido una toalla y una botella de agua. Miguel estaba en el sitio acordado, esperándome con su bici. Y un poco después ya pedaleábamos uno al lado del otro, pues apenas pasaban coches. Pensé que seguiríamos el
25 camino que llevaba a la playa fluvial, pero estaba equivocada. Tomamos la dirección contraria, remontando el río por una

---

1 **a eso de las doce** aproximadamente a las doce – 2 **una esquina** Ecke – 4 **a primera hora de la mañana** muy temprano – 7 **íntegro** completo – 8 **doblado**→ doblar – 14 **acudir** ir – 16 **una vuelta** eine Runde – 16 **a sabiendas** sabiendo – 17 **ni de lejos** sin ninguna posiblidad, seguro que no – 21 **una mochila** bolsa que se pone en la espalda para llevar cosas – 21 **una toalla** tela para secarse el cuerpo – 26 **remontar** subir una pendiente *p ej* de un camino o un río

carretera que en algunos tramos discurría paralela a él, aunque a más altura.

Tras pedalear durante más de media hora, llegamos a un punto donde nacía un sendero que, desde la carretera, bajaba 5 en dirección al río. Era estrecho y, además, se iba cerrando de vegetación conforme bajábamos por él, con las bicicletas de la mano. Lamenté haberme puesto el pantalón corto, porque aunque sólo eran hierbas altas y helechos los que nos dificultaban el paso, la hierba estaba seca y me arañaba las 10 piernas. Un poco antes de llegar al río, el camino desembocaba en un espacio donde la hierba era verde y de escasa altura, seguramente por la sombra de los alisos que crecían en la orilla. Dejamos las bicicletas arrimadas al tronco de un árbol, y después nos internamos por un sendero que discurría entre 15 los alisos, siguiendo el curso del agua.

Cuando no habíamos recorrido ni treinta metros, llegamos a un lugar que me sorprendió. Allí los árboles ya no seguían el cauce y se abrían en un semicírculo, como rodeando una gran roca central, un peñasco que parecía emerger de la tierra 20 y que se prolongaba hasta hundirse en el lecho del río, como si se tratara del lomo petrificado de un animal prehistórico. En aquel lugar el cauce era más ancho y el agua más profunda, y tan transparente que se veían con claridad todas las piedras del fondo. Las ramas de los alisos, que protegían el espacio de 25 cualquier mirada, sólo proyectaban su sombra en una zona del claro, dejando al sol buena parte de la roca.

–¿Qué te había dicho? ¿A que es un sitio magnífico? –se notaba la satisfacción de Miguel ante lo admirada que me había quedado–. Mi padre me ha contado muchas veces que

---

6 **conforme** *aquí*: a medida, según – 9 **arañar** kratzen – 10 **desembocar** tener salida a un lugar, terminar en – 13 **un tronco de árbol** Baumstamm – 14 **internarse** entrar en el interior de un lugar – 15 **un curso** *del agua* la dirección y camino que lleva el agua – 19 **una roca** Felsen – 19 **un peñasco** Felsblock – 20 **prolongarse** extenderse, alargarse – 20 **hundirse** introducir uc en un líquido completamente – 20 **un lecho** *del río* Flussbett – 21 **un lomo** *de un animal* la parte de arriba – 21 **petrificado** hecho piedra – 27 **magnífico** maravilloso, grandioso, fantástico – 28 **admirado** impresionado, asombrado (→ admiración)

antes los chicos venían a bañarse aquí, pero desde que hicieron la playa fluvial ya no viene nadie.

–Tienes razón, parece un espacio casi mágico –concedí, fascinada por la sensación de aislamiento que transmitía–. El
5 mirador del pazo está muy bien, pero este sitio aún me gusta más.

–Ni te imaginas lo relajante que puede ser este lugar. A veces me siento como fuera del mundo, tan solitario como Robinson en su isla. Traigo la toalla y un libro y no me voy hasta que
10 anochece. Es una pena que aquí el verano dure tan poco.

Antes de seguir escribiendo, debo confesar que me resulta muy fácil contar lo que sucedió aquella tarde en el río, porque por la noche, llevada por una alegría como pocas veces había sentido, llené seis hojas de mi diario con el relato detallado
15 de mis sentimientos y sensaciones de aquel día. Las releo ahora de nuevo y no puedo evitar que me invadan la ternura y la nostalgia, quizá porque son palabras que me devuelven a la chica ingenua y apasionada que yo era entonces. Es cierto que no están bien escritas, que me da vergüenza ver
20 la acumulación de adjetivos (inolvidable, mágico, intenso, maravilloso, supremo…) y de frases tópicas que empleaba; pero no es menos cierto que conservan el entusiasmo y la pasión por la vida que las hizo nacer, pues incluso siento que hacen revivir en mí las sensaciones físicas que aquella tarde
25 experimenté por primera vez.

Recuerdo que sacamos las toallas y las pusimos de tal manera que nos podíamos sentar en la hierba y apoyar la espalda contra la roca. Aunque teníamos la intención de bañarnos, de repente me dio mucha vergüenza la idea de
30 ponerme en bañador allí, a solas con Miguel. Me había puesto

---

3 **conceder** asentir, entender como cierto o real lo que otro afirma – 8 **Robinson** *Crusoe* personaje de novela que vivió solo veintiocho años en una isla – 10 **anochecer** hacerse de noche – 16 **invadir** ser dominado por un sentimiento – 20 **una acumulación** grupo grande de cosas – 20 **inolvidable** que no se puede olvidar – 21 **supremo** superior en su clase, lo más alto – 21 **tópico** cliché – 30 **un bañador** traje de baño (Badeanzug) – 30 **a solas** sin nadie

el biquini rojo que solía usar, y no me atrevía a quitarme el polo ni el pantalón. A él debía de ocurrirle algo semejante, porque también se sentó vestido, a mi lado. Era fantástico estar allí, escuchando el ruido monótono del agua y dejándose acariciar
5 por el sol que brillaba en medio del cielo.

–Es la primera vez que vengo con alguien, hasta ahora siempre he estado aquí solo. ¡No sabes la de libros que he leído junto a esta roca!

–Me resulta extraño que te guste tanto leer. Si no me lo dices,
10 nunca lo hubiera adivinado.

Me arrepentí al momento de mis palabras, dichas a la ligera por dejarme arrastrar por la espontaneidad. La respuesta de Miguel fue inmediata:

–¿Ah, sí? ¿Y por qué es raro que lea? ¿Por ser de familia de
15 trabajadores o por llevar las manos manchadas de grasa? –en su voz se notaba el tono agresivo de las primeras veces que había hablado con él.

–Perdona, no quería decir eso. Me refiero a que eres un chico. En mi clase, no había ni uno al que le gustara leer. Y mis
20 hermanos, ni te cuento; huyen de los libros como los vampiros de los ajos.

Trataba de arreglarlo, pero la verdad era que las palabras de Miguel habían puesto al descubierto el prejuicio que sentía, un prejuicio del que solo fui consciente cuando se lo escuché
25 decir a él. Por suerte, pareció dar por buena mi explicación y su rostro volvió a relajarse.

–En el fondo sé que tienes razón. No es normal que haya libros en una casa como la mía –de su voz había desaparecido cualquier rastro de rabia–. Ya has oído a mi abuela. Si no fuese
30 por mi bisabuelo Ismael, yo sería como los otros chicos del pueblo. Pero él les pasó su afición a sus hijos; y mi abuela, a mi madre.

1 **un polo** camiseta abierta y con *cuello* (Kragen) – 4 **acariciar** streicheln – 7 **la de uc** la cantidad de uc – 11 **a la ligera** sin pensar – 12 **una espontaneidad** cualidad de ser natural, directo, espontáneo – 13 **inmediato** enseguida, rápido en el tiempo – 18 **referirse a** hacer referencia a, hacer alusión a uc – 21 **un ajo** Knoblauch – 23 **un prejuicio** Vorurteil – 29 **un rastro** huella

–¿Tu madre también lee?

–¿Mi madre? Mira que trabaja duro todo el día, pero nunca se duerme sin antes leer unas páginas de la novela que tenga entre manos. Ellas dos son las que me contagiaron. Si el

5 fantasma de mi bisabuelo ronda por la casa, estoy seguro de que se alegra de la herencia que nos dejó.

Callé, satisfecha por el modo en que había conseguido enderezar mi desafortunada intervención. Cerré los ojos y me dejé llevar por la tranquilidad que sentía en aquel espacio. La

10 hierba desprendía ese aroma tan intenso que sólo tiene en el verano y el aire agitaba suavemente las hojas de los árboles. Fue Miguel quien, algo después, insistió en seguir hablando:

–A ti te parecerá extraño que yo lea. Pero a mí aún hay algo que me parece mucho más raro.

15 –¿Y qué es?

–Pues estar aquí contigo. Tú eres una de las del pazo, formas parte del grupo de veraneantes, de los que venís aquí a pavonearos ante los del pueblo. ¿Y yo quién soy? Un chico con las ilusiones ahogadas por la realidad, ni más ni menos.

20 –¿No me irás a hablar otra vez de las diferencias de clase?

–No, es más sencillo. Lo cierto es que siempre os he odiado. No soporto veros tan elegantes, tan alegres, tan despreocupados de todo lo que no sea divertirse. Siempre pasando a nuestro lado sin vernos, como si fuéramos invisibles.

25 –¿Qué tienes contra nosotros? ¿Y contra mí? –protesté–. Es el primer verano que soy consciente de estar aquí, los otros sólo era una niña que iba a donde me llevaban.

–Entiéndeme, Clara. No tengo nada contra ti, de lo contrario no estaría aquí contigo. Pero os observo con rabia, no lo

30 puedo evitar. Ese aire de superioridad que tenéis los ricos, esa tranquilidad de saber que la vida discurrirá siempre sin

---

3 **tener entre manos** *aquí*: estar leyendo en este momento – 5 **rondar** pasear, caminar por un lugar normalmente – 8 **enderezar** poner derecho *aquí*: solucionar, arreglar – 8 **desafortunado** sin fortuna, sin demasiado éxito – 10 **desprender** dejar libre, *soltar* (loslassen) – 17 **un veraneante** up que pasa el verano en un lugar (→ veranear) – 18 **pavonearse** presumir – 19 **ahogado** *aquí*: sin esperanza, sin ilusión

grandes problemas. Mientras los demás nos tenemos que fastidiar y trabajar cada día, aquí o fuera, como mi padre.

–Pero yo no tengo la culpa de haber nacido en la familia en la que nací –contesté, molesta–. No digo que no tengas razón
5 en ciertas cosas; estos días no me ha quedado otro remedio que estar con algunos de esos que tú llamas veraneantes y me han parecido más bien ridículos.

–¿Y yo no te lo parezco?

En vez de contestar, me acerqué un poco más a Miguel y
10 le di un beso cerca de los labios. Él me miró, con una mirada intensísima que me dejó desarmada, era como si estuviera invadiendo mi interior. Me ruboricé sin poder evitarlo, acababa de acordarme de lo que había pensado cuando mi tío me preguntó cómo andaba de amores. No sé qué supondría
15 Miguel, porque de pronto se levantó y dijo:

–Hemos venido a bañarnos, y esta es la mejor hora. Si esperamos más, después no nos dará tiempo a secarnos.

Miguel no debía de sentir mis pudores, porque se quitó la ropa y se quedó en bañador. Me impresionó su cuerpo
20 esbelto y atlético, que irradiaba vitalidad. Estaba algo moreno, aunque eran su cara y sus brazos los que de verdad aparecían intensamente bronceados. Pensé que se iba a meter en el agua por un lugar donde el prado parecía entrar suavemente en el río, pero lo que hizo fue subirse a la roca y lanzarse desde allí
25 arriba. Se sumergió con un estilo magnífico y luego emergió unos cuantos metros más allá. Braceó en dirección adonde yo estaba; al hacerlo se le marcaban los músculos de los brazos y me pareció enormemente atractivo.

–¿Qué? ¿No te bañas? –me preguntó, desde el medio del río–.
30 Aquí está hondo, pero se hace pie.

---

2 **fastidiar** molestar, incomodar – 5 **un remedio** *aquí*: posibilidad, opción – 7 **ridículo** que produce risa, tonto – 11 **dersarmada** débil, desprotegida – 12 **invadir** *aquí*: entrar por la fuerza – 18 **el pudor** timidez, sentimiento de vergüenza – 20 **esbelto** alto, bien formado – 20 **irradiar** emitir, transmitir energía *p ej* luz – 20 **moreno** *aquí*: que tene color de piel oscura por el sol – 22 **bronceado** moreno por el sol – 24 **lanzarse** *aquí*: saltar – 25 **sumergirse** meterse debajo del agua – 26 **bracear** nadar sacando los brazos del agua – 30 **hondo** profundo

Entonces decidí olvidar mi vergüenza y me quité el polo y el pantalón. Después me metí en el agua, aunque no me atreví a tirarme desde la roca. En cuanto me vi dentro, creí que me moría con la impresión. ¡Estaba congelada, nunca en mi vida me había bañado en un agua tan fría como aquella! Di unas brazadas nerviosas para intentar que me reaccionase el cuerpo; la sensación de frío disminuyó un poco, pero seguía siendo insoportable.

–Yo ya me salgo. No la resisto, está congelada –dije con voz temblorosa–. ¡No sé cómo aguantas!

–Vete por la derecha de la roca, allí forma como una escalera –me indicó Miguel–. Si te agarras a esa rama que baja, saldrás sin ningún problema.

Hice lo que me indicaba y por fin me vi fuera del agua. Busqué la toalla y me envolví enseguida en ella, mientras notaba como el calor del sol mitigaba la intensa sensación de frío que se me había metido hasta los huesos.

Cuando Miguel salió, un poco después, yo todavía seguía envuelta en la toalla. Entonces fue cuando se acercó a mí y empezó a frotarme por encima, con el propósito de hacerme reaccionar. Era la primera vez que lo sentía tan próximo. Y también era la primera vez, cuando dejé resbalar la toalla, que sentía sus manos sobre mi piel. Allí lo tenía, frente a mí, frotándome brazos y hombros para hacer que se me fuera el frío, mientras yo notaba que otro calor, un calor más profundo, se iba apoderando de mí. Fui yo quien guié sus brazos para que me rodease con ellos. Y aunque Miguel seguía pasando sus manos por mi espalda, pronto abandonó aquel movimiento y me abrazó con la misma intensidad con la que mi cuerpo se unía al suyo. Levanté la cara para mirarlo y entonces nos

---

3 **tirarse** lanzarse, saltar – 4 **congelado** helado y duro, muy frío – 6 **una brazada** movimiento de brazo al nadar – 7 **disminuir** hacerse más pequeño – 8 **insoportable** que no se puede aguantar o soportar – 10 **tembloroso** que *tiembla* (zittern) – 12 **indicar** mostrar, señalar – 12 **agarrarse** sujetarse, tomar – 16 **mitigar** disminuir, hacer más suave la dureza de uc – 22 **resbalar** abrutschen – 26 **apoderarse** invadir, dominar, hacerse dueño de uc por la fuerza (→ poder) – 26 **guiar** dirigir (→ guiado) – 29 **abrazar** rodear con los brazos (→ abrazo)

besamos. Ya he dicho que me da vergüenza leer todos los adjetivos que escribí en mi diario, pero puedo comprender perfectamente la conmoción de aquel día. Es verdad que ya había besado antes a otros chicos del colegio, pero sentí que aquel era distinto, el primer beso que iba a dejar una marca indeleble en mi memoria. Los dos temblábamos, y no por el frío; más tarde supe que para Miguel, a pesar de haber salido anteriormente con algunas chicas, aquel también era el primer beso en el que había algo más que simple deseo físico.

Ahora, mientras trato de poner en palabras lo que tan vivo está en mi memoria, me viene a la cabeza una película que vi hace algunos meses, *Corazones en la Atlántida*, de Scott Hicks, pues en ella hay una escena que refleja muy bien lo que siento en este momento. En la película Anthony Hopkins interpreta el papel de un hombre misterioso que viene a vivir al piso de arriba del protagonista, un chico que está abandonando la infancia. Y en esa escena, tras observar los ojos de cariño con que el niño se despide de su mejor amiga, una chica encantadora, le pregunta si le gustaría besarla. El chico, entre protestas y con cara de enfado, le dice que no, que qué tontería. Y entonces Hopkins lo mira fijamente como sólo él sabe mirar y le dice: «La besarás. Y el beso que le des será por el que medirás todos los demás besos de tu vida». Así me sucedió a mí: el beso de aquella tarde es como una sombra que llevaré siempre pegada en mis labios.

Después nos acostamos en el suelo, sobre la toalla de Miguel. Y allí nos seguimos besando, abrazados, con sus manos explorando lugares de mi cuerpo que nadie más que yo había tocado hasta aquel momento, mientras sentía un terremoto

---

1 **besarse** darse besos – 3 **una conmoción** fuerte emoción (Erschütterung) – 6 **indeleble** que no se puede borrar – 7 **salir con** up tener una relación sentimental con up – 12 **Corazones en la Atlántida** *Herzen in Atlantis*; adaptación de la novela de Stephen King – 12 **Scott Hicks**, Robert 1953; director de cine australiano – 13 **reflejar** mostrar, manifestar uc – 14 **Anthony Hopkins** 1937; actor de cine, teatro y televisión británico – 19 **encantador** muy amable (→ encantar) – 23 **medir** messen – 25 **pegado** *aquí*: geklebt – 27 **abrazado** → abrazar – 29 **un terremoto** movimiento fuerte de tierra

de sensaciones nuevas inundándome por dentro, tan intensas que aún hoy me excitan cuando pienso en ellas.

En algún momento debimos parar de besarnos, quizá porque el sol, al cambiar de posición, había dejado en sombra la zona

5 en la que estábamos y el aire fresco nos devolvió a la realidad. No recuerdo bien lo que hicimos después, hay detalles que debí de vivir dominada por la intensidad de las sensaciones que acababa de experimentar. Me veo subiendo por el sendero, con la bicicleta de la mano, de vuelta a la carretera, y también

10 cuando emprendimos el camino de regreso al pueblo, felices los dos por lo que acababa de suceder. Pero, como ya he dicho, son recuerdos difuminados por la conmoción que los había precedido.

Cuando estábamos cerca del pueblo, le pedí a Miguel que

15 nos detuviésemos un momento, pues tenía que decirle una cosa. Él me miró, extrañado; supongo que pensaba que sería algo relacionado con lo que había ocurrido en el río. Pero lo único que quería contarle era el secreto que hasta entonces había guardado sólo para mí. En aquel momento me sentía tan

20 unida a Miguel que deseaba compartir con él todas las facetas de mi vida.

–Hay algo que no te he dicho cuando te conté cómo descubrimos el esqueleto. Aquel día encontré un anillo, un anillo de plata que debía de pertenecer al cadáver. Es uno de

25 esos que tienen una letra grabada en la parte superior, no sé si los habrás visto alguna vez.

Estábamos sentados en un pequeño prado que había al lado de la carretera. Él me miró desconcertado, supongo que aquella revelación era lo que menos esperaba. Yo, ante su

30 silencio, añadí:

---

12 **difuminado** que ha perdido nitidez, claridad – 12 **preceder** ocurrir antes en el tiempo – 20 **una faceta** *de la vida* cada una de las partes de la vida – 29 **una revelación** descubrimiento de uc secreta

–¿Y sabes cuál es la letra del anillo? La letra R.

–R de Rosalía. O de Rafael –dijo Miguel, como si me leyera el pensamiento.

Nos miramos, nos miramos en silencio, hay momentos en que las palabras son del todo innecesarias. Y luego nos besamos otra vez con ansia, como si tuviéramos miedo de que en las horas siguientes se desvaneciese el sabor que llevábamos en los labios.

–Creo que deberíamos hablar con Sebastián, tal como nos sugirió mi abuela –propuso Miguel, por fin–. Lo llamaré mañana, para pedirle que nos reciba, e iremos a verlo la primera tarde que tú puedas.

Cuando llegamos al pazo, comenzaba a caer la tarde. Nos despedimos antes de llegar al portalón de hierro, no quería tener que darle explicaciones a nadie si me veían con Miguel. Me quedé algún tiempo parada ante la puerta, viendo como se alejaba camino de su casa. Y después entré en el pazo, con la alegría inundándome el corazón. Supongo que corrí hasta mi cuarto y que me encerré en él, antes de ponerme a llenar compulsivamente las páginas de mi diario con la crónica entusiasta de aquella tarde. Una tarde que ahora, cuando la revivo después de tantos años, me hace sentir melancólica y exaltada a la vez. Y también, por qué no confesarlo, recordar con cierta envidia a la Clara que yo era aquel verano de mis dieciséis años.

---

5 **innecesario** ≠ necesario – 7 **desvanecerse** hacerse más pequeña la sensación de uc – 7 **un sabor** Geschmack – 10 **sugerir** proponer (vorschlagen) – 20 **compulsivamente** sin poder parar (zwanghaft) – 21 **entusiasta** apasionado, lleno de emoción – 23 **exaltado** entusiasta, apasionado, con sentimientos fuertes – 23 **a la vez** al mismo tiempo – 24 **la envidia** Neid

10 revelaciones sobre los Soutelo

A la mañana siguiente tuve que rechazar la persistente invitación de mi prima Loreto para que la acompañara al Casino del pueblo, donde se reunían los jóvenes veraneantes. Ya nunca me apetecía alternar con esa pandilla, y todavía
5 me agradaba menos después de conocer la opinión que le merecían a Miguel. Me disculpé alegando un fuerte dolor de cabeza y, en cuanto Loreto se marchó, me dirigí al mirador del bosque con el ejemplar de El palacio de la luna que me había traído mi tío. Allí podría estar tranquila, para leer o para pensar
10 en las horas que había pasado con Miguel, que tan vivas permanecían en mi cabeza, con la seguridad de que a nadie se le ocurriría molestarme hasta la hora de comer.

No contaba con que fuese precisamente mi tío Carlos quien me viniera a interrumpir. Apareció a mi lado cuando ya llevaba
15 un buen rato enfrascada en la lectura.

–¡Vaya, vaya! ¿Así que este es el lugar en el que te escondes? –su voz me sobresaltó, pues ni lo había oído llegar–. Ya veo que no soy el único que se empeña en buscar un poco de soledad.

–En este mirador se está muy bien, es el lugar de la finca que
20 más me gusta –respondí. Me alegraba verlo allí, quizá porque necesitaba hablar con alguien que pudiera entender la alegría inmensa que sentía por dentro–. Es como estar en una isla solitaria, lejos de todo y de todos.

No sé si mi tío apareció por el mirador de casualidad o si
25 vino a mi encuentro de manera deliberada. Recuerdo que se sentó a mi lado y que comenzamos a hablar de la novela. Era el primer libro de Paul Auster que yo leía –entonces aún no podía saber que en el futuro se convertiría en uno de mis escritores imprescindibles–, y estaba entusiasmada por la pasión vital

---

1 **rechazar** negarse a, ≠ aceptar – 1 **persistente** insistente, constante – 4 **alternar** *aquí*: hacer vida social, tener trato con un grupo – 6 **alegar** decir uc como excusa o pretexto – 17 **sobresaltar** *asustarse* (erschrecken) por uc que pasa de repente – 25 **deliberado** pensado con tiempo – 29 **entusiasmado** con mucho entusiasmo y ganas

que transmitía el narrador, una pasión que encajaba muy bien con la que yo sentía aquella mañana. Llevábamos ya algún tiempo hablando de otros libros y autores, cuando Carlos cambió bruscamente de tema, como si, en realidad, estuviera
5 esperando desde el principio el momento apropiado para hacerlo:

–¿Qué opinas de lo que pasó ayer en la cena?

–¿A qué te refieres?

–Pues a la reacción de tu padre cuando le pregunté por el
10 esqueleto. Me llamó la atención su resistencia a hablar del asunto, como si prefiriese creer que no ha sucedido nada.

–Papá dice que no vale la pena remover en hechos que ocurrieron hace muchos años –contesté, sin saber con exactitud adónde quería ir a parar mi tío.

15 –Pues yo pienso todo lo contrario. Imagino que debe de resultar desagradable saber que esta casa acogió una tumba durante tanto tiempo, pero creo que es natural tener curiosidad por conocer quién fue ese invitado involuntario del pazo. Y más aún si alguien lo asesinó disparándole una bala en
20 la cabeza.

–Por lo que les he oído, a mis padres lo que les preocupa es que se pueda manchar el nombre de la familia –aventuré yo. Era consciente de que no estaba siendo completamente sincera con Carlos, lo lógico sería comentarle todo lo que
25 pensaba; pero prefería escuchar antes lo que me tuviera que decir.

–Pues a mí me gustaría conocer más detalles. No puedo olvidar que me crié aquí, con la compañía involuntaria de ese cadáver. A fin de cuentas, yo también soy un Soutelo, no puedo
30 borrar mi pasado. Ni quiero, uno no elige la familia en la que nace.

---

1 **un narrador** up que cuenta una historia – 4 **bruscamente**→ brusco – 5 **apropiado** geeignet – 12 **vale la pena** uc *loc* es lohnt sich – 22 **aventurar** *aquí*: decir uc sin estar seguro – 24 **sincero** franco, que dice la verdad – 28 **criarse** nacer y vivir en un lugar – 29 **a fin de cuentas** *loc* en resumen, en definitiva

–¿Qué quieres decir? –acababa de sentir un repentino escalofrío al escuchar las últimas palabras de mi tío, pues eran las mismas que yo le había dicho a Miguel en una de nuestras primeras conversaciones.

5 –Quiero decir que soy un Soutelo. Pero también soy Carlos, y tengo ideas propias. Ya hace muchos años que decidí renunciar a ese orgullo de estirpe del que tanto presumía mi padre –Carlos no me miraba a mí, sino que tenía la mirada perdida en las colinas que se veían a lo lejos–. Como diría él si estuviera 10 ahora aquí, yo siempre fui un renegado. Desde su concepción de la vida, sospecho que no le faltaba razón. Supongo que algo tuvo que ver el saberme diferente, quizá la homosexualidad fue también una vía para abrirme los ojos en otras direcciones.

–¿Por eso te fuiste a Barcelona?

15 –Esa fue la razón principal. Aquí me ahogaba; si llego a seguir en Galicia ahora estaría desquiciado. Barcelona, entonces, significó para mí la oportunidad de vivir en libertad.

–¿Y las otras razones?

Mi tío dudó un momento, como si no acabase de entender 20 mi pregunta. Tuve que recordarle que antes me había hablado de la «razón principal», señal inequívoca de que había otras.

–Hubo más razones, claro, pero la que tengo más presente fue la que me dio mi madre –Carlos me miró de nuevo y esbozó una sonrisa melancólica–. Yo acababa de terminar la carrera 25 en Santiago. Aquel verano, de vuelta en el pazo, me sentía perdido, no sabía qué hacer con mi vida. Un día, charlando con mamá, me dijo que me fuera, que me marchara de aquí, lejos de la familia. Que yo era distinto y que, si me quedaba, la sombra de los Soutelo acabaría por ahogarme y hacerme igual 30 a mis hermanos, igual a todos.

Callé, nos callamos los dos. Mi tío solía hablar mucho conmigo, ya he dicho que era su sobrina favorita, pero nunca

---

6 **renunciar** dejar a uc voluntariamente – 10 **un renegado** *traidor* (Verräter), up que ha abandonado voluntariamente un grupo (Abtrünniger) – 11 **faltar razón a up** ≠ tener razón – 12 **saberse** wissen, dass man etw ist – 13 **una vía** camino – 15 **ahogar** quedarse sin aire – 16 **desquiciado** loco – 23 **esbozar** *una sonrisa* mostrar normalmente en la cara un gesto leve

hasta entonces lo había sentido tan cerca. Allí estaba yo, escuchando unas confidencias que significaban un cambio profundo en nuestra relación, como si Carlos percibiera en mí la madurez suficiente para hablarme con total libertad.

5 –También me marché por culpa de mi padre –continuó, poco después–. Ya hace muchos años que se murió, supongo que este debería de ser un capítulo cerrado en mi vida. Lo quería, es cierto, pero también llegué a odiarlo de un modo profundo y persistente. Quizá estaba desilusionado conmigo, Víctor

10 siempre fue su favorito. Y Ana María también, por supuesto. Ella era la niña de la casa. Yo era el raro, el distinto, tal vez el que para él no merecía llevar el apellido de la familia. Además, nunca pude soportar cómo se comportaba con mi madre, ella no se merecía que la trataran así.

15 –Sé muy poco de los abuelos –lo interrumpí, sorprendida por lo que Carlos acababa de decir–. A mamá Rosalía la recuerdo bien, claro, ya tenía trece años cuando se murió. Pero cuando murió el abuelo yo tenía dos años. Solo sé cómo era por las fotos que hay en el pazo.

20 –¿Mi padre? Era un cacique de los de toda la vida, no hay que tener miedo a decir la verdad. Al comienzo de la guerra se puso del lado de los nacionales desde el primer momento. Tampoco se podía esperar otra cosa, no hacía más que defender sus privilegios. Y después bien que le premiaron su apoyo: alcalde

25 del pueblo, presidente de la Diputación… De sus negocios nunca quise saber nada, en eso fue uno más de los muchos que medraron y se enriquecieron al amparo del franquismo.

Carlos me miró, como si esperara algún comentario. Pero yo no sabía qué decir, era la primera vez que escuchaba tantas

30 revelaciones sobre la historia familiar. Al poco rato, mi tío añadió:

4 **la madurez** Reife – 5 **por culpa de** a causa de – 20 **de los de toda la vida** *aquí*: tradicional – 22 **un nacional** up que apoya al movimiento Nacional liderado por Franco – 24 **premiar** dar un *premio* (Preis) por uc – 24 **un apoyo** *aquí*: ayuda – 24 **un alcalde** Bürgermeister – 25 **la Diputación** organización del Estado que dirige las diferentes provincias (Kreistag) – 27 **medrar** mejorar su situación social y económica – 27 **enriquecerse** ganar dinero, hacerse rico – 27 **el franquismo** movimiento político y social liderado por Francisco Franco

–Todo eso puedo entenderlo, la dictadura propiciaba que unos pocos se beneficiaran. Lo que no le perdono es que tratase mal a mamá; siempre con aquella ira reprimida, aquellos silencios tan duros, como si tuviera algo contra ella.

5 –¿Los abuelos se llevaban mal? –intervine–. A papá nunca le he escuchado nada sobre eso. Y a la tía Ana María, tampoco.

–Cada uno recuerda lo que quiere, la memoria es selectiva. Y Víctor siempre admiró a papá. Yo, por el contrario, a quien estuve siempre muy unido fue a mi madre.

10 –¿Y la abuela por qué aguantaba?

–Supongo que lo hacía por nosotros, por sus hijos. Porque ella estaba harta de tanto desprecio, me lo confesó más de una vez. De hecho, creo que mejoró mucho desde que murió papá. Entonces pareció revivir, fue como si tuviera una segunda 15 juventud. Dicen que les pasa a muchas viudas, pero en ella el cambio fue espectacular.

–¿Y por qué no se separó antes?

–Eran otros tiempos, no le quedaba más remedio que aguantar. Lo contrario hubiera sido un escándalo, y aún más 20 entre la gente de su clase. Hoy todo sería distinto, podría tomar otra decisión y nadie se alarmaría. Y por el dinero no hubiera tenido ningún problema: lo que heredó de su familia era mucho más de lo que podía necesitar.

Mi tío siguió hablando, quizá más para sí mismo que para 25 mí. Yo escuchaba, asombrada por el nuevo mundo que estaba descubriendo. Cuando salían los abuelos en alguna conversación, mi padre nunca contaba nada que se alejara de los lugares comunes. En aquel momento sentía que, por primera vez, alguien me descubría facetas de mi familia que 30 venían a modificar la visión que tenía de ella. Y, de un modo

---

1 **propiciar** ayudar, favorecer (begünstigen) – 2 **beneficiarse** ganar, sacar provecho de uc – 3 **la ira** Wut – 3 **reprimido** controlado (→ reprimir) – 12 **estar harto de uc** estar cansado (etw satt haben) – 12 **el desprecio** uc que se rechaza (→ despreciar) – 15 **un viudo** up cuya mujer ha muerto – 21 **alarmarse** asustarse, intranquilizarse, dar la alarma

difuso, intuía que tenían relación con lo que hacía varios días me había relatado la señora Hortensia en casa de Miguel.

–Yo también tengo que contarte algo que nadie más sabe –le dije a mi tío, tras un tiempo de silencio. Sentí que era el
5 momento apropiado para corresponder a su sinceridad–. Bueno, lo sabe Miguel, pero nadie más.

–¿Miguel? ¿Quién es Miguel?

–No lo conoces, es un chico del pueblo con el que hice amistad estos días.

10 Me sonrojé de repente, sin poderlo evitar. Me dio mucha rabia, y mi tío tuvo que notarlo, pero no comentó nada. Siguió callado, mirándome con interés.

–El otro día fui con él a su casa –continué–. Su abuela sabe un montón de historias del tiempo de la guerra. Y me contó
15 cosas de mamá Rosalía que quizá ni tú mismo sabes.

Entonces le relaté todo lo que el azar me había ido desvelando en aquellas semanas de julio. El descubrimiento del anillo la mañana en que se había hallado el esqueleto, mis encuentros con Miguel, la visita a la señora Hortensia. La
20 información sobre los amores de la abuela Rosalía con Rafael, aquel maestro que había llegado al pueblo en los años de la República… Y también mi desconcierto, y el de Miguel, ante aquella coincidencia de nombres con la letra grabada en el anillo.

25 Cuando acabé, mi tío se quedó callado durante un buen rato, como si mis noticias provocaran un movimiento en las piezas que él guardaba en su cabeza, hasta hacerlas encajar de un modo completamente diferente.

–¡Me dejas de piedra! –habló por fin–. Ya sé que los padres
30 siempre son unos desconocidos para los hijos, pero no deja de resultar amargo que esa tal Hortensia sepa más sobre mi madre de lo que yo supe nunca. Quiero conocer más detalles de esa

---

5 **la sinceridad** Ehrlichkeit (→ sincero) – 14 **un montón** *aquí*: mucho – 17 **desvelar** descubrir lo que estaba oculto – 18 **hallar** encontrar – 23 **una coincidencia** casualidad que uc sea igual o parecido a otro (Übereinstimmung) – 29 **dejar a up de piedra** sin palabras, sorprendido

historia. Me interesa mucho, más de lo que te imaginas. Así que tendré que confiar en tus habilidades como informadora.

–Y en Miguel. Él es quien me está ayudando.

–Y también en ese Miguel que tan importante parece ser para
5 ti, y que algún día me tendrás que presentar –añadió Carlos–. Me alegro de que fueras tú quien encontrase el anillo, y aún me alegra más que fueras capaz de mantenerlo en secreto. Si lo llega a saber tu padre, seguro que lo hace desaparecer de inmediato. Como hizo con los restos del hombre asesinado.

10 –Cualquiera sabe quién era, no creo que lo lleguemos a saber nunca –comenté.

–Eso todavía está por ver, querida Clara. Supongo que no querréis un miembro más en vuestro equipo, algunas veces tres son multitud, pero siempre puedo ayudar desde fuera. Porque
15 ahora también yo quiero saber más de toda esta historia. Para empezar, mañana intentaré hablar con la forense. Al fin y al cabo, aún soy un Soutelo. En esta comarca, eso siempre ha abierto muchas puertas.

---

8 **de inmediato** inmediatamente, enseguida – 14 **una multitud** *aquí*: demasiados – 16 **al fin y al cabo** finalmente, en definitiva (zuallerletzt)

11 El encuentro con Sebastián

Durante los siguientes días continué viéndome con Miguel, aunque no todas las tardes. Siempre utilizaba como pretexto que salía a dar una vuelta en bicicleta; Miguel solía esperarme más allá del pazo, junto a una capilla pequeña que había
5 siguiendo la carretera donde estaba su casa. Y después nos marchábamos lejos del pueblo, cada día a un sitio diferente. Con él conocí gran parte de los alrededores de Vilarelle y visité lugares a los que nunca habría ido si frecuentase la pandilla de los veraneantes.

10 Los dos teníamos el acuerdo tácito de impedir que nos vieran juntos por el pueblo. Yo no quería tropezarme con nadie que le fuera con el cuento a mi familia. Y Miguel, aunque nunca me lo había dicho de un modo explícito, probablemente no quería tropezarse con ninguno de sus amigos. Así que la nuestra se
15 convirtió en una especie de amistad clandestina en la que, pienso ahora, ambos éramos conscientes de que estábamos transgrediendo las reglas no escritas que regían nuestros respectivos mundos.

Una de aquellas tardes me comunicó que por fin podríamos
20 visitar a Sebastián. Ya había intentado concertar una cita al día siguiente de nuestra conversación con su abuela Hortensia, pero la sobrina que lo cuidaba le había dicho que estaba enfermo y que lo avisaría en cuanto se repusiera.

–Así que mañana tenemos que estar a las seis en su casa
25 –concluyó Miguel–. Es una que está al fondo de la plaza, hace esquina con una calle muy corta que muere en un camino que va por detrás, no tiene pérdida. Yo te estaré esperando fuera. ¿Podrás venir?

---

10 *un acuerdo* **tácito** silencioso, callado, que se supone sin haberlo hablado – 12 **irse con el cuento a up** *loc coloq* contar uc a up – 15 **clandestino** secreto, oculto – 17 **transgredir** ≠ cumplir, ≠ respetar – 20 **concertar una cita** ein Termin vereinbaren – 25 **concluir** terminar – 27 **no tener pérdida** se encuentra sin problema

–A menos que haya un cataclismo en el pazo, seguro que sí –aseguré–. A esa hora nadie se va a extrañar de que me acerque a Vilarelle. El único peligro sería que se me pegara Loreto, pero ella es la primera interesada en dejarme en paz.

5 Al otro día llegué a la plaza un poco antes de las seis. Como Miguel todavía no había aparecido, me senté en un banco de piedra y me entretuve contemplando la casa que íbamos a visitar. En otro tiempo debía de haber sido una de las más importantes del pueblo: aunque las otras de la plaza se le
10 parecían, esta destacaba por su tamaño, pues casi hacía por dos de las que tenía al lado. Era también la única que poseía un jardín a lo largo de la fachada, si es que se le podía llamar jardín a un espacio de escasas dimensiones, protegido por un cierre enrejado, donde crecían varios rosales y algunas dalias
15 pobladas de flores de color granate.

La casa no era alta; ninguna de las de la plaza lo era. Además de la planta baja y del piso principal, tenía una especie de segundo piso bajo el tejado a cuatro aguas, pues había una amplia buhardilla en cada uno de los lados. Lo que más
20 destacaba de la fachada eran los dos balcones, con barandillas de hierro casi ocultas por las flores que crecían en las macetas distribuidas por el suelo o prendidas en los barrotes.

Como me llamó la atención la profundidad del edificio, me metí por la calle lateral que me había descrito Miguel. Así pude
25 comprobar que la de atrás era, sin duda, la mejor zona de la casa. Tenía una galería que ocupaba todo el ancho, iluminada a aquella hora por el sol de la tarde. Un mirador privilegiado, en el que me pareció ver a una persona que me observaba tras los cristales.

---

1 **a menos que** *loc* a no ser que, solo si (nur wenn) – 1 **un cataclismo** catástrofe de la naturaleza *p ej* un terremoto – 3 **un peligro** Gefahr – 4 **dejar en paz a up** *loc* in Ruhe lassen – 7 **entretenerse** estar entretenido – 10 **hacer por dos** ser el doble de grande de uc – 14 **enrejado** con *rejas* (Gitter) – 14 **un rosal** planta de rosas – 15 **poblado** *aquí*: lleno – 15 *color* **granate** rojo oscuro – 18 *tejado* **a cuatro aguas** tejado con cuatro direcciones diferentes – 19 **una buhardilla** desván, parte más alta de la casa debajo del tejado – 20 **una barandilla** Geländer – 21 **el hierro** Eisen – 22 **prendido** sujeto, agarrado para que no se caiga – 22 **un barrote** Gitterstab – 26 **iluminado** → iluminar

Cuando regresaba al banco, se me alegró el corazón al ver a Miguel entrando en la plaza. Traía esa expresión seria que yo conocía perfectamente, aunque el brillo de sus ojos delataba que él también se alegraba de verme. Si esperaba alguna
5 expresión cariñosa por su parte, me quedé con las ganas, porque no se atrevió a manifestarla. Con una mirada, me dio a entender que posiblemente había más de un rostro espiando tras las ventanas de las casas.

Entramos en el pequeño jardín y llamamos a la puerta. Nos
10 abrió una mujer delgada, de pelo corto y moreno, que rondaría los cuarenta años. Se presentó como Carme y me saludó con frialdad. No así a Miguel, a quien ya debía de conocer, pues intercambiaron algunas frases en un tono bastante amistoso.

–Mi tío está en la galería de atrás. Subid y seguid el pasillo
15 hasta el fondo. No tiene pérdida.

Siguiendo sus instrucciones, subimos las escaleras que llevaban al piso de arriba. Al final del pasillo, efectivamente, había una sala que acababa en la amplia galería que había visto desde fuera. En el suelo, formando una hilera que
20 ocupaba toda la longitud del cuarto, había numerosas macetas con plantas, entre las que predominaban las begonias de vivos colores. La vista desde la galería era extraordinaria; se divisaba toda la amplitud del valle y las montañas que cerraban el horizonte, coronadas por lo que parecía una interminable
25 sucesión de cruces, pero que no eran más que generadores eólicos. Un Gólgota multiplicado hasta el infinito.

En uno de los extremos de la habitación, un poco retirado para que el sol no le diera directamente, se encontraba un

---

3 **delatar** mostrar involuntariamente, descubrir – 5 **cariñoso** de cariño, de afecto – 5 **quedarse con las ganas** tener todavía ganas de hacer uc – 6 **dar a entender uc** durchblicken lassen – 7 **espiar** observar, mirar sin querer ser visto – 10 **rondar** *los cuarenta aquí:* estar cerca de, tener aproximadamente – 12 **la frialdad** indiferencia, poco interés, sin calor (→ frío) – 13 **amistoso** de amigos, amable – 17 **efectivamente** realmente, ciertamente, tal y como había dicho – 19 **una hilera** fila, serie de cosas colocadas en línea (Reihe) – 22 **divisarse** verse a lo lejos – 23 **la amplitud** extensión, tamaño (→ amplio) – 23 **un valle** llanura entre montes (Tal) – 25 **un generador** productor de energía (Stromerzeuger) – 26 **eólico** relativo al viento – 26 **un Gólgota** o *Calvario* nombre dado al monte en las afueras de Jerusalén donde Jesús fue crucificado. – 27 **retirado** *aquí:* alejado

hombre mayor, sentado en una butaca alta, de respaldo casi vertical. Estaba delgado, mucho, y tenía el pelo blanco peinado hacia atrás. Tras sus gafas de concha, unos ojos vivos e inquietos contrastaban con el color apagado de su piel.

5 –Así que tú eres el nieto de Hortensia –le dijo a Miguel, después de los primeros saludos. Los dos nos habíamos sentado en unas sillas frente a él–. Aunque para mí será mejor decir el bisnieto de Ismael. ¡Qué hombre, tu bisabuelo! He conocido a pocos como él, tienes suerte si has heredado algo 10 de su entusiasmo.

Que Sebastián hablara dirigiéndose a Miguel me hacía sentir incómoda, con la molesta sensación de estar de más; pero me equivocaba. Después de preguntarle por su abuela y por su madre, finalmente se dirigió a mí. El brillo de sus ojos pareció 15 intensificarse cuando me habló:

–Así que te llamas Clara. ¿Sabes que no hacía falta que me dijeras que eres la nieta de Rosalía? Su rostro está en el tuyo, te pareces mucho a ella. Cuando entraste, por un momento me pareció estar viendo a la Rosalía que conocí de joven. Era muy 20 guapa, tu abuela. Todos estábamos enamorados de ella.

En ese momento entró la mujer que nos había abierto la puerta. Traía una bandeja con un servicio de café y un plato de galletas surtidas. Nos sirvió café a Miguel y a mí, pero en la taza de Sebastián puso una cucharada del contenido de un 25 frasco y luego la llenó de leche.

–¡Daría lo que fuera por tomar un café bien cargado! –confesó Sebastián cuando se marchó la mujer–. Pero el médico me lo ha prohibido tajantemente, así que aquí me tenéis, tomando achicoria soluble. ¡Achicoria, como si estuviéramos en los años 30 del hambre!

---

1 **un respaldo** parte de una silla donde apoyamos la espalda – 3 **una concha** *aquí: Horn* – 4 **inquieto** intranquilo, curioso – 12 **estar de más** sobrar,≠ ser necesario – 23 **una galleta** Keks – 23 **surtido** variado, de diferentes tipos – 24 **una cucharada** cuchara llena (Esslöffel voll) – 26 **lo que fuera** cualquier cosa – 28 **tajantemente** totalmente, radicalmente – 29 **la achicoria** planta cuya infusión se usa como si fuera café – 29 **soluble** löslich

Tomamos el café, comimos algunas galletas, hicimos varios comentarios intrascendentes sobre la vida en el pueblo. Ya me estaba poniendo nerviosa, así que decidí entrar directamente en el asunto que nos había llevado hasta allí:

5 –La señora Hortensia nos contó muchas historias de antes de la guerra, de cuando ella era pequeña. También nos dijo que quien sabría bien todo lo que pasó era usted. Por eso estamos hoy aquí.

–Hortensia os ha mandado al sitio adecuado. El corazón
10 y las piernas ya no me responden como yo quisiera, pero la cabeza todavía me rige –su expresión era franca, se le notaba que le agradaba nuestra visita–. Es un misterio, nuestra cabeza. Cuanto más viejo me hago, mejor recuerdo los años de mi juventud. A ver, ¿qué queréis que os cuente?

15 –Me gustaría que me hablara de mi abuela Rosalía –contesté rápidamente. Era verdad que quería saber de su vida, pero también deseaba conocer otros hechos, y mucho más después de escuchar a Hortensia. Como si me adivinase el pensamiento, Sebastián respondió:

20 –Es mucho lo que te puedo contar sobre Rosalía, fui un buen amigo suyo. Pero no lo puedo hacer sin hablarte antes de mí y de otra gente con la que compartí aquellos años.

Aquello parecía una partida de tenis, estaba claro que de ese modo tardaríamos en llegar a donde me interesaba. Entonces
25 decidí ser más directa:

–La señora Hortensia nos contó que mi abuela tuvo un novio, un maestro llamado Rafael. ¿Por qué no empieza por ahí?

El hombre dudó. Quizá pensaba si valdría la pena compartir sus recuerdos con dos chicos que acababa de conocer. O tal
30 vez, pensé por un momento, desconfiaba de mí por llevar el apellido de los Soutelo.

---

2 **intrancendente** poco importante – 9 **adecuado** perfecto, correcto – 11 **regir** *aquí*: funcionar – 23 **una partida** juego – 30 **desconfiar de** ≠ confiar en

–Tu abuela era muy guapa, ya os lo he dicho antes –arrancó, por fin–. Yo la conocía desde niña, pero es mejor que vaya directamente a los años en que los dos éramos jóvenes, antes de que comenzara la guerra y nuestras vidas se echaran a
5 perder.

»Dejad que os hable también de mí, os ayudará a entender mejor lo que os voy a contar. Mi padre era abogado, en aquellos tiempos eso le confería una posición que nos convertía en una de las pocas familias respetables del pueblo. No como los
10 Soutelo, ni mucho menos; los del pazo siempre estuvieron por encima de cualquiera, ellos eran los señores desde muchas generaciones atrás. Hice el bachillerato interno en un colegio de A Coruña, aunque venía al pueblo todos los fines de semana. Después me fui a estudiar Derecho a Santiago, pues
15 mi padre quería que heredase su bufete.

»Cuando tenía dieciséis años, me hice muy amigo de Luis, el hermano de Hortensia. Luis no había podido estudiar, por aquel entonces eso sólo estaba al alcance de una minoría. De hecho, en el pueblo, los únicos universitarios fuimos tu abuelo
20 Pablo y yo. Pero Luis leía todo lo que le caía en las manos y acabó por ser un experto en muchos temas. Podíamos pasar horas hablando de política o de literatura. A Ismael lo traté a través de él: fue la persona más fascinante que conocí en mi vida. Como los hombres del Renacimiento, apasionado
25 por saber de todo. Era republicano y galleguista, él fue quien fundó la Irmandade que se creó en el pueblo en 1920. Y Luis y yo teníamos una ideología semejante. En Santiago yo había conocido a una gente extraordinaria, allí coincidió

---

1 **arrancar** *aquí*: comenzar, empezar – 4 **echarse a perder** estropearse, desmejorar, ir a peor – 8 **conferir** dar, otorgar, ofrecer – 10 **ni mucho menos** sin comparación con – 12 **el bachillerato** estudios necesarios en el instituto antes de la universidad – 14 **el Derecho** carrera de leyes (Jura) – 15 **un bufete** *oficina* (Büro) de abogados – 18 **estar al alcance de up** ser posible de tener o conseguir para up – 18 **una minoría** pocas personas, ≠ mayoría – 24 **el Renacimiento** movimiento de renovación cultural que se produjo en Europa Occidental en los siglos XV y XVI en las artes, en la literatura y las ciencias – 25 **un galleguista** partidario o seguidor del movimiento galleguista – 26 **la Irmandade** *gall* la Hermandad; asociación galleguista

una generación de pintores y poetas que querían cambiar el mundo. Aquel fue un tiempo de entusiasmo en el que todo parecía posible, no sé si lo podéis entender.

Todo lo que Sebastián nos contaba era interesante, especialmente para Miguel, que estaba oyendo hablar de dos personas que tan importantes había sido en su familia. Pero a mí me sonaba más a una lección de historia, una historia que me costaba relacionar con los pocos datos que tenía. Tendría que esperar a que el hombre se centrara en lo que me interesaba. Mi paciencia pronto se vio recompensada, pues el discurso se fue acercando a los caminos que yo deseaba recorrer.

–De lo que os quiero hablar es del verano de 1935, el último que merece ser recordado con la alegría que se asocia a esta estación. El siguiente ya fue el de la guerra, cuando la sangre y el odio se adueñaron de todo. Aquel verano fue cuando conocí a Rafael. Era unos años mayor que nosotros, entonces debía de andar por los veinticinco. Durante esos meses, Rafael se había hecho muy amigo de Luis, así que fue casi inevitable que también yo me relacionase con él.

»En realidad, por lo que supe después, con quien mantuvo una amistad más intensa fue con Ismael. A pesar de la diferencia de edad, los unían las mismas ideas políticas y la pasión por los libros. De hecho, ellos dos fueron los que trabajaron con entusiasmo para que se creara en el pueblo una agrupación del Partido Galeguista. Pero éramos pocos, ni siquiera llegábamos a quince personas. Digo éramos porque Luis y yo también nos hicimos miembros. Un puñado de

---

10 **recompensado** premiado – 16 **adueñarse de** hacerse dueño *aquí*: ocupar, dominar – 19 **inevitable** imposible de evitar – 26 **el Partido Galeguista** *gall* Partido Galleguista; grupo político fundado en 1931 de carácter nacionalista gallego y con importancia en la política de la Segunda República Española – 28 **un puñado** cantidad que cabe en una mano cerrada (→ puño)

idealistas, una isla en el medio de un mar de ignorancia. En las elecciones de febrero del 36 en Vilarelle ganó la derecha, y los del Frente Popular no conseguimos ni doscientos votos.

–¿Y todo esto qué tiene que ver con mi abuela? –pregunté,
5 impaciente.

–Tranquila, Clara, todo a su tiempo. Es que si no te cuento esto no podrás entender lo que viene ahora, cuando tu abuela Rosalía entra en escena. Tendría entonces dieciocho años, era la chica más bonita que he visto en mi vida. Lista, simpática,
10 llena de vitalidad. Que estuviéramos todos enamorados de ella era algo tan inevitable como el paso de las estaciones.

»La familia de tu abuela, supongo que ya lo sabrás, era de las más ricas del pueblo. No tenían el poder de los Soutelo, pero seguramente tenían más dinero. A su padre le llamaban el
15 Cubano, había hecho una fortuna inmensa en Cuba. ¡La casa del Cubano! Daba gusto verla, con aquellas torres que nunca se habían visto por aquí. Demolieron todo a principios de los setenta para hacer un bloque de pisos horrible, un desastre, pero esa es otra historia que ahora no viene a cuento.

20 »Tu abuelo Pablo también estaba enamorado de Rosalía. Él era el que más posibilidades tenía de ser correspondido: un Soutelo, el heredero del pazo, el único que estaba a la altura de las posesiones del Cubano. Y, ya veis, de quien se enamoró Rosalía fue de Rafael.

25 »Bien mirado, no tenía nada de extraño. Rafael era alto y guapo y tenía algo que le hacía destacar allí donde estuviese. Quizá era por su manera de hablar, o por su mirada; o, sencillamente, por la inteligencia que se le demostraba en cualquier cosa que hiciera. No sé cómo se conocieron,
30 pero cuando yo llegué aquel verano al pueblo, ya estaban enamorados. Se veían a escondidas, qué remedio, porque el

---

2 **una elección** Wahl (→ elegir) – 3 **el Frente Popular** coalición electoral creada en enero de 1936 por los principales partidos de centro-izquierda españoles – 5 **impaciente** ≠ paciente (→ impaciente) – 17 **demoler** derribar, ≠ construir (→ demolición) – 19 **venir a cuento** *loc coloq* tener relación con uc

Cubano era de la derecha más intransigente, capaz de matar a su hija si la veía salir con un hombre como Rafael.

»A mí me tocó hacer el papel de encubridor. Mi familia no tenía mucho dinero, pero sí prestigio; así que nadie veía
5 extraño que Rosalía aceptase pasear conmigo, al fin y al cabo éramos de la misma clase social. Por esa razón muchas tardes yo salía con Rosalía y con Susana, una amiga suya que también conocía el secreto. Cuando ya estábamos fuera del pueblo, se nos unía Rafael. Entonces me quedaba con Susana y dejábamos
10 que se marcharan delante ellos solos, para que hablasen de sus cosas. Algunas tardes, supongo que ya da igual que lo cuente, Rosalía me pedía que la acompañase hasta el taller de Ismael. Y allí estaban Rafael y Luis, esperándonos. Luis y yo subíamos al piso, a hablar con Ismael, mientras ellos se quedaban abajo
15 solos, era el único tiempo de intimidad del que disponían. Lo cierto es que estaban muy enamorados, hasta tenían planes de boda. Pero llegó la guerra y lo torció todo.

–¿Qué fue lo que pasó? Porque el que se casó con mi abuela al final fue mi abuelo Pablo.
20 –Tu abuelo Pablo, sí. Se casaron pocos años después de que acabara la guerra. Supongo que cuando Rosalía se cansó de esperar.

–¿Esperar qué?

–Pues alguna noticia de Rafael. Desde poco después del
25 comienzo de la guerra no volvió a saber nada de él.

Lo que Sebastián nos contó en la siguiente hora fue la crónica de como la guerra convirtió lo que era una etapa de ilusión en un tiempo de muerte y amargura. Nos habló de aquel verano de 1935, de las largas conversaciones que mantenía con Luis
30 y con Rafael, a las que en ocasiones se sumaba mi abuelo,

---

1 **intrasigente** ≠ tolerante, estricto – 3 **un encubridor** up que oculta una información a
up (→ encubrimiento) – 15 **disponer** *aquí*: tener – 17 **una boda** Hochzeit – 21 **cansarse de**
estar cansado, aburrirse, estar harto – 28 **la amargura** sentimiento de pena, tristeza (→
amargo) – 30 **sumarse a uc** unirse, incorporarse

que entonces todavía mantenía unas ideas abiertas que luego abandonaría. Rememoró la sublevación de julio del treinta y seis, que, para su sorpresa, también había llegado como un viento terrible a Vilarelle. Nos explicó cómo mi abuelo, que
5 acabó por simpatizar con los sublevados, se había portado muy bien con los tres. Los falangistas –otra vez volvió a aparecer el nombre de Héctor, el hermano de mi abuela– emprendieron pronto la caza de todo aquel que simpatizara con la República. Mi abuelo Pablo había conseguido salvar la vida de Ismael y
10 Sebastián. Los dos habían estado durante años de cárcel en cárcel, pero al menos se libraron de aparecer asesinados en una cuneta. También nos habló de la huida de Luis, que se había echado al monte y había acabado pasándose a la zona republicana. Todo lo que nos contaba eran retazos de vida,
15 piezas que completaban lo que la señora Hortensia nos había relatado días atrás.

–¿Y Rafael? ¿Qué fue de Rafael? –pregunté, inquieta por la ausencia de su nombre en aquella crónica.

–A Rafael le tenían muchas ganas los falangistas, pero
20 cuando vinieron a buscarlo no lo encontraron. Acabaron pensando que se había marchado, siguiendo los pasos de Luis, pero no fue así –Sebastián paró de hablar y nos miró fijamente a Miguel y a mí, como si adivinara la sensación que nos iban a causar las siguientes palabras–. En realidad, Rafael estaba
25 escondido en el pazo, fue el propio Pablo quien le ofreció ocultarse allí. Era el refugio perfecto, el único lugar donde a los falangistas ni se les ocurriría mirar. Debió de estar allí dos o tres semanas. Luego se marchó, con la intención de embarcar en Oporto para Buenos Aires.

---

2 **rememorar** recordar, devolver a la memoria – 2 **una sublevación** rebelión, lucha contra la autoridad (→ sublevado) – 8 **una caza** Jagd – 12 **una huida** acción de huir – 13 **echarse al monte** huir, escapar al monte – 14 **un retazo** fragmento, parte incompleta de uc – 19 **tenerle ganas a up** loc coloq odiar a up, no quererle bien – 26 **un refugio** escondite, lugar para no ser encontrado – 29 **Oporto** ciudad portuguesa del norte del país

–Pero mi abuela nos dijo que nunca más se supo de él –intervino Miguel.

–Es cierto, no volví a tener noticias suyas. Tal vez ni siquiera llegó a Oporto: el viaje a través de las montañas no era nada
5 fácil; hubo muchos muertos anónimos aquellos meses.

–¿Y usted cómo sabe todo esto? –pregunté.

–Porque fue la propia Rosalía quien me lo contó. Cuando salí de la cárcel, meses después de finalizada la guerra, volví a esta casa, con mi familia. Rosalía vino a visitarme, quería saber si
10 algún preso había tenido noticias de Rafael. Y desde entonces nos seguimos viendo, siempre habíamos sido buenos amigos. Por aquellos días fue cuando me explicó todo lo ocurrido y su desesperación al no saber de Rafael. Y también lo agradecida que le estaba a Pablo por salvarle la vida.

15 –¿Y cómo se acabó casando con don Pablo? –preguntó Miguel. Sus palabras me hicieron sentir incómoda, me resultaba extraño escuchar el tratamiento de respeto que siempre llevaban los del pazo.

–Al finalizar la guerra, Pablo se convirtió en una personalidad
20 importante. Le nombraron alcalde del pueblo y, más tarde, presidente de la Diputación. En esos años acumuló muchísimo poder; hacía y deshacía a su antojo.

»Fue en 1943 cuando se casó con Rosalía. En aquellos años trató de ganarse su cariño por todos los medios. Y Rosalía
25 acabó por convencerse de que Rafael nunca volvería. Pablo podía tener muchos defectos, pero todavía no era un mal hombre; por lo menos no tenía las manos manchadas de sangre, en aquel tiempo eso ya era mucho. Con los años acabó corrompiéndose, preocupado sólo por acumular más y más
30 riqueza.

---

10 **un preso** up que está en la cárcel – 13 **agradecido** → agradecer – 19 **una personalidad** *aquí*: up importante – 20 **nombrar** *aquí*: dar un título, un puesto – 21 **acumular** juntar, reunir (→ acumulación) – 22 **hacer y deshacer al antojo de up** hacer lo que se quiere – 22 **un antojo** deseo – 29 **corromperse** up dejarse *sobornar* (bestechen), venderse

Miguel hizo algunas preguntas más relacionadas con Luis, y también con Ismael, con quien Sebastián había compartido cárcel durante un tiempo. Supongo que, como yo, estaba viviendo la paradoja de tener que conocer anécdotas
5 importantes de su familia a través de una persona ajena, si es que se podía considerar ajeno a aquel hombre que había tenido tantos lazos de amistad con personas que para nosotros sólo estaban vivas en la memoria.

Recuerdo que aquella tarde salimos desconcertados de la
10 casa de Sebastián. Sabíamos muchos más detalles de historias que de alguna manera nos afectaban, sí, pero era cada vez más evidente que nada tenían que ver con el desconocido cuyos restos habían vuelto a ver la luz por un raro azar. Tal vez el anillo no era más que una falsa pista que, como tantas veces
15 ocurre, acabaría por no conducirnos a ninguna parte.

12

Carlos, el único Soutelo que entiende a Clara
la interdicción de encontrar a Miguel

Julio acabó y los primeros días de agosto pasaron sin que
ocurriera nada digno de mención, si he de fiarme de las
notas de mi diario. Continuaban las obras del pazo y, una
vez terminado el trabajo en el interior del edificio, le tocó el
5 turno al muro que rodeaba la finca. Dos o tres mañanas me vi
obligada a abandonar el mirador y a instalarme en otro sitio, ya
que la presencia de los obreros rompía el silencio y la soledad
que buscaba. Era curioso pensar que si hubieran arreglado el
muro algunas semanas antes nunca habría conocido a Miguel.
10 El azar que nos dirige, pienso ahora, aquella vez había decidido
ponerse de mi lado.

Me seguía viendo con Miguel tres o cuatro tardes a la
semana. Otros días resultaba imposible porque me veía forzada
a acompañar a mi prima Loreto a las fiestas organizadas por
15 el grupo de los veraneantes, que para mí se convertían en un
suplicio. Las chicas eran todas del estilo de Loreto o de Teté,
como si fueran clónicas, sin preocupaciones más profundas
que sus ligues o el modelito que se tenían que poner en cada
ocasión. Y los chicos me parecían superficiales y presumidos,
20 como cortados por un mismo patrón. Me daba cuenta de que,
desde fuera, no desentonaba nada en aquel grupo; pero en mi
interior, y más después de todas las conversaciones que había
mantenido con Miguel, sentía que no tenía nada en común
con unas personas que consideraban a los habitantes del
25 pueblo como si fueran figurantes de un parque temático.

Por todo esto, las salidas con Miguel se convertían en los
únicos momentos luminosos del verano. La confianza entre

---

2 **uc digno de mención** importante – 2 **he de** tengo que – 13 **forzado** obligado – 16 **un
suplicio** tortura (Qual) – 17 **una preocupación** intranquilidad o miedo que produce uc (→
preocuparse) – 18 **un ligue** *coloq* relación sentimental – 18 **un modelito** *iron* un modelo
de ropa – 19 **presumido** → presumir – 20 **cortado por el mismo patrón** uc igual a otro –
21 **desentonar** diferenciarse, contrastar con su entorno por no estar en armonía con
él – 25 **un figurante** up que en una obra de teatro aparece pero no habla – 25 **un parque
temático** lugar para divertirse con un tema principal

nosotros crecía cuanto más nos conocíamos, y también la atracción física, aunque en mi diario la disfrazase con confesiones cargadas de sentimentalismo adolescente. El asunto del esqueleto seguía presente en nuestras charlas,
5 así como los interrogantes que nos suscitaban las historias que habíamos conocido a través de las conversaciones con Hortensia y Sebastián. Pero tampoco teníamos ningún dato nuevo que nos ayudara a salir del punto muerto en el que nos encontrábamos.

10 Mis padres seguían tan distanciados de mí como siempre. Como papá estaba permanentemente en el pazo, ya que había comenzado sus vacaciones a principios de agosto, era raro el día en que no teníamos invitados a comer o a cenar. A mí me solían dejar a mi aire y, excepto las aburridas fiestas a las que
15 debía asistir de vez en cuando, como ya he dicho, y la obligada presencia en la sagrada hora de la comida, podía hacer lo que quisiera durante el resto el día.

Mi tío Carlos era la única persona del pazo con la que mantenía una relación de complicidad. Algunas noches venía
20 a visitarme a mi cuarto, aunque la mayoría de los días solía ir yo al suyo. Siempre lo encontraba escribiendo en su ordenador portátil, que en aquellos años no eran tan corrientes como lo son en la actualidad. El que él usaba lo había traído de uno de sus viajes a Nueva York, un hecho que a mis ojos agrandaba aún
25 más la fascinación que sentía por mi tío. Nunca me habló de lo que escribía, nunca sospeché que llevaba años elaborando una lúcida crónica de sus días; un espejo nada complaciente de su vida que, ahora lo sé, también me reflejaba a mí.

Las conversaciones con mi tío acabaron por convertirse
30 en imprescindibles. Supongo que él, quizá sin pretenderlo,

---

2 **disfrazar** *aquí*: hacer que uc parezca distinta de como es en realidad – 5 **un interrogante** pregunta uc sin responder – 5 **suscitar** causar, producir, provocar – 8 *estar en* **un punto muerto** no moverse en ninguna dirección – 14 **a mi aire** libre – 15 **asistir** ir, acudir – 15 **de vez en cuando** a veces (ab und zu) – 16 **sagrado** heilig – 22 **corriente** normal, habitual – 24 **agrandar** aumentar, hacer más grande – 27 **lúcido** inteligente, claro en el pensamiento – 27 **un espejo** objeto en el que up puede verse a sí misma – 27 **complaciente** que dice o hace lo que quieren los otros (→ placer)

ejercía conmigo el papel de padre, o de ese amigo mayor que toda persona debería encontrar en la juventud, aunque sólo fuera para ayudarle a ir descubriendo la complejidad de la vida. Yo le hablaba de Miguel, claro, y de la amistad tan grande
5 que había surgido entre nosotros en tan pocas semanas. Sin embargo, el día que mostró mayor interés fue cuando le relaté la conversación que habíamos mantenido con Sebastián, pues –y son palabras suyas– le desvelaba facetas de sus padres que ni siquiera había llegado nunca a imaginar.

10 La tranquilidad de aquellos días se rompió el 8 de agosto. En las páginas que aquella noche escribí en el diario todavía permanecen las huellas de las lágrimas que me caían mientras intentaba plasmar lo sucedido, tal era la rabia y el disgusto que sentí. Podría contarlo mejor desde la perspectiva que otorga la
15 distancia, incluso adornarlo ahora con un toque irónico que lo desdramatizara, pero quizá baste con transcribir algunas de las líneas de la larga crónica que me sirvió de desahogo:

¡Qué día tan horrible! ¡Sólo tengo ganas de encerrarme aquí en la habitación y llorar hasta que ya no me queden lágrimas!
20 Odio a papá, le odio más que nunca, lo que me ha hecho no se lo voy a perdonar jamás, no comprendo cómo puede comportarse así conmigo. No me entiende ni me escucha, nunca me ha entendido. Y también odio a mamá, por cobarde, no dijo ni una sola palabra para defenderme, aunque tenía
25 que darse cuenta de que papá estaba siendo injusto. Y además, con Loreto y con Alfredo delante, esos dos imbéciles que ya se podían ir a su casa; seguro que ha sido alguno de ellos el que le fue a papá con el cuento. Loreto, seguro, que estuvo con la sonrisa de inocente todo el tiempo, como si nada fuera con

---

1 **ejercer** practicar una profesión o una función – 5 **surgir** aparecer, manifestarse –
13 **plasmar** expresar (versinnbildlichen) – 13 **un disgusto** tristeza, pena – 15 **adornar**
decorar – 15 **un toque** *fig* ein Hauch – 16 **desdramatizar** quitar importancia a un suceso –
17 **un desahogo** liberación, alivio – 23 **cobarde** miedoso, sin valor (feige) – 29 **inocente**
sin culpa, ≠ culpable

ella. O Alfredo, ese asqueroso, que siempre me está espiando con ojos babosos, y al que le he prohibido entrar en mi cuarto después de pillarlo revolviendo en el cajón de mi ropa interior.

Estábamos cenando tan tranquilos, y va papá y me pregunta delante de todos si era verdad que estaba saliendo con Miguel. Él no lo llamó así, no debe conocer su nombre, lo que dijo fue «el mecánico ese». Porque sabía cosas de él, sabía que trabaja en un taller de coches, alguien se lo ha tenido que contar.

La pregunta me pilló por sorpresa y le contesté que sí. Pude haberlo negado todo, debí ser más hipócrita. Y entonces papá se puso como una fiera; nunca lo había visto tan enfadado. Golpeó la mesa con el puño y los vasos cayeron al suelo. Todos nos asustamos mucho. Y la escena era por mi culpa, toda su rabia era porque salía con Miguel. «Eres una Soutelo –me dijo– ,no puedes andar por ahí con un muerto de hambre. Como me entere yo de que lo vuelves a ver, te encierro en tu cuarto y no sales en todo el verano. ¡Estás avisada!».

Y lo peor fue que todos se quedaron callados y con la cabeza agachada, mientras él gritaba. Todos no, el tío Carlos fue el único que le levantó la voz a papá y lo obligó a callar. Es la única persona de la familia que me entiende, no sé qué haría si él no estuviera aquí.

Todavía hoy, si cierro los ojos, vienen a mi memoria las imágenes de aquella noche: la cara congestionada de papá, el silencio cómplice de mi madre, la satisfacción hipócrita de mis primos, mi lucha inútil por reprimir las lágrimas delante de todos. Y también la defensa de Carlos, que se levantó de la mesa para acompañarme a mi cuarto, donde por fin pude llorar y echar fuera toda la amargura que sentía.

---

1 **asqueroso** que da asco (ekelhaft) – 2 **baboso** asqueroso, que mira con deseo sexual – 7 **ese** *aquí (nachgestellt): despect* hombre, persona – 10 **un/una hipócrita** up que dice o actúa en contra de lo que piensa – 11 **ponerse como una fiera** *loc* enfadarse mucho – 12 **un puño** mano cerrada – 12 **un vaso** objeto que sirve para beber – 15 *ser* **un muerto de hambre** *loc despect* ser up con pocos recursos – 19 **agachado** hacia abajo (→ agacharse) – 24 **congestionado** *aquí*: rojo por el enfado – 29 **echar fuera** sacar de un lugar

A eso de las doce llamaron a la puerta. No quería ver a nadie, y menos a mi madre o a mi padre, pero me tranquilizó escuchar la voz de Carlos: era la única persona de la casa con la que me apetecía hablar. Cuando entró, vi que traía una
5 bandeja con fruta y algunos yogures.

–Llora cuanto quieras, pero tienes que comer algo –me dijo en cuanto consiguió que me calmara y me sentara a su lado–. Y tranquila, que el mundo no se acaba aquí. Comparada con las peleas que tuve yo con mi padre, la de esta noche es muy
10 poquita cosa.

Como seguía sollozando sin poder evitarlo, mi tío me pasó el brazo por los hombros y me abrazó, al mismo tiempo que me acariciaba la cabeza. Al cabo de un rato, me preguntó:

–¿Le quieres?

15 –¿A quién? –respondí, aunque sabía de sobra a quien se refería.

–¿A quién va a ser? A ese Miguel del que tan amiga te has hecho. Creí que era de él de quien querrías hablar.

–No lo sé, no sé si puedo decir que le quiero. Pero es el
20 primer chico con el que puedo hablar con toda confianza, cuando estoy con él no tengo que guardarme nada para mí –contesté, algo más animada por las palabras de Carlos–. Y sí, también me gusta. O también me atrae, si es eso lo que me preguntas.

25 –Yo no pregunto nada. Sólo quiero saber si realmente deseas que te ayude.

–¿Ayudarme a qué?

–Pues a seguir viendo a Miguel, ¿a qué va a ser?

Levanté la cabeza y lo miré. Mi tío tenía una expresión pícara
30 en la cara, incluso parecía que encontraba divertida la pena que yo sentía. Entonces fue cuando me explicó lo que había pensado:

---

9 **una pelea** *aquí*: conversación donde hay opiniones opuestas (Streit) – 11 **sollozar** respirar profunda y entrecortadamente cuando se llora – 21 **guardarse uc para sí** ocultar o esconder uc para uno mismo – 22 **animado** motivado (→ animar) – 29 **pícaro** malicioso, sin pudor (schelmisch)

–¿Recuerdas la historia que me contaste de mi madre y de Rafael, ese maestro del que estaba enamorada? Pues igual que sus amigos los ayudaron a verse en secreto, así te voy a ayudar yo a ti. Con que deja de llorar y escúchame bien.

5   El plan de mi tío era tan perfecto como sencillo. A partir de aquel día, Carlos se iba a convertir en mi acompañante inseparable, por lo menos en apariencia. Mis padres lo considerarían algo natural, sabían lo bien que nos llevábamos. Y, además, así tendrían la garantía de que yo cortaría con esa
10 relación «inconveniente» que tanto les disgustaba. Lo que no sabían era que, en realidad, Carlos iba a convertirse en chófer y encubridor de mis encuentros con Miguel.

Lo pusimos en práctica por primera vez dos días después. Carlos habló por teléfono con Miguel y le transmitió el recado
15 que le di. Y por la tarde también fue él quien me acercó en su coche hasta el camino que llevaba a la Pena do Encanto, el lugar del río donde me esperaba mi amigo.

–Recuerda que oficialmente vamos a ver el monasterio de Monfero –me dijo cuando me bajé del coche. Era lo que había
20 explicado él en la comida, ante una familia que parecía aceptar como una buena solución que Carlos me amparase–. Son las cinco de la tarde, a las nueve deberíamos estar de vuelta en el pazo. Así que te quiero ver aquí a las ocho y media. Mientras, yo voy a ocuparme de otros asuntos.

25 Mi tío se marchó y yo eché a correr camino abajo hasta la Pena do Encanto. Allí estaba Miguel, esperándome. Lo primero que hice fue abrazarlo, abrazarlo con intensidad, tenía muchas ganas de sentir su cuerpo y de volver a saborear sus besos. Después, sentados contra la roca, le conté todo lo que había
30 ocurrido, desde la discusión con mi padre hasta la ayuda cómplice de Carlos.

---

6 **un acompañante** up que va al lado de otro (→ acompañar) – 10 **inconveniente** ≠ adecuado, incorrecto (↔ conviene) – 10 **disgustar** ≠ gustar; molestar, enfadar (→ disgusto) – 18 **el monasterio de Monfero** monasterio del s. X situado en la provincia de La Coruña – 21 **amparar** cuidar, vigilar, proteger – 25 **echar a** ponerse a, empezar a – 28 **saborear** disfrutar del sabor de uc

–En el fondo, no le falta razón a tu padre –me dijo, después de escucharme en silencio–. ¿Qué hago yo, un chico que trabaja en un taller de coches, saliendo con una chica de los Soutelo? El mundo al revés, un pueblerino relacionándose con 5 la hija del señor del pazo. Supongo que en esto también tiene razón mi madre.

–¿Qué quieres decir?

–Pues que a mi madre también le extraña que salgamos juntos. Aunque sé que solo me lo dice por el miedo que tiene.

10 –¿Miedo a qué?

–Pues miedo a que yo sufra, supongo, cuando acabe el verano y tú te marches de aquí. Miedo a que me haga unas ilusiones que no me debería hacer.

–¿Y tú? ¿Tú también tienes miedo? –le pregunté, 15 desconcertada por sus palabras. Miguel me miró con ojos serios y contestó:

–Sabes que siempre he odiado a los veraneantes, no lo puedo evitar. Venís aquí durante dos meses y nos pasáis por delante de la cara vuestra buena vida, vuestros coches, vuestra ropa… 20 Siempre os he odiado, esa es la verdad, quizá porque tenéis todo lo que yo no puedo tener: el día entero para leer y pasear, la universidad asegurada, un futuro sin problemas. Las cosas para mí nunca podrán ser así.

Se me puso un nudo en la garganta y las lágrimas 25 humedecieron mis ojos. Aunque hablaba con voz serena, las palabras de Miguel aparecían teñidas con la rabia que debía de sentir por dentro.

–¿También me odias a mí? –le pregunté, por fin.

Entonces su mirada cambió. Me estrechó contra sí y me 30 acarició la cara con la mayor delicadeza:

---

4 *el mundo* **al revés** *loc* sin sentido, loco, contrario a lo que tendría que ser – 4 **un pueblerino** *despect* up de pueblo con poca cultura – 11 **sufrir** leiden – 18 **pasar por delante de la cara** *loc* presumir, hacer desear uc a up – 24 **ponerse un nudo en la garganta a up** *loc* mir schnürt sich die Kehle zu – 25 **humedecerse** *los ojos* caer lágrimas, llorar – 25 **sereno** tranquilo – 29 **estrechar a up** abrazar – 30 **la delicadeza** suavidad (→ delicado)

–¿Cómo te voy a odiar? Hace poco que te conozco y ya eres la mejor amiga que nunca he tenido. Me duele pensar que algún día tendré que apartarme de ti, no quiero ni pensarlo. Además, tú no eres como ellos. Si lo fueras, no estarías ahora aquí.

5 Recuerdo que hablamos mucho más y que nos prometimos amistad eterna. Recuerdo que nos besamos una y otra vez, felices de estar allí juntos, aislados en aquel espacio secreto que nos protegía del mundo. Y recuerdo también que el tiempo pasó muy rápido, como suele suceder en los momentos felices.
10

A las ocho y media subimos de vuelta por el camino que llevaba a la carretera. Mi tío no tardó en aparecer. Cuando detuvo el coche, le presenté a Miguel. Mi amigo estaba algo cortado, pero la simpatía de Carlos pronto hizo que se sintiera
15 más cómodo.

–¿Todo bien? –me preguntó mi tío cuando, ya los dos en el coche, dejábamos atrás a Miguel, que volvía al pueblo en bicicleta.

–¡Maravilloso, tío! –no hacía falta que se lo dijera, supongo
20 que se notaba en la expresión de felicidad de mi cara–. Estoy en deuda contigo, ya lo sabes.

–Pues te quiero ver hoy en mi cuarto, después de la cena. Tengo mucho que contarte.

–¿Sí? –pregunté, repentinamente intrigada.

25 –Tampoco yo he ido hoy al monasterio de Monfero, como ya te habrás imaginado. En realidad, he ido a Betanzos, donde vive la médica forense que lleva el caso del esqueleto que apareció en el pazo. Seguro que te van a interesar mucho las cosas que me ha contado.

---

14 **cortado** *coloq* que siente vergüenza (→ cortarse) – 20 **la felicidad** satisfacción, alegría, contento – 21 **estar en deuda con up** deber a up un favor

13

Durante la cena, mi tío relató una crónica muy convincente de nuestra visita a Monfero, demorándose en anécdotas que hasta a mí me sorprendieron, de lo creíbles que resultaban. Terminó lamentándose del estado de deterioro en que se
5 encontraba el monasterio, con varias zonas arruinadas e invadidas por las zarzas. Más tarde, cuando mis padres se acomodaron en el salón que da a los soportales para tomar allí el café, yo subí a la habitación de Carlos en cuanto pude. Mi tío siempre tuvo un aire de teatrero y aquella noche, sólo
10 por el tono de su voz, se notaba que tenía algo importante que decirme.

Comenzó contándome que había tenido una nueva conversación con mi padre hacía unos días, pues deseaba saber cómo iban las investigaciones sobre el cadáver que había
15 aparecido en el almacén. Al contrario de lo que nos movía a Miguel y a mí, preocupados por conocer la identidad de la persona a la que pertenecía el esqueleto, a Carlos le interesaba mucho más otra cuestión: saber quién había empuñado la pistola de la que habían salido las dos balas que le causaron la
20 muerte.

Se había encontrado con que mi padre le respondía únicamente con evasivas, tal como había hecho otras veces. Que aquellas eran historias del pasado, que ya había prescrito todo, que el juez ya le había adelantado su intención de
25 archivar el asunto y no molestarlos más. Y que aunque no tenía ninguno de los informes oficiales, excepto el borrador que había hecho la forense el día del levantamiento del cadáver, suponía que le darían una copia cuando acabaran con todos los trámites.

---

1 **convincente** que convence (überzeugend) – 3 **creíble** que se puede creer, convincente –
4 **un deterioro** mal estado de uc – 5 **arruinado** *aquí*: en ruinas, destruido – 6 **invadido**
lleno (→ invadir) – 6 **una zarza** malas hierbas (Dornbusch) – 7 **acomodarse** *aquí*: sentarse,
ponerse cómodo – 18 **empuñar** sujetar con la mano *aquí*: disparar (→ puño) – 22 **una
evasiva** excusa, pretexto

–Conozco muy bien a tu padre, fueron muchos años viviendo con él, así que pronto me di cuenta de que me mentía. O de que me ocultaba algo, para ser exactos. Él mismo me lo confirmó sin querer al referirse a esos informes oficiales, como
5 luego te explicaré. Entonces comprendí que, si quería saber algo más, tendría que moverme por mi cuenta.

–Pues no entiendo por qué te iba a querer ocultar nada –comenté–. ¿Qué más le da a mi padre?

–Yo tengo algunas respuestas para esa pregunta, pero todavía
10 no estoy seguro, así que es mejor dejarla aparcada durante un tiempo –respondió Carlos.

–Pero ahora sabes algo nuevo, ¿no es así?

–Tengo más información, he tenido suerte. Con el juez no podía intentar nada, tu padre debe tenerlo muy tocado y
15 enseguida le comunicaría mi interés –se me acercó algo más para añadir–: Pero la vida está llena de sorpresas. Resulta que la forense, Ana Riveiro, es una vieja conocida mía. Fue una de mis mejores amigas en Santiago, la única persona del partido que estaba al tanto de mi homosexualidad.

20 –¿Del partido? ¿De qué partido hablas? –lo interrumpí.

–En aquel tiempo yo militaba en el PSG, pero esas historias ya te las contaré otro día. El caso es que Ana y yo, además de la militancia política, compartíamos otros muchos intereses. No había cineclub ni exposición donde no estuviéramos los
25 dos, muchos compañeros incluso creían que había algo entre nosotros. Nunca nos preocupamos de deshacer ese equívoco; al revés, nos gustaba fomentarlo. Más tarde, cuando me fui a Barcelona, le perdí la pista. Y ahora me encuentro con que está casada, vive en Betanzos y es la médica forense de este caso.
30 ¡Casualidades de la vida!

---

6 **por mi cuenta** por iniciativa propia, independientemente de los demás – 10 **aparcado** *aquí*: a un lado, sin tocar – 14 **tocado** *aquí*: que se influye mucho sobre up (→ tocar) – 21 **PSG** Partido Socialista Gallego – 23 **una militancia política** pertenencia a determinada ideología, grupo o partido político – 24 **un cineclub** lugar donde se proyectaban y comentaban películas – 26 **un equívoco** error, confusión, equivocación (→ equivocarse) – 27 **fomentar uc** impulsar, favorecer, estimular – 28 **perder la pista a up** no saber más de up

–Y has ido a hablar con ella –avancé yo.

–Hoy he ido por segunda vez, la primera fue la semana pasada. Aquel día me entregó una copia de su informe definitivo, pero yo le pedí que me consiguiera también copia
5 de los otros documentos del caso. Esos son los que me ha entregado hoy.

Callé, desconcertada. Si existían esos informes, seguro que mi padre también los tenía. ¿Por qué razón los ocultaba? Decidí esperar a que mi tío me fuera descubriendo las informaciones
10 que poseía. Pero antes me esperaban nuevas sorpresas.

–También había quedado en llevarle hoy la pistola de mi padre. Pero me fue imposible, porque no he logrado encontrarla.

–¿El abuelo tenía una pistola? –pregunté, extrañada.
15 –Sí, la tenía. De ella te hablaré más tarde, porque voy a necesitar tu ayuda. Pero antes déjame que te cuente las cosas con un poco de orden.

Mi tío cogió una carpeta que tenía sobre la mesa y la abrió. Sacó de ella unos papeles y, con ellos en la mano, continuó:
20 –Aquí tengo una copia de toda la documentación del caso: las actas de levantamiento del cadáver, los dos informes de la forense y las declaraciones que les tomó el juez a las personas que consideró oportuno, incluidas las de tu padre. –Me miró fijamente y añadió–: No hará falta que te diga que todo esto
25 es confidencial, por nada del mundo querría meter a Ana en un apuro. No se lo puedes contar ni siquiera a Miguel, esto tiene que quedar entre tú y yo. Secretos de familia, como en las novelas.

–Soy una tumba, tío –respondí. En mi interior, no obstante,
30 no estaba en absoluto segura de aguantar sin contárselo a Miguel–. ¿Qué dicen los documentos?

---

1 **avanzar uc** adelantarse a una información – 11 **quedar en uc** ponerse de acuerdo (vereinbaren) – 12 **lograr** conseguir – 18 **una carpeta** objeto para guardar papeles (Mappe) – 21 **un acta** *ms* escrito de un suceso – 23 **oportuno** adecuado, que se hace o sucede en el momento perfecto – 23 **incluido** dentro, además también – 26 **un apuro** problema, situación difícil – 29 **ser una tumba** *loc* no hablar, guardar el secreto

–En el acta del levantamiento del cadáver creo que no hay nada que tú no sepas, para eso estabas presente. Aunque quizá alguna cosa sí que se te haya escapado; tal vez estabas demasiado obsesionada con el anillo que acababas de
5 encontrar. Entre los restos de la alfombra había también cuatro monedas del tiempo de la República. Así que ya sabemos seguro que el asesinato no fue antes de 1931. Y tampoco después de 1937, porque en ese año empezó a circular la moneda que acuñaron los nacionales. Lo que no había era
10 documentos personales. O se pudrió todo o alguien le vació los bolsillos antes de emparedarlo.

–¿Y en el informe de la forense no se dice nada de la fecha de la muerte?

–Es un informe muy minucioso, incluso desagradable, pero
15 de eso poco dice. Ana me explicó que no pudo precisar la fecha con exactitud. Aunque, para ella, lo de las monedas es muy concluyente.

»Sin embargo contiene muchos detalles sobre otros aspectos. Un hombre de entre veinte y treinta años, alto, sobre un metro
20 y setenta y cinco centímetros, sin ningún rasgo físico digno de señalar. Asesinado, sin duda: cualquiera de las dos balas le pudo haber causado la muerte. Una le entró por la parte posterior de la sien derecha –ese disparo se lo debieron de hacer desde atrás–; la otra posiblemente le atravesó el corazón,
25 hay huellas del impacto en dos costillas.

Se quedó callado, aunque era evidente que todavía no lo había dicho todo. Mientras, yo trataba de relacionar toda aquella información con la que ya poseía de antes.

–Los datos que das podrían encajar con lo que sabemos de
30 Rafael, el maestro –aventuré, por fin–. Y después está el anillo que encontré con la letra R. ¿Crees que podría ser suyo?

---

3 **escapar** *aquí*: no darse cuenta, olvidadarse de uc – 6 **una moneda** dinero de metal –
8 **circular** *aquí*: usarse, utilizarse – 9 **acuñar** fabricar y poner en circulación – 15 **precisar**
decir con detalle (→ preciso) – 17 **concluyente** determinante, decisivo (→ concluir) –
20 **un rasgo físico** características del cuerpo *p ej* altura, cara

–No lo veo tan claro, en realidad no hay nada que nos permita afirmarlo –respondió Carlos–. ¿Por qué él y no otro? Para saberlo con certeza, habría que hacerle la prueba del ADN.

5 Yo nunca había oído hablar de esa prueba, entonces aún era rara y costosa, tardaría años en hacerse tan habitual como lo es hoy. Mi tío me explicó en qué consistía, y seguidamente añadió:

–Para hacerla habría que buscar a algún familiar de ese tal
10 Rafael. Y no sabemos nada de él, sólo lo que esas dos personas os contaron. Pero ya te dije que, más que la identidad del muerto, a mí lo que de verdad me interesa es saber quién empuñó la pistola que lo asesinó.

–¿Y cómo sabes que fue con una pistola?
15 –La primera vez que fui a ver a Ana, me comentó lo que se deducía del análisis de las balas. Tenía en su poder el informe que había enviado el Servicio de Balística de A Coruña: las balas fueron disparadas por una Browning automática de calibre 6,35. Y, como quizá ya sabes aunque sólo sea de verlo
20 en las películas, se puede identificar la pistola concreta que las disparó, pues cada arma deja unas estrías específicas al salir la bala del cañón.

–¿Y qué? Supongo que habría docenas de pistolas como esa.

–Seguro, era un modelo muy común en aquella época. Pero
25 lo que no sabes es que mi padre tenía una. Cuando éramos niños a veces nos la enseñaba, a pesar del enfado de mi madre, que no podía soportar las armas. Recuerdo bien que nos fascinaba a todos: pequeña y ligera, de color gris oscuro metalizado, con la culata de nácar. Cierro los ojos y aún puedo
30 verla como si la tuviera delante.

---

6 **costoso** caro, ≠ barato – 7 **consistir en** tratarse de, basarse, funcionar – 9 **un familiar** miembro de la familia – 17 **el Servicio de Balística** departamento de la policía que investiga cómo y con qué se ha disparado – 18 **una** *pistola* **Browning** pistola belga de esta marca llamada P35 o la reina de los 9mm – 21 **un arma** *fs* Waffe – 21 **una estría** marca sobre una superficie (Strieme) – 22 **un cañón** *de la pistola* parte por donde sale la bala (Gewehrlauf) – 23 **una docena** grupo de doce *aquí*: mucho de uc – 28 **ligero** que no *pesa* (wiegt) mucho, ≠ pesado – 29 **una culata** parte posterior donde se sujeta un arma – 29 **el nácar** Perlmutt

–¿Así que tú piensas que esa pudo ser la pistola de la que salieron las balas?

–Desde luego que lo creo. Quizá ahora empieces a entender por qué me interesa tanto saber quién la disparó.

5 –Pues entonces no tienes más que llevarle la pistola a la forense, para que la mande a analizar.

–Eso mismo he pensado yo –respondió mi tío–. La pistola de papá siempre ha estado en la vitrina de su despacho, junto a las condecoraciones y las placas que recibió. Pero ahora allí no

10 hay ningún arma. Le he preguntado a tu padre por ella y me ha contestado que hacía años que no la veía, que quizá mamá se había deshecho de la pistola tras la muerte de papá. Pero es mentira, yo la he visto allí mucho tiempo después. Además, ya te he dicho que conozco a Víctor demasiado bien, se le notaba

15 que me estaba mintiendo.

–¿Y por qué te iba a mentir? La verdad, no sé adónde quieres ir a parar.

–Yo tampoco lo sé, aunque tengo mi teoría. Por ejemplo, estoy convencido de que fue tu padre quien hizo desaparecer

20 la pistola. ¿Sabes que en la declaración ante el juez aseguró que en el pazo nunca había habido armas cortas, únicamente escopetas de caza? ¿A qué viene una mentira así en un documento oficial?

–Suponiendo que tengas razón, ¿qué habrá sido de la pistola?

25 –pregunté.

–No lo sé, pero sospecho dónde puede estar. Para comprobar si estoy en lo cierto, necesito tu ayuda.

–¿Ayudarte yo? ¡No sé de qué manera!

–Pues yo sí, atiéndeme bien. Creo que tiene que estar

30 guardada en el dormitorio de tus padres. Ayer y hoy me he

8 **un despacho** oficina, habitación de trabajo – 9 **una condecoración** honor o premio, *p ej* una cruz, dado por haber hecho uc buena – 9 **una placa** *conmemorativa* objeto de metal grabado dado como premio u honor – 12 **deshacerse de uc** *loc* tirar uc, librarse de uc – 17 **ir a parar a** *loc* hacia donde se dirige, llegar – 21 **un arma corta** arma pequeña, *p ej* pistola, revolver… – 22 **una escopeta** arma de mayor tamaño para *cazar* (jagen) (Gewehr) – 28 **de qué manera** cómo – 29 **atender** *aquí*: escuchar con atención

dedicado a buscarla por otras habitaciones del pazo, incluso he mirado detrás de todos los libros de la biblioteca, pero sin éxito.

Me asombraba descubrir lo que Carlos me contaba, era
5 como si una historia secreta se estuviese desarrollando ante mí sin que me diera cuenta de nada. ¿Así que mi tío llevaba varios días investigando por su cuenta? Pues debía de hacerlo como el detective más hábil, porque nadie lo había notado.

–En su dormitorio no puedo entrar, si alguien me viera no
10 sabría cómo explicarlo –añadió–. Y tú, en cambio, tienes una disculpa fácil, bastaría con que dijeses que vas a por cualquier cosa de tu madre.

A Carlos no le podía negar nada, aunque no acabara de entender muy bien sus intenciones. Y así fue como me vi
15 metida en una intriga que, si me descubrían, podía hacer que empeorasen todavía más las tensas relaciones que mantenía con mi padre.

---

4 **asombrar uc** producir o causar asombro, parecer extraño o raro – 8 **hábil** con habilidad mañoso, inteligente – 15 **metido** *aquí*: dentro de uc (→ meter) – 16 **empeorar** ≠ mejorar

El escondite del arma

14

La primera oportunidad de entrar en el dormitorio de mis padres sin que nadie me viera se me presentó una tarde, dos días después de la conversación con Carlos. Papá y mamá habían ido a una fiesta que organizaban unos amigos suyos
5 en Pontedeume y no volverían hasta muy tarde. Los gemelos y Alfredo se habían marchado con mi tío a pasar la tarde en A Coruña, donde pensaban asistir al estreno de la última película de Indiana Jones. Y mi prima Loreto salía con su nuevo novio, ya que por fin había conseguido despertar el interés del
10 chico que perseguía desde el principio del verano. Y Celsa y Brais, aunque no habían salido del pazo en todo el día, como tenían poco que hacer, estarían abajo, en la cocina, viendo la televisión.

Era el momento adecuado, había que decidirse. Entré
15 en el cuarto de mis padres muy nerviosa. Una vez dentro, contemplé los muebles que allí había e improvisé un plan para poder registrarlos de manera ordenada. Decidí empezar por los cajones de las mesillas de noche, y mirar después en los del escritorio próximo a la galería. En ellos encontré muchas
20 cosas, claro, y algunas de ellas despertaron mi curiosidad, pero ninguna era la que buscaba. Luego examiné los cajones de la cómoda y el interior del armario. Zapatos, bolsos, ropa de todo tipo… Allí dentro no había nada que no fuera previsible.

Cuando traté de mirar en la gaveta situada al lado de la
25 cómoda, me encontré con que la puerta estaba cerrada con llave. Había visto unas llaves al registrar las mesillas de noche, así que fui a buscarlas y las probé una por una, con la esperanza de que entre ellas se encontrase la apropiada. Pero ninguna era la que le correspondía a aquel mueble.

---

7 **un estreno** *de una película* primera vez que se puede ver – 8 **Indiana Jones** película de aventuras de un arqueólogo y profesor de universidad que busca objetos de valor histórico para el mundo – 10 **perseguir** ir detrás de up para conseguir uc – 19 **un escritorio** mueble para guardar papeles con una *tapa* (Deckel) para escribir – 24 **una gaveta** mueble que tiene *cajones corredizos* (Schubfach)

Salí de la habitación poco después, una vez borradas las huellas que hubieran podido delatar mi presencia, con las manos tan vacías como cuando entré. Aunque ya sabía algo más, porque aquella gaveta cerrada pasaba a ser mi objetivo prioritario: no tenía ningún sentido que aquel fuese el único mueble cerrado con llave. Con una llave que, si eran ciertas las sospechas de Carlos, debía de guardar mi padre en algún sitio, esa era la única conclusión lógica. Siempre llevaba en el bolsillo un llavero voluminoso, así que lo más probable era que allí encontrase la llave que buscaba.

Durante todo el día siguiente no perdí de vista a papá, a la espera de que surgiera la oportunidad de hacerme con su llavero. La ocasión se me presentó por la tarde, cuando, después de comer, papá se tumbó a dormir la siesta en una de las hamacas del jardín. Hacía calor, y se había vestido sólo con un pantalón corto y una camisola. En cuanto me pareció que nadie se fijaba en mí, subí al piso de arriba y, en vez de dirigirme a mi cuarto, entré en el dormitorio de mis padres. Tal y como había supuesto, el llavero estaba sobre su mesilla de noche, al lado de la cartera y las gafas de sol.

Con las llaves en la mano me acerqué a la gaveta con pasos apresurados. Intentando controlar los nervios, probé si alguna de ellas era la adecuada. Y sí, hubo suerte: la tercera que introduje en la cerradura me permitió abrir la puerta sin ningún problema. Consciente de que me iba a ser muy difícil explicar qué estaba haciendo allí si alguien me descubría, revisé con rapidez el contenido de todos los cajones. La mayoría eran sólo papeles y carpetas llenas de documentos oficiales. Pero en el cajón de abajo, oculta por cuatro carpetas de menor tamaño, encontré por fin lo que buscaba. Allí estaba

---

1 **borrado** quitado, hecho desaparecer uc – 7 **una sospecha** suposición, creencia (→ sospechar) – 9 **un llavero** objeto donde se llevan las *llaves* (Schlüssel) – 9 **voluminoso** de gran tamaño – 11 **perder de vista** dejar de ver, no tener más contacto con up – 14 **tumbarse** estar tumbado, acostarse – 15 **una hamaca** Hängematte – 16 **una camisola** camisa fina, grande y ancha – 22 **apresurado** con prisa, rápido – 24 **una cerradura** lugar donde se pone la llave para abrir o cerrar uc – 27 **revisar** registrar, buscar

la pistola, guardada en una cartuchera de cuero marrón, ya gastada por el paso del tiempo. La pistola con la culata de nácar que me había descrito mi tío, con las letras de la marca Browning grabadas en el metal oscuro del cañón.

5 Mientras la sostenía en la mano, me asaltaron un sinfín de dudas. ¿Cómo debía actuar en aquel momento? Lo lógico hubiera sido quedármela y dársela a Carlos; así conseguiría, a través de la forense, hacer las pruebas que quería. Si mi tío estaba en lo cierto, el caso podría tomar un nuevo rumbo, 10 aunque en la práctica fuera un movimiento inútil, pues ante la justicia aquello no probaba nada nuevo. Pero la tentación de dejarla allí otra vez era muy fuerte, no quería ni pensar en lo que ocurriría si papá la iba a buscar y no la encontraba en el lugar en el que la había escondido.

15 En esas dudas estaba cuando oí la voz de mi madre, que andaba por el salón que daba a los soportales. Le hablaba a mi padre, diciéndole que se tenían que arreglar enseguida si no querían llegar tarde a no sé qué compromiso. Eso significaba que subirían al dormitorio, y que me encontrarían dentro, y 20 entonces me iba a resultar imposible dar una explicación que sonase convincente.

Supongo que fue ese instinto que se despierta en cada uno de nosotros cuando nos sentimos en peligro lo que me hizo dejar otra vez la pistola en el cajón, cerrar la gaveta y colocar 25 de nuevo las llaves sobre la mesilla de noche. Y después, como ya oía las voces de mis padres subiendo por las escaleras, sólo se me ocurrió meterme debajo de la cama y permanecer allí, inmóvil y conteniendo la respiración.

Y allí debajo me quedé, tumbada y sin mover ni un músculo, 30 sudando por todos los poros de mi cuerpo, mientras temía que los latidos acelerados de mi corazón acabasen por delatarme.

---

1 **una cartuchera** objeto que sirve para guardar armas – 5 **asaltar** *aquí*: venir a la cabeza – 5 **un sinfín** muchos/-as – 7 **quedarse** *con uc* behalten – 11 **una tentación** impulso repentino que anima a hacer uc (Versuchung) – 30 **sudar** schwitzen – 30 **un poro** agujero muy pequeño de la piel de animales y plantas (Pore) – 30 **temer** tener miedo – 31 **un latido** golpe producido por el movimiento del corazón (Herzschlag) – 31 **acelerado** más rápido de lo normal

Mis padres hablaban entre ellos, ajenos a mi angustia. Era una conversación informal e intrascendente que, aun así, me hizo sentir como una intrusa, pues en algún momento comentaron intimidades que yo no debería haber oído. Desde donde
5 estaba, veía sus pies moverse por la habitación, tan cerca de mí que podría tocarlos con la mano. En un momento dado, mamá se sentó en la cama para calzarse los zapatos que había elegido, y entonces pensé que sería imposible que no me descubrieran.

10 Por suerte, no ocurrió nada. Mis padres terminaron de arreglarse y salieron del dormitorio. Dejé pasar todavía algunos minutos, hasta que oí que se cerraba el portón y el ruido del coche alejándose del pazo. Entonces salí de mi escondite y me fui de allí, con el susto aún metido en el cuerpo. Poco después
15 ya estaba en mi cuarto; a salvo, por fin, aunque no había conseguido mi objetivo de hacerme con el arma.

–No te preocupes –me animó Carlos por la noche, cuando le conté mi descubrimiento–. Ahora no sólo sabemos donde está la pistola, sino que además tenemos la certeza de que tu padre
20 la ha guardado bien guardada, aunque desconozcamos las razones. No es poco, si lo piensas bien. Para mí eso confirma que los disparos se hicieron con ella. Si no ¿por qué tu padre querría esconderla, y por qué se lo iba a negar a su propio hermano?

25 –Probablemente tengas razón, pero a mí me parece muy poco. Y reconocerás que no tiene nada que ver con la persona asesinada –contesté, insistiendo en lo que de verdad me interesaba–. ¡Si pudiéramos saber algo más sobre ese Rafael! Si encontráramos a algún familiar suyo, podría confirmarnos
30 si se marchó a Argentina o no. Lo único que sabemos es que estuvo en el pueblo; ni siquiera tenemos un solo dato que nos permita conocer de dónde era.

---

1 **ajeno a uc** sin conocer, sin saber de uc – 1 **la angustia** sentimiento de miedo (Beklemmung) – 7 **calzarse** ponerse *los zapatos* – 12 **un portón** puerta grande que separa la entrada del resto de la casa – 15 **a salvo** fuera de peligro, salvado – 20 **desconocer** ≠ conocer

A pesar de mis palabras, lo cierto era que comenzaba a ser consciente de lo que implicaba mi hallazgo. La pistola de mi abuelo había servido para matar al hombre que luego emparedaron, aunque desconocíamos quién la había 5 empuñado. Y mi padre no debía de querer que esos datos se supieran, pues parecía evidente que había sido él quien la había escondido. ¿Qué sentido tenía que papá, un notario de prestigio, se molestase en ocultarla? ¿Acaso sabía algo que Carlos y yo ignorábamos? Sentía que las aguas tranquilas 10 en las que parecía moverse mi familia sólo eran apacibles en la superficie, e intuía que en el fondo de ellas reinaban las turbulencias y la oscuridad.

---

2 **implicar** *aquí*: significar – 10 **apacible** tranquilo, agradable, armonioso – 11 **reinar** gobernar, dominar (→ rey) – 12 **la oscuridad** ≠ claridad

15 la herencia de Rosalía
El cajón oculto

Al día siguiente, todavía desconcertada por el descubrimiento de la tarde anterior, decidí entrar en la habitación de mi abuela Rosalía. El impulso que me llevaba a hacerlo nacía de las palabras que me había dicho Sebastián al verme, el día que
5 fuimos a visitarlo: «Te pareces mucho a tu abuela, su rostro está en el tuyo». Las mismas que me había repetido la señora Hortensia cuando me vio por primera vez. ¿Sería verdad que nos parecíamos tanto?

En las dependencias del pazo había muchas fotos de la
10 abuela Rosalía, pero siempre correspondían a momentos posteriores a su boda. Las más abundantes eran aquellas en las que se la veía con alguno de sus hijos o las que recuperaban escenas de los muchos viajes que había hecho con mi abuelo. Y sí, todas mostraban a una mujer hermosa y muy elegante,
15 incluso en las que aparecía ya mayor. También había en el salón, guardados en los cajones de un aparador, varios álbumes de fotos familiares, algunas idénticas a las que había por la casa. Todas eran imágenes que dejaban constancia del paso de los años; podría hacerse una biografía de mi abuela y de su
20 familia a través de ellas. Pero esa biografía arrancaba también desde su boda, como si su vida se iniciara en el año 1943. No había ninguna foto de cuando mi abuela era joven, nada que me sirviera para compararme con la chica que Hortensia y Sebastián habían conocido. Y, sin embargo, era imposible
25 que esas fotos no existieran. Tenían que estar en algún lugar, posiblemente en su habitación.

Allí sí que podría investigar sin temor a que nadie me preguntara nada. El dormitorio de mi abuela permanecía cerrado desde que se murió, y no se había tocado nada
30 durante los tres años transcurridos desde entonces. Las

---

11 **abundante** que hay mucho de uc – 18 *dejar* **constancia de uc** mostrar, verificar, certificar (feststellen) – 27 **el temor** miedo

criadas solo entraban en él dos o tres días a la semana, para ventilarlo y limpiar el polvo. Y lo habían hecho el día anterior, ya lo había comprobado, así que no había peligro de que nadie interrumpiera mi visita.

5 El cuarto era grande, aunque no tanto como otros que había en el pazo. Cuando entré estaba en penumbra, iluminado sólo por los rayos de luz que se filtraban por las rendijas de las contras. Abrí dos ventanas de par en par y la luz del exterior entró poderosa, inundando toda la estancia y permitiéndome
10 ver con claridad lo que hasta entonces era sólo una sucesión de sombras.

Allí continuaban los muebles que yo recordaba, los mismos que de pequeña me parecían enormes. Todos estaban hechos con madera de castaño, barnizada de un color oscuro,
15 más acentuado aún por el paso del tiempo, un color que reforzaba la sensación de solidez que transmitían. La cama, con el cabezal torneado que tanto me llamaba la atención, y las mesillas de noche a juego. El imponente armario de tres puertas, en el que tantas veces me había escondido durante los
20 juegos infantiles, que ocupaba casi entera una de las paredes. La cómoda, profunda y voluminosa, con la parte frontal tallada con motivos vegetales, y encima de ella el espejo con el azogue algo estropeado. El cuadro del Sagrado Corazón que, como le gustaba contar a mi madre entre risas, me atemorizaba tanto
25 cuando era muy pequeña. Las butacas tapizadas de terciopelo verde, igual que la silla de brazos situada ante el escritorio. Y yo allí, en medio del cuarto, contemplando aquellos muebles que tantas veces había visto de niña. En aquel momento los miraba de otro modo, como restos de una época pasada que
30 se había quedado congelada en el tiempo el día en que murió

8 **de par en par** *loc* totalmente – 14 **barnizado** lackiert – 16 **reforzar** hacer más fuerte y estable – 16 **la solidez** dureza, resistencia, firmeza – 17 **un cabezal** parte de la cama de madera o metal orientado hacia la parte de la cabeza – 17 **torneado** dado forma por acción de un *torno* (Drechselbank) – 21 **tallado** trabajado en la madera, *p ej* con un cuchillo (geschnitzt) – 22 **un azogue** Spiegelbelag – 23 **estropeado** en mal estado (→ estropear) – 23 **el Sagrado Corazón** cuadro de Jesús con su corazón en el exterior que simboliza su moral y su amor a la gente – 24 **una risa** lo que hace *reír* (lachen) – 24 **atemorizar** dar miedo (→ temor)

mamá Rosalía. Y, a pesar de ser ya mayor, desvié enseguida la vista del cuadro situado sobre la cabecera de la cama, que aún hacía renacer mis miedos infantiles.

Mi objetivo principal eran las fotos, pero también me fui
5 demorando en el examen de otros objetos que encontraba al abrir puertas y cajones, restos que me remitían a un tiempo pasado que me era ajeno. El armario seguía lleno de ropa que algún día habría que tirar: blusas, faldas, trajes, abrigos, la mayoría en gris o en colores oscuros. Y también los cajones
10 de la cómoda, repletos de jerséis, camisas y ropa interior. La única sorpresa fue encontrar en el cajón de abajo el álbum de sellos que la abuela había coleccionado en alguna etapa de su vida, un álbum que me fascinaba cuando era pequeña, por el colorido y la variedad que encerraban aquellas estampillas que
15 me trasladaban a países tan distantes y exóticos.

Si había fotos, y tenía que haberlas, parecía claro que deberían de estar en alguna de las mesas de noche o en el escritorio. En los cajones de las mesillas sólo encontré un rosario, un misal, varios devocionarios y, sobre todo, un
20 verdadero arsenal de medicinas. También había papeles, la mayoría documentos y recibos que no debían de tener ya ninguna validez, como pude comprobar tras un rápido examen.

Me dirigí después al escritorio y me senté en la silla de
25 terciopelo verde situada ante él. Se trataba de una pieza magnífica, más grande de lo que es habitual en los muebles de este tipo, pues pasaba bien del metro y medio de largo. De pequeña, cuando jugaba al escondite con mi prima, a veces

2 **un/a cabecero/a** *de una cama* parte de una cama donde se pone la cabeza al dormir – 3 **renacer** regresar, volver, volver a sugir (→ nacer) – 6 **remitir** llevar a otro tiempo, trasladar – 8 **tirar** *aquí*: wegwerfen – 10 **repleto** lleno completamente – 14 **colorido** intensidad del color – 14 **una estampilla** sello – 19 **un rosario** Rosenkranz – 19 **un misal** libro que dice como celebrar la misa (Messbuch) – 19 **un devocionario** libro de *oraciones* (Gebet) – 20 **un arsenal** *aquí*: gran cantidad – 21 **un recibo** Quittung – 22 **una validez** Gültigkeit – 27 **pasar de** ser más grande de – 28 *juego del* **escondite** juego donde los participantes se esconden y up tiene que encontrarlos

también me metía dentro, oculta por la mampara corredera que permitía cerrar toda la parte superior. Un refugio secreto que me fascinaba, aunque también me angustiaba el temor de no poder abrirla de nuevo.

5 Descorrí la mampara, dejando a la vista el cuerpo frontal del mueble. Estaba tal como yo lo recordaba, distribuido en múltiples cajones pequeños y en estantes estrechos de longitud variable. Encontré en ellos lo previsible: papel de carta y sobres de varios tamaños, todos amarillentos por los años, plumas y
10 bolígrafos, una colección de diminutas figuras de animales en cerámica y cristal, medallas religiosas, sellos recortados de sus cartas… pero ninguna foto.

Centré luego mi atención en los tres cajones de la parte delantera, situados debajo de la tabla que hacía de mesa.
15 El del medio, el más ancho, estaba lleno a rebosar de cartas. Pronto comprobé que la mayoría eran de hacía bastantes años, muchas de mi padre y de mis tíos. También las había de más parientes y de otras personas que no me sonaban de nada. Allí estaban, como recuerdo mudo de un tiempo que me era
20 ajeno, pues los matasellos eran todos de una fecha anterior a mi nacimiento.

Las fotografías las encontré en el cajón de la derecha, dispuestas en varias cajitas de cartón de diversos colores, como si a cada una le correspondiera un tema concreto. Había
25 muchas de sus nietos, entre ellas varias de cuando yo era una niña. También las había de reuniones familiares, y otras de ella con el abuelo y con sus hijos; algunas ya las había visto repetidas en los álbumes del salón. Pero seguía sin haber fotos que demostrasen que mi abuela también había sido niña y
30 adolescente. Aunque en aquellos años la fotografía era una práctica minoritaria, reservada sólo a un sector de la sociedad

---

1 **una mampara** tipo de puerta que separa dos espacios diferentes – 1 **corredero** movible (verschiebbar) – 3 **angustiar** sentir angustia, sentirse nervioso o mal – 5 **descorrer** doblar uc que estaba abierto (zurückschieben) – 8 **variable** diferente que cambia – 9 **una pluma** instrumento para escribir (Feder) – 11 **recortado** cortado alrededor – 15 **a rebosar** estar muy lleno, hasta arriba – 20 **un matasellos** ms Poststempel – 31 **minoritario** de la minoría, de poca gente

que se podía permitir un lujo así, me extrañaba que la familia de mi abuela, que había venido de Cuba y tenía tanto dinero, no hubiera dejado testimonios fotográficos de aquellos años de esplendor.

5 Cuando abrí el cajón de la izquierda, comprobé que mi búsqueda había finalizado. Allí, guardadas en un coqueto álbum con tapas de un rojo descolorido, estaban las fotos que mostraban la vida de mi abuela Rosalía antes de casarse. Fotos de familia, con los que debían de ser sus padres y hermanos,
10 fotos de grupo con amigas, y también retratos, la mayoría de esos que antes se llamaban «de estudio». Y sí, contemplarlas me supuso una conmoción, como si de repente alguien me trasladara en el tiempo, me vistiera con otras ropas y me hiciese otro peinado y me dejara delante del ojo voraz de la
15 cámara. Fue como verme ante un espejo, solo que el espejo reflejaba una vida distinta. Aquellos ojos eran los míos, y también la boca, y el óvalo de la cara. La expresión podía ser diferente, pero Sebastián tenía razón. Los azares genéticos habían hecho de mí una copia física casi exacta de mi abuela
20 Rosalía. Era extraño reconocerme en aquellas fotos del pasado, pues tendemos a pensar que somos únicos e irrepetibles. Y claro que lo somos, pero no en el aspecto físico: siempre hay algunos familiares, a veces incluso lejanos, que perviven en nosotros a través de nuestros rasgos, como si nos regalaran
25 una herencia a la que no podemos renunciar.

Decidí quedarme con algunas de aquellas fotos, seguramente nadie las echaría de menos. Saqué el cajón y lo puse encima de la mesa del escritorio, para poder elegirlas más cómodamente. Y fue entonces cuando me di cuenta de que el cajón era
30 mucho menos largo de lo que debiera, teniendo en cuenta la

---

3 **un testimonio** prueba y comprobación de la verdad de una cosa – 4 **el esplendor** brillo, máximo desarrollo o perfección – 7 **una tapa** *de libro* cubierta de un libro encuadernado – 7 **descolorido** ≠ colorido, sin color – 11 *foto* **de estudio** hecha por un fotógrafo – 14 **un peinado** una forma de arreglarse el pelo – 14 **voraz** que destruye o consume uc rápidamente – 21 **tender** *aquí*: demostrar una orientación – 21 **irrepetible** que no hay dos iguales, no se puede repetir – 27 **echar de menos** vermissen

profundidad del mueble. Intrigada, saqué también el cajón de la derecha, para poder compararlos. No había duda: el de la izquierda era unos veinte centímetros más corto que el otro. ¿Cómo era posible un fallo así en un mueble de tanta calidad?

5 Me agaché y examiné los dos huecos. El de la izquierda tenía mucho menos fondo, podía advertirse a simple vista. Intrigada ante aquella anomalía, metí la mano y palpé dentro. Noté entonces la existencia de una ranura en la tabla de la parte superior, un espacio que parecía hecho para colocar en él las

10 yemas de los dedos. Al presionar sobre ella, sentí un chasquido seco y advertí que la pieza del fondo se movía. Tiré hacia fuera y descubrí con asombro que mi mano arrastraba algo. Después de sacar la pieza, comprobé que se trataba de un segundo cajón más pequeño, diseñado para mantenerse oculto tras

15 el primero. Un hábil modo de esconder algo que se quisiera mantener en total secreto.

En este nuevo cajón había un estuche de madera tallada que ocupaba casi todo el espacio disponible. Lo abrí, dominada por la curiosidad. En su interior encontré dos hojas dobladas,

20 con los pliegues tan marcados que amenazaban con romperse de manera irremediable. Debajo de ellas había tres fotos, y también un colgante de plata, oscurecido por el paso del tiempo. No me habría fijado en él de no ser porque lo que colgaba de la cadena era una placa ovalada en la que aparecía

25 una letra delicadamente trabajada. La misma letra R que la del anillo que yo guardaba en mi mesilla de noche. Además, en una de las esquinas del estuche, había un frasquito de cristal mediado de un líquido transparente.

---

4 **un fallo** error, equívoco – 6 **un fondo** *aquí*: profundidad – 7 **una anomalía** irregularidad, anormalidad o uc fuera de lo habitual – 7 **palpar** tocar con la mano – 8 **una ranura** Ritze – 10 **una yema del dedo** parte de su punta opuesta a la *uña* (Nagel) – 10 **un chasquido** ruido (Knall) – 17 **un estuche** caja o bolsa para guardar uc – 18 **disponible** libre, preparado para su uso – 19 **doblado** → doblar – 20 **un pliegue** parte que se dobla de uc *p ej* papel – 20 **amenazar** androhen – 21 **irremediable** sin poder hacer nada para evitarlo (→ remedio) – 22 **un colgante** Anhänger (→ colgar) – 22 **oscurecido** con color más oscuro – 24 **ovalado** con forma oval

Desdoblé los papeles con cuidado de no romperlos. Sólo necesité leer las primeras y las últimas líneas para comprobar que lo que tenía en mis manos eran dos cartas: «Mi querida Rosalía», «Rafael». Un inesperado escalofrío me recorrió todo
5 el cuerpo. ¿Qué era aquello que el azar, otra vez el azar, ponía en mis manos?

Sin pensarlo más, volví a colocar los otros cajones y dejé todo tal y como lo había encontrado. Cerré las ventanas de nuevo y, tras cerciorarme de que no había nadie en el pasillo, salí del
10 dormitorio con aquel sorprendente estuche en las manos. Minutos después estaba en mi cuarto, dispuesta a conocer aquellos retazos de vida que llegaban a mí desde el abismo del tiempo.

---

1 **desdoblar** ≠ doblar – 9 **cerciorarse de uc** asegurarse de uc, verificar

16

Lo primero que examiné fueron las fotos. En una de ellas aparecía un hombre joven con traje y corbata, retratado de cuerpo entero, la típica fotografía de estudio que se solía hacer antes. El hombre era alto y de complexión atlética. Tenía el
5 pelo moreno, algo rizado; en su rostro, muy atractivo, lo que más destacaban eran unos ojos alegres y profundos. Supe que tenía que ser Rafael al darle la vuelta, pues por detrás había una dedicatoria escrita con la misma caligrafía que la que acababa de descubrir en las cartas: «A Rosalía, siempre en mi
10 corazón». Ni tan siquiera me hubieran hecho falta las cartas para saberlo, una dedicatoria así sólo podía deberse a quien había sido el gran amor de su juventud.

La segunda era una fotografía de grupo, donde Rafael aparecía al lado de otros jóvenes como él, en un espacio que
15 enseguida reconocí, pues al fondo se veía el obelisco que marca el comienzo del Paseo de los Cantones de A Coruña. En la tercera aparecían juntos Rafael y mi abuela Rosalía, los dos de cuerpo entero. No fui capaz de identificar el sitio donde se la habían hecho, ni tampoco soy capaz ahora, cuando la
20 observo de nuevo. Se ve que están en el campo, pues el suelo está cubierto de hierba y el tronco de un abedul ocupa un lugar central en el conjunto. Mi abuela está delante del árbol, tapándolo parcialmente, mientras que Rafael, situado un paso más atrás, apoya su hombro derecho sobre el tronco.
25 Probablemente fuera otoño, porque los árboles del fondo aún conservan parte de sus hojas. Rafael lleva un abrigo largo, sin abrochar; mi abuela, por el contrario, viste un traje de chaqueta de color claro, con un jersey fino de rayas por debajo, quizá blanco y azul marino. Ella adopta una pose coqueta, con

---

2 **retratado** fotografiado – 4 **una complexión** constitución física – 5 **rizado** con *rizos* (Locken) – 8 **una dedicatoria** palabras escritas para up a quien se le hace un regalo – 8 **una caligrafía** forma de escribir – 16 **el Paseo de los Cantones** calle central de la Coruña – 21 **un abedul** Birke – 22 **un conjunto** grupo – 27 **abrochar** zuknöpfen – 28 **una raya** línea recta – 29 **una pose** una postura, posición del cuerpo

la pierna derecha ligeramente doblada y la mano del mismo lado metida en uno de los bolsillos de la chaqueta. Rafael, con un pitillo en la mano, aparece en una postura más espontánea, como si no fuera consciente del ojo que los inmortalizaría.
5 Los dos miran a la cámara y sonríen: la abuela Rosalía lo hace abiertamente, sus ojos parecen desprender chispas de felicidad; la sonrisa de Rafael apenas está esbozada, quizá se le nota más en los ojos que en la expresión de la boca.

Puedo describirla con tanta precisión porque es una
10 fotografía que ocupa un lugar preferente en mi casa, no hay día que no cruce mi mirada con la de ellos dos. ¿Quién sería la persona que estaba detrás de la cámara? ¿Quién captaría aquel instante de felicidad entre dos personas enamoradas? No lo sé, pero sí sé que me gustaría que alguien, algún día, pudiera
15 hacerme a mí una fotografía similar, que me inmortalizase en uno de esos escasos momentos de felicidad que la vida nos concede.

Tras el examen minucioso de las fotos, me dispuse a leer las cartas. Ahora mismo, cuando escribo estas líneas, las tengo
20 ante mí, porque las he conservado todos estos años, así como las otras cosas que contenía el estuche. Fue Carlos el que se empeñó en que yo me quedara con ellas, él se conformó con guardar unas reproducciones. Ahora están todavía más gastadas que cuando las leí por primera vez, la tinta ha
25 continuado su proceso de desvanecimiento, pero todavía soy capaz de leer perfectamente la letra menuda con la que están escritas, una caligrafía de formas redondeadas y perfectas.

---

3 **un pitillo** cigarrillo – 4 **inmortalizar** dejar uc para siempre – 6 **una chispa** Funke –
10 **preferente** más importante que otros – 12 **captar** tomar, percibir, obtener –
25 **desvanecer** perder uc *aquí*: el color – 26 **menudo** pequeño – 27 **redondeado** redondo

Pablo = nacional

2 de agosto

Mi querida Rosalía:

Lo primero que debo pedirte es que, después de leer esta carta, la quemes sin que nadie te vea: no conviene
5 que caiga en manos de nadie, y menos de tu familia. Quizá no sabes lo que está haciendo Héctor, mejor que sea así, tú no puedes ser de su misma sangre. He tenido que vencer la resistencia de Pablo, que considera un gran riesgo que te escriba, pues puede acarrearme
10 muchas complicaciones (y a Pablo también) que alguien descubra donde estoy. Escribiéndote arriesgo mi vida, y Pablo arriesga también su seguridad, ya que los suyos considerarían una traición la ayuda que me presta.

Estoy en el desván del pazo desde el día 26. Fue esa
15 noche cuando Pablo me vino a avisar de que estaba en las listas de los que había que eliminar en Vilarelle. Soy maestro, defiendo al gobierno de la República, pertenezco al Partido Galeguista, soy miembro del Ateneo. Esos son los cargos contra mí. Todo es
20 irracional, parece una pesadilla; pero no lo es, han acabado por cumplirse los presagios más sombríos.

No quiero entristecerte. Esta carta es para que sepas que estoy bien. Paso el día solo, las horas duran aquí una eternidad. Procuro no hacer ningún ruido, ni
25 siquiera los criados saben de mí. Por la noche viene Pablo y los dos bajamos a un pequeño cuarto que hay debajo de las escaleras. Me trae la comida para el día

---

8 **vencer** ganar, ≠ perder – 9 **un riesgo** Risiko – 9 **acarrear uc a up** traer – 11 **arriesgar** poner en peligro (→ riesgo) – 13 **la traición** ≠ fidelidad (Verrat) – 13 **prestar** *aquí*: ofrecer, dar – 19 **un cargo** delito del que se le culpa – 20 **irracional** sin sentido, locura – 20 **una pesadilla** mal sueño (Alptraum) – 21 **un presagio** previsión de uc que puede pasar en el futuro (Omen) – 21 **sombrío** oscuro *aquí*: peor – 22 **entristecer** poner triste

siguiente, y algunos libros, y me cuenta algo de lo que está sucediendo fuera.

Por él sé que han detenido a Ismael y a Sebastián, y que están en la cárcel de Betanzos. Le he preguntado por otros miembros del partido: por Edelmiro, por Xosé, por Amancio, por Antón... Pablo no respondió cuando se lo pregunté, así que todo me lleva a pensar que ya están muertos.

Tampoco sé nada de Luis, aunque Pablo me ha asegurado que no está ni entre los muertos ni entre los presos. Quizá haya conseguido huir, como pensaba hacer. Un día antes de ocultarme, hablé con él y me dijo que había algunas personas en Betanzos que planeaban marcharse a Asturias; calculaban que les llevaría tres o cuatro días andando por la noche y escondiéndose durante el día. Quería unirse al ejército de la República y luchar contra los sublevados. Deseo que lo haya logrado. Luis no se merece morir tan joven; ninguno de nosotros lo merecemos.

Ayer por la noche, Pablo me dijo que es mejor que permanezca oculto en el pazo hasta que se calmen las cosas en la comarca, tú debes de saber mejor que yo lo mal que están. Pero esta sublevación no puede durar mucho, la legalidad acabará por imponerse. Quizá en pocas semanas volvamos a estar juntos, y entonces podremos iniciar esa nueva vida que los dos queremos.

Esta hoja ya se me acaba, es la única que tengo para escribirte. Sólo quiero que sepas, querida Rosalía, que

---

15 **llevar** *tiempo* **+ gerundio** hacer uc desde hace tiempo

pienso en ti cada minuto. Recordarte es lo único que me
da fuerzas para resistir la angustia que me invade por
dentro. No pierdo la esperanza, nunca la podré perder
mientras tú me quieras.

5 Te quiero, te quiero como nunca imaginé poder querer
a nadie.

Rafael

Esta era la primera carta. Cada vez que la vuelvo a leer, no
me resulta difícil imaginar la angustia que sentiría aquel Rafael
10 al que nunca conocí, una angustia que supongo repetida
cuando mi abuela la recibió. Hace sólo unos meses, leí unos
versos de una poeta polaca, Wislawa Szymborska, que siempre
me vienen a la memoria cuando releo estas cartas de Rafael:
«Leemos las cartas de los muertos como dioses impotentes,
15 / pero, al fin y al cabo, dioses, ya que conocemos la
continuación.» Sí, conocemos lo que Rafael y Rosalía no sabían
ni podrían imaginar. Sabemos que la tragedia les esperaba a la
vuelta del camino, que nunca llegarían a compartir la vida con
la que habían soñado. Sabemos de la ferocidad de la guerra, del
20 asesinato de las personas más nobles de aquella generación,
de la posguerra atroz en la que gente como mi abuelo se
enriqueció tanto. Dinero nacido de la sangre, de la violencia,
del miedo. ¡Y después mi padre todavía me llama renegada!
Renegada, sí; cuando una persona sabe cómo fueron las cosas,
25 no cabe otro camino que el de la propia conciencia. Fue otra
de las enseñanzas que le tengo que agradecer a Carlos.
Pero debo volver a mi relato, que es el mejor ajuste de
cuentas que puedo hacer con mi pasado. Había, como dije,
una segunda carta, escrita ocho días después:

12 **Wislawa Szymborska** (1923) poetisa polaca Premio Nobel de Literatura de 1996 – 19 **la
ferocidad** brutalidad (Wildheit) – 20 **noble** sincero, leal – 21 **la posguerra** tiempo después
de la guerra – 21 **atroz** horrible, terrible – 25 **caber** entrar en un lugar *aquí*: haber, ser
posible – 25 **la conciencia** capacidad de diferenciar entre el bien y el mal para juzgar uc
(Gewissen) – 26 **una enseñanza** → enseñar

10 de agosto

Mi querida Rosalía:

Nunca le podré agradecer lo suficiente a Pablo todo
lo que está haciendo por mí. Tú y yo, cuando por fin
5 estemos juntos y a salvo, tenemos con él una deuda
de gratitud, más allá de las abrumadoras diferencias
políticas que nos separan. Los sublevados ven en él al
jefe natural para esta comarca, creen que es quien debe
figurar al frente de la junta comarcal que van a formar.
10 Y Pablo está de acuerdo y va a aceptar, me lo ha dicho
hoy por la mañana.

Sí, por la mañana, porque estos días permanezco
encerrado en un cuarto próximo al suyo, no hay peligro
de que nadie me delate. Sus padres se han marchado a
15 pasar una temporada a Santiago, y les ha prohibido a
los criados subir al piso de arriba.

Pablo cree que los próximos días serán los idóneos para
que me marche. Entre los dos hemos pensado en la
que puede ser la ruta más segura: dirigirme a Portugal,
20 pasar la frontera y llegar hasta Oporto. Él me escribirá
una carta de recomendación para una amistad suya que
tiene allí. En Oporto podré embarcar y marcharme
a Buenos Aires, como están haciendo otros. Y en
Buenos Aires esperaré el final de esta guerra absurda.
25 En cuanto me sea posible, te haré llegar noticias mías,
para que sepas que todo ha salido bien, como deseo
con ansia.

---

5 **una deuda** obligación moral contraída con up – 6 **la gratitud** Dankbarkeit – 6 **abrumador**
grande, enorme (→ abrumar) – 9 **figurar** estar presente – 9 **una junta comarcal** grupo
de personas elegidas para decidir sobre los asuntos *aquí*: de la comarca – 21 **una**
recomendación Empfehlung

Tengo previsto marcharme el día 14. Esa noche hay luna nueva, será el momento perfecto para comenzar mi viaje. Confía en mí. Y no divulgues el papel que ha cumplido Pablo, lo comprometeríamos mucho. Estos
5 días me ha demostrado que, para él, la amistad está por encima de las ideas. Algo muy valioso en estos tiempos que corren. Nunca lo olvidaré.

Desde hoy empiezo a contar los días que me faltan para verte, mi Rosalía querida. Conmigo estará siempre
10 tu amor, acompañándome.

Rafael

Mi primer impulso, al terminar de leer aquellas cartas, fue ir a contárselo a mi tío Carlos. Pero tuve que esperar, aún no había llegado del viaje con los chicos. Así que dejé pasar las
15 horas, releyéndolas y consumida por la impaciencia. Cuando regresaron, pasaba de las diez de la noche. Aún tuvimos que cenar y seguir de sobremesa como si fuera un día cualquiera. Cerca ya de las doce, se retiró por fin a su cuarto. Al poco rato, subí tras él. Me lo encontré tecleando en su ordenador aquel
20 texto que nunca me dejaba leer y que no pude conocer hasta después de su muerte. Le pedí que me acompañase a mi dormitorio y, tal vez por la expresión que vio en mi cara, apagó el ordenador y se levantó inmediatamente.

Ya en mi cuarto, le enseñé los materiales que había
25 encontrado en el estuche. Le impresionaron mucho más de lo que yo esperaba. Leyó las dos cartas varias veces, como si quisiera aprendérselas de memoria. Y, tal como había hecho yo antes, contempló el colgante y las fotos durante un largo rato,

---

2 **una luna nueva** Neumond – 3 **divulgar** *una información* publicar, extender, difundir – 6 **valioso** con valor, importante – 15 **consumido por** *aquí:* sentir nervios o disgusto (verzehrt sein von etw) – 19 **teclear** escribir en el ordenador – 22 **apagar** ≠ encender – 27 **de memoria** auswendig

supongo que sorprendido por la confirmación de las historias que habíamos ido conociendo las semanas anteriores.

–La abuela tenía sus secretos bien guardados –comenté, cuando por fin Carlos dejó las fotos sobre la mesa–. ¿Nunca sospechasteis nada?

–En absoluto, ¿qué íbamos a sospechar? Estoy tan asombrado como tú –respondió mi tío–. Pero, si te digo la verdad, todavía me sorprende más lo de mi padre. Me alegra saber que fue capaz de hacer algo bueno y desinteresado en algún momento de su vida.

–Ahora sabemos que las historias de Hortensia y de Sebastián son ciertas –añadí–. Y también que el esqueleto que encontramos puede pertenecer a cualquiera, pero no a Rafael.

Carlos iba a contestarme, pero se calló al ver el frasquito de cristal que quedaba dentro del estuche.

–¿Y esto qué es?

–No lo sé. También estaba en la caja –contesté–. Parece una medicina.

–Tienes razón, pero no hay ninguna etiqueta.

Mi tío abrió el frasco y olió el contenido. Después le dio la vuelta tapando la abertura con un dedo y, tras volverlo a poner en la mesa, se lamió la yema. Se quedó callado, con el rostro súbitamente ensombrecido.

–Si no te importa, me voy a llevar este frasco. Quiero saber lo que contiene. –Señaló luego el estuche y añadió–: El resto de las cosas debes guardarlas tú, y bien escondidas. Es mejor que no le digas nada a nadie, por ahora esto tiene que quedar entre nosotros.

–Pero a Miguel tendría que contárselo –objeté–. Está en esta historia desde el principio, podemos fiarnos de él.

–Díselo, si quieres; estoy seguro de que no contará nada. Yo me refería a tus padres.

---

9 **desinteresado** sin querer ganar nada (↔ interés) – 22 **lamer** pasar repetidas veces la *lengua* (Zunge) por uc – 23 **ensombrecido** triste

Carlos se levantó y caminó en dirección a la puerta. Cuando la iba a abrir, se paró y volviéndose hacia mí me dijo:

–Hablando de Miguel, ¿sabías que mañana por la noche hay una lluvia de estrellas? Hoy también se verán algunas, pero
5 mañana habrá muchas más. Es día 11, la famosa noche de San Lorenzo. Además, parece que el cielo estará despejado, se podrán contemplar con toda claridad. Es una ocasión que no debes desaprovechar.

Yo ya conocía las «lágrimas de San Lorenzo», esa lluvia de
10 estrellas fugaces que se puede ver en el cielo cada once de agosto. El año que veraneamos en Pontedeume salí a verlas con mi madre y con mi tío. Habíamos subido hasta uno de los montes que rodean el pueblo y nos metimos por una pista que acababa en un mirador natural. No había luz, sólo
15 la mínima claridad del cielo que nos cubría como un manto protector. Además de vivirlo como una aventura, contemplar las estrellas fugaces atravesando el cielo oscuro me había parecido un espectáculo fascinante. Pero no recordaba que ya estábamos en esa fecha; cuando se está de vacaciones uno
20 acaba perdiendo el sentido del tiempo.

–¿Y qué tiene que ver la lluvia de estrellas con Miguel?

–¡Ay, Clara, que tonta eres a veces! Pensé que te gustaría verlas con él. Es una experiencia que hay que compartir con alguien; si no, pierde toda la gracia –en la cara de mi tío había
25 ahora una expresión cómplice–. Yo mañana te voy a invitar a que vengas a verlas conmigo después de la cena, así que tú sabrás lo que tienes que arreglar.

Y, sin más, abrió la puerta y salió de la habitación, dejándome con el corazón agitado ante la maravillosa oportunidad que se
30 me acababa de presentar.

---

4 **una lluvia de estrellas** *fugaces* Sternschnuppenregen – 5 **la noche de San Lorenzo** noche del 11 de agosto en la que hay una lluvia de estrellas muy famosa y fácil de ver en el Hemisferio norte – 6 **despejado** sin nubes – 8 **desaprovechar** perder, dejar pasar una oportunidad – 15 **cubrir** tapar, extender uc sobre la superficie de otro (zudecken) – 15 **un manto** lo que cubre y oculta uc (Umhang) – 24 **perder la gracia uc** *loc* dejar de ser tan interesante – 29 **agitado** *aquí*: nervioso

17 La noche bajo las estrellas

En la comida del día siguiente, mi tío hizo un comentario sobre la lluvia de estrellas que habría aquella noche y me invitó a ir a verla con él, como si la idea se le acabara de ocurrir en aquel momento. A nadie le extrañó: para actuaciones así,
5 Carlos era un consumado maestro. En un primer instante, los gemelos y también Alfredo se quisieron apuntar, y durante unos minutos temí que nuestros planes se frustraran. Ya había llamado a Miguel a su casa, y había quedado con él en que lo recogeríamos entre las diez y media y las once, en la capilla en
10 la que solíamos quedar los primeros días. Hubo suerte, y los chicos pronto cambiaron de opinión. Les apetecía mucho más ir a la cena-fiesta que, como todos los sábados, organizaban los veraneantes en el Casino. Con mi prima Loreto no hubo peligro en ningún momento: ni le interesaban las estrellas ni
15 por nada del mundo se perdería la oportunidad de bailar toda la noche con el chico al que finalmente había conquistado.

Todo se desarrolló como habíamos planeado. Salimos del pazo en su coche un poco antes de las once. Recogimos a Miguel, que llevaba un rato esperándonos, y después seguimos
20 por la carretera de Betanzos. Yo entonces todavía imaginaba que mi tío nos llevaría a algún mirador de los alrededores y que los tres veríamos las estrellas desde él. Para mí ya era suficiente poder estar unas horas con Miguel, aunque fuera también en compañía de Carlos. Por eso me llevé una sorpresa cuando,
25 al llegar a la altura del camino que bajaba desde la carretera hasta el río, mi tío detuvo el coche y nos dijo:

–A la una de la mañana os recogeré en este mismo sitio. Creo que es tiempo suficiente para que veáis todas las estrellas que queráis.

---

4 **una actuación** *teatral* interpretación, representación (Theateraufführung) – 5 **consumado** que es muy bueno en su actividad o trabajo – 6 **apuntar** *aquí*: hacer uc con otros, animarse a hacer uc con up – 7 **frustrarse** estropearse,≠ hacerse o llevarse a cabo

Luego, al darse cuenta de que Miguel no llevaba nada consigo, se dirigió a mí, que lo miraba atontada desde el asiento de al lado, y añadió:

–Abrid el maletero y llevaos un saco de dormir que tengo
5 ahí detrás. Aunque sea agosto, la hierba estará muy fría con el relente de la noche, y aun más junto al río. Y llevaos también la linterna, os puede hacer falta.

Bajé del coche y saqué la linterna y el saco, tal como me había indicado. Miguel, que se había bajado primero, permanecía
10 mudo al lado de la puerta; seguro que, como me pasaba a mí, aún no se había recuperado de la sorpresa. Después mi tío se marchó y nosotros nos quedamos allí parados, viendo como las luces del vehículo se perdían por la carretera.

Descendimos por el camino que tan bien conocíamos. La
15 noche estaba clara, a pesar de la ausencia de la luna, así que no necesitamos la linterna en ningún momento. Cuando llegamos a la Pena do Encanto, abrimos el saco y nos colocamos de manera que la espalda nos quedase apoyada en la roca y pudiéramos contemplar toda la inmensidad del cielo por la
20 parte de la carretera, pues era por el este por donde se vería la mayor cantidad de estrellas.

Si estar en aquel lugar era como sentirse aislados del mundo, la sensación de soledad era todavía mayor por la noche. Fue como si la oscuridad se aliase con nosotros para crear
25 un espacio aún más apartado y más íntimo. Se escuchaba el rumor del agua y el suave murmullo de las copas de los árboles agitadas por el viento. De vez en cuando llegaba hasta nosotros el croar de las ranas, y también el coro de los grillos

---

2 **consigo** con él mismo – 2 **atontado** como un tonto, sin poder mirar a otro lugar – 4 **un maletero** parte del coche para guardar las maletas – 4 **un saco de dormir** Schlafsack – 6 **el relente** humedad en el aire de la noche – 19 **inmensidad** extensión sin límites, infinito (→ inmenso) – 24 **aliarse con** unirse (→ aliado) – 25 **apartado** reservado (→ apartar) – 26 **un rumor** *aquí:* sonido suave – 26 **un murmullo** Gemurmel – 26 **una copa de árbol** parte más alta de un árbol – 28 **croar** quaken – 28 **una rana** anfibio (Frosch) – 28 **un grillo** insecto (Grille)

y el zumbido sordo y persistente de los saltamontes, que se extendía por todo el prado.

Si alguna estrella fugaz cruzó el cielo durante la primera parte de la noche, nosotros no la vimos. Siento ternura al
5 leer las palabras que horas después escribí en mi diario, de un romanticismo empalagoso, pero que todavía conservan la pasión con la que viví aquella noche. Son frases repletas de metáforas que sólo se pueden emplear cuando se tienen dieciséis años y toda la vida por descubrir. Ridículas, quizá,
10 pero que conservan su fuerza evocadora. Ahora, al leerlas de nuevo, vuelve a mí el torrente de sensaciones y sentimientos que aquella noche experimenté. Las manos de Miguel explorando mi cuerpo, las mías acariciando el suyo, los besos tan dulces, besos intensos e inolvidables como solo pueden
15 serlo los que damos de verdad al primer amor. También las palabras, gastadas quizá para otros, pero que entre nosotros sonaban como si, desde la creación del mundo, nadie más las hubiera pronunciado hasta entonces. Y el descubrimiento de tantas emociones intuidas, pues mientras allá arriba las
20 estrellas atravesaban el cielo con su brillo efímero, también a mí me atravesaba otra lluvia de estrellas que surgían del centro de mi cuerpo y me iluminaban de luz y de felicidad. No puedo evitar la punzada de nostalgia que siento ahora, cuando ya sé que nunca más podré volver a experimentar lo mismo, porque
25 en la vida solo hay una primera vez.

Recuerdo, sin embargo, que también hubo tiempo para las estrellas fugaces. Durante más de una hora estuvimos mirando al cielo, abrazados y felices, atentos a las líneas luminosas que cada poco cruzaban por breves instantes el firmamento,
30 siguiendo trayectorias siempre sorprendentes e inesperadas.

---

1 **un zumbido** sonido continuado como el que producen los insectos al volar – 1 **sordo** *aquí*: que suena poco – 1 **un saltamontes** insecto saltador (Grashüpfer) – 6 **empalagoso** demasiado dulce – 10 **evocador** que hace más fácil recordar uc – 11 **un torrente** *aquí*: gran cantidad de uc que viene al mismo tiempo – 17 **la creación** *del mundo* momento en el que fue hecho el mundo – 19 **intuido** → intuir – 20 **efímero** que no dura siempre, ≠ eterno – 23 **una punzada** *aquí*: sentimiento repentino (Stich) – 30 **una trayectoria** dirección o camino que sigue uc al moverse

Docenas de estrellas fugaces, que acompañábamos con nuestros deseos, como si el cielo de aquella noche fuera una inagotable lámpara de Aladino que nos colmase de favores.

Fue tras esos momentos felices cuando le conté a Miguel el descubrimiento de las cartas y de las fotos. Juntos intentamos entender la historia de amor que mi abuela y aquel Rafael desconocido habían vivido hacía tantos años. Sus encuentros clandestinos, que nos recordaban a los nuestros; el dolor de la separación, la desesperanza que transmitían las cartas. Y la desilusión que ella debió de sentir cuando pasaban los meses y no llegaban noticias de la persona amada.

Un poco antes de la una nos dimos cuenta de que se nos habían acabado las horas felices. Recogimos el saco y subimos por el camino que llevaba a la carretera, un trayecto que me era ya tan familiar. Cogidos de la mano, y alegres como sólo se puede estar cuando el amor te hace sentir tan viva que ninguna otra cosa importa. Nos sentíamos indiferentes a todo lo que no fuera nuestra relación, un amor que quizá sabíamos imposible. Pero en momentos así no se piensa en eso, o yo no lo pensaba, si tengo en cuenta las notas entusiastas de mi diario.

Mi tío llegó a la hora convenida. Nunca me dijo si también él había ido a contemplar las estrellas a algún sitio o si simplemente se limitó a dejar que pasaran las horas hasta el momento de venir a buscarnos. Subimos al coche e hicimos el camino de vuelta en silencio, contestando con monosílabos a las preguntas que Carlos nos hacía. Poco antes de llegar, Miguel se llevó de repente la mano a la cabeza y me dijo:

–¡Casi se me olvida! Me ha llamado Carme, la sobrina de Sebastián. Ahora es él quien quiere vernos, me preguntó si podríamos ir el lunes por la tarde, a eso de las cinco. ¿Podrás?

Le contesté que sí; sería extraño que entre Carlos y yo no consiguiéramos inventar un pretexto creíble. Al poco tiempo

---

3 **inagotable** infinito, que no se termina – 3 **colmar de favores** satisfacer deseos – 9 **la desesperanza** falta de esperanza – 10 **una desilusión** Enttäuschung – 11 **amado** querido (→ amar) – 14 **un trayecto** espacio que se camina (Strecke) – 21 **convenido** que se ha dicho antes (abgesprochen)

llegamos al lugar donde horas antes habíamos recogido a Miguel, que se despidió de mí con un beso brevísimo. Desde la ventana de atrás, feliz y apenada a la vez, vi como se quedaba parado en el medio de la calle, con la mirada fija en el coche
5 que se alejaba en dirección al pazo.

Más tarde, una vez en mi habitación, me costó muchísimo dormirme. Era incapaz de hacerlo: en mi cabeza no hacía más que revivir de modo obsesivo las horas que habíamos pasado junto al río, tumbados bajo aquel cielo atravesado por las
10 estrellas fugaces. Unas horas maravillosas, quizá las únicas horas que recordaré cuando la vida entera pase y solo me quede entre las manos la memoria de los momentos felices.

---

3 **apenado** con pena, triste – 7 **ser incapaz de** ≠ ser capaz de – 8 **obsesivo** zwanghaft

18

El lunes, un poco antes de la hora convenida, fui a por la bicicleta y salí del pazo con la excusa de ir a comprar unos rotuladores al pueblo. Cuando llegué a la plaza, Miguel ya me estaba esperando delante de la casa de Sebastián. Me saludó
5 con un breve beso en la mejilla y me ayudó a meter la bicicleta dentro del jardín. Carme ya nos había visto llegar, porque nos abrió la puerta antes de que nos diera tiempo a tocar el timbre.

Ahora ya sabíamos el camino, así que nos dirigimos
10 directamente a la galería. Allí se encontraba Sebastián, en su butaca, como si no se hubiera movido del sitio desde nuestra anterior visita. Tras saludarnos, nosotros también nos sentamos en las mismas sillas que habíamos ocupado la primera vez.

15 –Cuanto más te veo, más parecido te encuentro con Rosalía –me dijo, después de mirarme con una intensidad que me hizo ruborizar. Era la segunda vez que me lo decía, pero, a diferencia de la primera, ahora tenía en la cabeza las fotos que había descubierto–. Aunque creo que tú eres aun más guapa
20 –añadió.

Carme trajo una bandeja con el café y las galletas, como el día anterior. Esta vez no se fue; acercó una silla y se sentó a nuestro lado, aunque casi no intervino durante el tiempo que estuvimos allí.

25 –Os he mandado llamar porque me quedé muy inquieto tras la conversación del otro día. Los recuerdos me asaltan a todas horas, no puedo dejar de pensar en aquellos años.

–Nos tiene que perdonar, Sebastián –se disculpó Miguel–. No era esa nuestra intención.

---

3 **un rotulador** Filzstift – 5 **una mejilla** Wange – 8 **un timbre** *de una puerta* aparato que sirve para llamar (Türklingel)

–Ya lo sé, hombre. Recordar a veces es doloroso, pero tampoco creo que sea nada malo; al fin y al cabo, es mi vida. Pero no os he llamado para deciros esto. –Sebastián cambió de expresión y, dirigiéndose a mí, añadió–: ¿Tus preguntas del otro día no tendrán algo que ver con ese cadáver que, por lo que me han dicho, ha aparecido en el pazo?

–En cierto modo, sí –respondí–. El muerto podría estar ahí desde los años de la guerra, por lo menos eso es lo que se dice.

–Sin embargo, el motivo principal por el que vinimos aquí fue que Clara quería conocer más detalles de la vida de doña Rosalía –añadió Miguel–. Cuando habló con mi abuela, fue ella quien nos recomendó que viniéramos a verle a usted.

–¿Y qué se dice en tu casa de ese muerto? –insistió Sebastián, que pareció no hacerles caso a las palabras de Miguel.

–Pues poca cosa –decidí dosificar la información, ya que desconocía aún el motivo de aquella nueva cita–. Que el muerto es del tiempo de la guerra parece seguro. Hablan de un hombre joven, alto, menor de treinta años. Pero no hay nada que permita identificarlo.

Sebastián se quedó callado durante unos minutos que se me hicieron eternos, como si se olvidara de nuestra presencia. Después, continuó:

–Quién sabe, el muerto puede ser cualquiera. Y más si tenemos en cuenta que durante varios meses el pazo estuvo sólo al cuidado de los criados. Pablo estaba en la guerra y sus padres se habían ido a la casa que tenían en Santiago. Debió de ser muy fácil ocultar allí un cadáver si se quería que nadie lo descubriera. ¡Hubo tanta violencia, tantos ajustes de cuentas!

–Quizá usted tiene algún dato o alguna idea sobre ese muerto –aventuré.

–No, hija, no. Malamente puedo saber nada, pasé en la cárcel todo el tiempo que duró la guerra –miró para Carme,

---

1 **doloroso** que produce dolor – 7 **en cierto modo** de alguna manera – 15 **dosificar** dar poco a poco, en pequeña cantidad uc (→ dosis) – 31 **malamente** *aquí*: difícilmente

que permanecía muda y atenta, como si su función fuera la de levantar acta de aquella conversación–. Lo que pasa es que, aun sin tener ningún motivo, pienso en ese muerto y me viene a la cabeza el nombre de Rafael. Quizá porque sé de todos los
5 otros compañeros del partido, los que murieron y los que se salvaron. Pero de Rafael nunca volví a tener noticias.

–Pues puede descartar esa posibilidad –le dije. No le iba a contar lo de las cartas, todo lo que en ellas se decía ya lo sabía Sebastián. Pero sí que podía confirmarle la falta de base de
10 sus suposiciones–. Se sabe algo más, se descubrieron algunos documentos que indican que Rafael se marchó, y que tenía intención de llegar a Buenos Aires, tal como usted nos contó.

–Me alegra mucho oírte decir eso. Algo le tuvo que ocurrir durante su huida, resulta extraño que se perdiera su rastro
15 para siempre.

–Quizá lo mataron antes de llegar a Oporto –aventuró Miguel–. Mi abuela me ha contado que entonces los policías portugueses ayudaban a los de Franco.

–Sí que los ayudaban. Pero lo que hacían con los huidos
20 era apresarlos y devolverlos a España. Lo que yo imagino es que alguien lo mató en la huida y que abandonó su cadáver en cualquier barranco del monte. Pero eso nunca lo sabremos con certeza.

–¿Y no tiene alguna idea de quién puede ser el cadáver que
25 encontramos? –insistí. Tenía la impresión de que Sebastián nos había llamado para contarnos algo más.

–Llevo dándole vueltas todos estos días –respondió–. Quizá fuera alguien de Betanzos o de Pontedeume, alguien que debía ser muy conocido. Los de la Falange asesinaron a muchos y
30 nunca quisieron esconderlos; al revés, los dejaban a la vista de todos en las cunetas, para que sirvieran de escarmiento. Pero quizá les interesaba que de este no se supiera nunca más.

---

2 **levantar acta** *loc* poner uc por escrito para que sea oficial – 7 **descartar** rechazar o *eliminar* (ablehnen) una idea que podría ser posible – 20 **apresar a up** meterlo en la cárcel (→ preso) – 22 **un barranco** Felsschlucht – 31 **un escarmiento** ejemplo o enseñanza que se tiene de las acciones de otras personas

–¿Y por qué iban a entrar en el pazo los falangistas? ¿No dice que allí no había nadie?

Tras mis preguntas Sebastián se quedó callado, con la mirada perdida en las colinas que se divisaban desde la galería.

5 Era fácil intuir que estaba buscando las palabras precisas para comunicarnos algo importante.

–Dicen que no se debe hablar mal de los muertos. Pero no le hago ningún daño a tu abuelo ni a nadie, las cosas ya ocurrieron hace muchos años –continuó, por fin–. Ayudar a

10 Rafael debió de ser la última acción generosa que hizo Pablo.

–¿Por qué dice eso? –pregunté.

–Yo sólo sé lo que se rumoreaba en el pueblo, aunque nunca hubo pruebas que lo demostraran. Por mí no puedo saberlo, por aquel entonces estaba en la cárcel. Lo que se comentaba

15 era que, pasadas las primeras semanas, Pablo fue quien se encargó de dirigir la represión en la comarca.

–¿Dirigir la represión? ¿Qué quiere decir? –urgió Miguel.

–Pues que era Pablo quien gobernaba y elaboraba las listas de los que había que matar o castigar. Pero lo hacía desde el

20 despacho, él nunca se manchó las manos. De ese trabajo se encargaba el grupo que dirigía Héctor, el hermano mayor de Rosalía. Ese sí que tenía las manos manchadas de sangre: él y sus hombres cometieron todas las atrocidades que podáis imaginar. Si existe el infierno, no me cabe duda de que estará

25 ardiendo en él.

–Pero mi abuelo se marchó a luchar en el frente, apenas estuvo aquí –objeté, anonadada ante lo que estaba oyendo.

–Se marchó, sí, en la primavera de 1937, cuando la comarca estaba ya pacificada, como decían ellos. Regresó como un

30 héroe, al final de la guerra, con el rango de capitán y cargado

---

10 **generoso** großzügig – 12 **rumorear** difundirse entre las gentes un rumor – 16 **una represión** acción detener o parar con violencia actuaciones políticas o sociales – 17 **urgir** dar prisa (→ urgencia) – 19 **castigar** bestrafen (→ castigo) – 23 **cometer** hacer, realizar, llevar a cabo – 23 **una atrocidad** uc terrible (→ atroz) – 24 **un infierno** ≠ cielo, ≠ paraíso – 24 **no caberle duda de uc a up** estar seguro de uc – 25 **arder** quemarse – 26 **un frente** *aquí*: la guerra, lugar de lucha – 27 **anonadado** impresionado, sorprendido, sin poder reaccionar – 29 **pacificado** en traquilidad, sin problemas

de medallas. Después, ya como alcalde, hizo y deshizo a su antojo durante muchos años. Que no te parezca mal, Clara, pero arruinó muchas vidas. Ahora no tiene sentido hablar de esto, las cosas no se pueden cambiar. Pero me pareció que
5 debías saberlo.

–De eso nunca se ha hablado en mi casa –comenté con tristeza.

–Con el paso de los años estas historias parecen perder sentido, todos estábamos ocupados en sobrevivir –dijo
10 Sebastián, con voz grave–. Nadie volvió a hablar de ellas, se quedaron enterradas como el cadáver que habéis encontrado. Y mucho más lo estarán cuando nos muramos los pocos que todavía quedamos.

Ahora, después de tantos años, sé con certeza que los
15 padres siempre son unos desconocidos para sus hijos, pues tendemos a creer que la vida comenzó, también para ellos, cuando nacimos nosotros. Una ignorancia que, en el caso de los abuelos, ya se vuelve absoluta e irremediable. Por eso no es extraño que aquella tarde yo me quedara asombrada ante
20 tantas novedades, ninguna de ellas buena, que acababa de conocer sobre mi abuelo Pablo.

–¿Y entonces qué puede decirme del esqueleto? –insistí, tratando de retomar el hilo de la conversación perdida.

–Puede ser de cualquiera. Por lo que sé, los que se
25 encargaban de los paseos nocturnos accedían al pazo sin ningún problema.

–¿Los paseos nocturnos? –pregunté, con la ingenua ignorancia de mis dieciséis años.

–Los falangistas llamaban paseos a los viajes que hacían
30 con los que iban a matar. Ironías amargas, ya ves. ¡Pensar que

---

3 **arruinar** destrozar, destruir – 18 **volverse** *aquí*: werden – 23 **retomar el hilo** comenzar otra vez uc que se dejó sin terminar – 25 **nocturno** de la noche

esos asesinos siguieron viviendo aquí, entre nosotros! ¡Cuánto tuvimos que aguantar!

–Entonces es imposible saber nada –concluyó Miguel, a quien aquellos recuerdos de Sebastián tenían que parecerle aún más amargos que a mí, pues reavivaban el dolor que había habido en su familia.

–Existe una posibilidad, por eso os he llamado. Uno de los que hacían aquellos paseos sigue viviendo aquí, en el pueblo. ¿Conocéis la ferretería que hay frente al Casino? Ahora la lleva el hijo, pero quien la montó, después de la guerra, fue Demetrio. Demetrio Lamela, un asesino que después se convirtió en un hombre respetable.

–¿Y dice que todavía vive?

–Sí que vive, debe de ser dos años más joven que yo. Siempre fue uno de los acólitos de tu abuelo, supongo que le debía muchos favores.

–¿Y usted cree que querrá hablar con nosotros? –aventuró Miguel, en tono escéptico.

–Contigo, no, seguro. Y tampoco estaría bien que tú hablaras con él, le darías un disgusto a tu abuela si lo haces –contestó rápido Sebastián–. Pero quizá acepte hacerlo con Clara. Sobre todo si le dice que es la nieta de Pablo Soutelo.

---

5 **reavivar** revivir, animar uc olvidado o casi muerto – 9 **una ferretería** tienda donde se venden objetos de metal – 10 **montar** *una tienda* abrir, poner a funcionar – 15 **un acólito** *coloq* up que depende de otro, seguidor

19 La conversación con Demetrio
La amistad desigual entre Pablo y Demetrio

Todavía era temprano cuando salimos de la casa de
Sebastián. Los dos deseábamos continuar la conversación,
pero no queríamos que nos vieran juntos. Así que, guiada
por Miguel, fuimos por el camino que se iniciaba detrás de
5 la casa y bajaba por entre las huertas y los prados. Terminaba
en la carretera que rodea el pueblo, de modo que después
podríamos continuar por ella hasta llegar a las proximidades
del pazo.

A medio camino, a la altura de un prado rodeado de castaños,
10 nos detuvimos y nos sentamos bajo un árbol. Enseguida nos
pusimos a hablar sobre la entrevista que acabábamos de
mantener con Sebastián.

–Al final, no nos ha dicho nada que no supiéramos –comentó
Miguel, después de repasar todas las informaciones de
15 Sebastián–. Tal vez, ahora sepamos nosotros más que él.

–Mi abuelo y ese esqueleto anónimo sí que nos podrían
contar algo nuevo, pero los dos están muertos.

–Pues como no hagamos una sesión de espiritismo e
invoquemos al fantasma de tu abuelo…

20 –¡No seas tonto, hay cosas con las que no se juega! –le
interrumpí. Después, añadí–: Aún hay un hilo del que
podríamos tirar, el de ese Demetrio que salió al final de la
conversación. ¿Por qué no vamos a hablar con él?

–Irás tú, ya has oído al viejo. Si las cosas fueron tal como nos
25 contó, ni él querrá hablar conmigo ni a mí me va a apetecer
entrar nunca en esa ferretería.

Lo que Miguel decía me pareció razonable. Además, en
aquel momento recordé que Sebastián nos había explicado
que el comercio estaba enfrente del Casino. Si íbamos juntos,

---

11 **una entrevista** encuentro y conversación entre dos o más personas y hablar de uc –
18 **una sesión de espiritismo** spiritistische Sitzung – 19 **invocar a** *un fantasma, espíritu*
llamar o dirigirse a un espíritu (beschwören) – 29 **un comercio** *aquí*: tienda

habría muchas probabilidades de que nos viera alguna de las chicas de la que, en teoría, era mi pandilla.

–Pues entonces tendré que ir yo sola.

–Me parece bien –respondió Miguel–. Además, ese tal 5 Demetrio estará encantado de que vayas a visitarlo. Tú eres del pazo, para él será todo un orgullo recibirte.

Al día siguiente, Loreto se quedó sorprendida y feliz cuando le dije que aquella tarde iría con ella al Casino. Como supuse, era la coartada perfecta, pues mi madre también se mostró 10 encantada. Así que allí me fui con mi prima, y durante media hora representé el papel de chica ociosa que tanto odiaba Miguel, sentada en la terraza y charlando con el grupo que se había reunido. Me marché de allí en la primera ocasión que se me presentó, no podía dejar pasar aquella oportunidad. 15 Enseguida localicé la ferretería, que estaba en el otro lado de la calle, varias casas más allá.

Entré en ella. Era un establecimiento estrecho y alargado, algo oscuro, con un mostrador de madera en la parte izquierda que llegaba casi hasta el final de la tienda. Detrás del mostrador 20 todo eran estantes llenos de cajas. En la parte de la derecha, la pared estaba cubierta de más estantes, ocupados por las cosas más variopintas: ollas de barro y de metal, sartenes, botes de pintura, sierras de diversos tamaños, hoces, vasos y jarras de cristal…

25 El negocio lo atendía una mujer más bien gruesa, con el pelo peinado como se debía de llevar hacía veinte años. Tenía puesto un vestido floreado y una chaqueta azul de lana. Hablaba con un cliente al que le estaba enseñando bombillas

---

11 **representar** *un papel* actuar, interpretar (spielen) – 18 **un mostrador** mesa larga en las tiendas (Theke) – 22 **variopinto** diverso, variado – 22 **una olla** Topf – 22 **el barro** mezcla de tierra y agua (Tonerde) – 22 **una sartén** Pfanne – 22 **un bote** *de pintura* recipiente cilíndrico que se puede tapar (Farbtopf) – 23 **una sierra** Säge – 23 **una hoz** Sichel – 23 **una jarra** recipiente para servir bebidas – 27 **la lana** Wolle – 28 **una bombilla** objeto de cristal para producir luz (Glühbirne)

de varios tipos y tamaños. Esperé a que lo despachara. Cuando el cliente se marchó, la mujer se acercó a mí:

–¿Y usted que desea? –por la mirada que me dirigió, tuve la sensación de que sabía quién era, supongo que a los del pazo nos resultaba imposible pasar inadvertidos en el pueblo.

–No vengo a comprar nada –dije. Después, como ella esperaba algo más, añadí–: Es que me han dicho que aquí podría encontrar al señor Demetrio y me gustaría hablar con él.

–Tú eres de los de Soutelo, ¿verdad?

–Sí. Me llamo Clara. Soy hija de don Víctor.

–Encantada. Yo me llamo Asunción –contestó, con una media sonrisa–. Demetrio es mi suegro. Está ahí detrás, en la huerta. Si esperas un momento, le voy a preguntar si puede atenderte ahora.

Le di las gracias y ella desapareció por una puerta que había al fondo del establecimiento. Volvió al poco rato, con una sonrisa más franca en la cara. Me pidió que la siguiera. La puerta daba a un corto pasillo que recorrimos en silencio. Tras abrir una nueva puerta acristalada, se salía a una huerta pequeña, pero muy cuidada. Excepto las estrechas sendas que la atravesaban, toda la tierra estaba dividida en parcelas rectangulares, cada una dedicada a un producto distinto: tomates, cebollas, pimientos, patatas, zanahorias, lechugas… El fondo de la huerta era el único espacio sin trabajar, en él sólo crecían la hierba y tres árboles frutales. El de la derecha era una higuera que ya debía de tener muchos años. Debajo de las ramas había una mesa de madera y algunas sillas. En una de ellas estaba sentado un hombre mayor, leyendo el periódico.

Asunción nos presentó y después regresó a la tienda. Yo me senté en otra silla, frente a aquel Demetrio Lamela que, por lo que me había contado Sebastián, había conocido bien

---

1 **desapachar** *en una tienda* atender a los clientes (abfertigen) – 13 **un suegro** el padre del marido o la mujer – 21 **una senda** camino – 22 **una parcela** pequeña parte de un terreno – 24 **una cebolla** Zwiebel – 24 **un pimiento** Paprika – 24 **una zanahoria** Karotte – 24 **una lechuga** Salat – 27 **una higuera** Feigenbaum

a mi abuelo. Era un hombre delgado, y me pareció de altura mediana cuando se levantó para darme la mano. Tenía un bigote fino, una raya blanca que destacaba sobre la piel morena y curtida, atravesada por las arrugas. En la parte superior de la
5 cabeza el pelo era ya escaso; lo llevaba peinado hacia atrás, sin ningún intento de disimular la calvicie. Costaba trabajo creer que aquel viejo hubiera sido uno de los que habían asesinado a tanta gente en la comarca. Pero me acordaba de las palabras de Sebastián y no pude evitar una sombra de temor al reparar
10 en el brillo frío de su mirada.

–Así que tú eres la nieta de don Pablo. Un gran hombre, tu abuelo. Yo lo conocí muy bien, tuve el honor de que me considerara su amigo.

–Lo sé, por eso estoy aquí. En casa, hablando de él, ha
15 salido alguna vez su nombre, y también referencias a su amistad. –Era mentira, claro, nunca había oído hablar de él hasta la conversación con Sebastián, pero mis palabras sonaban convincentes. Decidí aprovechar la oportunidad para entrar directamente en el tema que me había llevado allí–:
20 Precisamente, lo que quiero es que me hable de él.

El hombre no pudo disimular la satisfacción que le producían mis palabras. La desconfianza desapareció de su rostro, sustituida enseguida por una sonrisa afable. Estaba claro que no había podido comenzar con mejor pie. Aún así,
25 me preguntó, con un tono de extrañeza:

–¿Y por qué acudes a mí? ¿Qué te puedo decir yo que no sepa tu familia?

–Verá, es que estoy interesada en la historia de mi abuelo. Me gusta escribir y quiero hacer una biografía sobre él –improvisé,
30 confiando en que la mentira resultara creíble–. Mi padre y mis tíos ya me han contado todo lo que saben, tengo varias cintas grabadas con sus entrevistas. Pero necesito completar la

---

3 **un bigote** pelo que nace sobre el labio superior – 4 **curtido** quemado por el sol –
22 **la desconfianza** ≠ confianza, escepticismo – 23 **sustituido** cambiado por otra cosa –
23 **afable** agradable, amable – 24 **con el mejor pie** de la mejor forma posible – 25 *un tono de* **extrañeza** que le parece raro – 32 **una cinta** *de música* Musikkassette

información con testimonios de otras personas que lo hayan conocido.

–Pues yo lo conocí bien, sí. No trabé amistad con él hasta el comienzo de la guerra, los dos luchamos en el mismo
5 regimiento. Él era capitán y yo, sargento. Pronto congeniamos. Tu abuelo era una persona extraordinaria, fue un honor que me tuviera por amigo –ahora la voz de Demetrio sonaba más segura, debía de ser consciente de que caminaba por terreno firme–. Cuando acabó la guerra y le nombraron alcalde, fui
10 uno de sus concejales; estuve con él hasta el año 1959. Siempre me tuvo en gran consideración, y para mí fue un orgullo estar a sus órdenes.

Apenas necesité intervenir para que aquel hombre fuera hilvanando anécdotas y más anécdotas relacionadas con don
15 Pablo, como él le llamaba: las batallas en el frente, los crudos inviernos en tierras de Aragón, las ciudades conquistadas, el trabajo de poner en marcha el nuevo ayuntamiento… Algunas de las cosas que me contaba tenían interés, pero no decía nada que tuviera relación con el asunto que me había llevado allí.
20 Decidí ser más directa en mis preguntas:

–¿Y qué me dice de la guerra? Tuvo que ser una experiencia terrible para los dos.

–Fue dura, pero necesaria. En aquel tiempo España estaba muy mal, por eso hubo que hacer la guerra, no quedaba otra
25 salida –la voz de Demetrio se endureció de nuevo–. Tanto don Pablo como yo fuimos voluntarios, no esperamos a que nos reclutaran. Él, como tenía estudios, ingresó como oficial. Y me llevó de ayudante, ya te he dicho que hicimos toda la guerra juntos.

---

3 **trabar** *amistad* hacer, comenzar – 5 **un regimiento** unidad militar (Regiment) – 5 **un sargento** grado militar suboficial – 5 **congeniar** llevarse bien con up por tener carácter semejante – 10 **un concejal** up que ha sido elegido para formar parte del ayuntamiento – 11 **tener en consideración a up** ≠ despreciar, apreciar, tener afecto a up (→ considerar) – 14 **hilvanar** unir uc con otra cosa – 15 **una batalla** Schlacht – 15 **crudo** *aquí*: duro, difícil – 25 **endurecerse** hacerse más duro, serio – 26 **un voluntario** up que hace uc libremente – 27 **ingresar** entrar a formar parte de uc – 28 **un ayudante** up que ayuda a otro en un trabajo

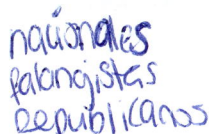

nacionales
falangistas
republicanos

rojos = republicanos

–Usted me acaba de decir que cuando eran jóvenes no se trataban. ¿Cuándo nació su amistad?

–Comenzamos a tratarnos poco después de producirse el Alzamiento. Entonces uno tenía que saber quién era amigo y
5 quién no. Y don Pablo lo era, por supuesto que sí.

–Tengo entendido que en Vilarelle había pocas personas que simpatizaran con la República.

–No eran muchas, pero se hacían notar –contestó con tono seco. Era evidente que no le gustaba la dirección que estaba
10 tomando la entrevista. Decidí arriesgarme más, ante el peligro de que Demetrio pudiera darla por concluida en cualquier momento.

–Me han hablado de un maestro que fue amigo de mi abuelo, un tal Rafael. ¿Usted lo conoció?

15 –¿Rafael? Sí que lo conocí. Pero ese no era de Vilarelle, se quedó poco tiempo en el pueblo –como vio que me quedaba callada, añadió–: El tal Rafael fue listo. Se marchó de aquí tan pronto como pudo, creo que a Argentina. No volví a saber más de él.

20 –Huiría para que no lo mataran –me atreví a decir–. He oído que mataban a los maestros, aunque no sé por qué.

–El porqué te lo digo yo –contestó Demetrio con una voz cortante que me provocó un escalofrío–. La mayoría simpatizaba con los rojos, ellos eran los que envenenaban a
25 los niños, metiéndoles en la cabeza las ideas comunistas.

–También he oído que en el pueblo se cometieron asesinatos de republicanos. Los llamaban paseos, creo –era consciente de que mis palabras suponían una provocación, pero pensé que no tenía nada que perder.

30 –¿Y por qué me preguntas eso? –sus palabras sonaban cortantes, cargadas de irritación contenida–. Creí que habías venido a hablar de don Pablo.

---

4 **el Alzamiento** Melilla, 17 de julio de 1936; levantamiento militar contra el gobierno de la Segunda República e inicio de la Guerra Civil española – 24 **envenenar** *aquí*: infectar con ideas falsas – 31 **cortante** seco, serio, frío (→ cortar)

–Sí, desde luego. Yo sólo se lo pregunto porque he oído cosas que…

–Has oído, has oído… –me cortó con voz dura–. No hagas caso de todo lo que escuches, hay gente empeñada en manipular la memoria de lo que pasó en aquellos años.

–Pero es que también lo he leído –objeté, con algo de temor–. He leído que mataron a gente que…

–Hubo gente que apareció muerta, sí: en las guerras pasan cosas terribles –me interrumpió otra vez–. Tal vez eran los mismos rojos los que se mataban entre sí; habría ajustes de cuentas entre ellos, aunque luego nos echasen la culpa a los nacionales.

–¿Sabe usted si mi abuelo tuvo algo que ver con eso?

–Don Pablo fue un hombre extraordinario. Un español íntegro y un auténtico patriota –contestó Demetrio con ojos de ira. Se inclinó un poco hacia delante y todo su cuerpo se puso en tensión. Por un momento pensé que se iba a levantar para darme una bofetada–. Sobre lo otro que me preguntas no recuerdo nada. Soy un viejo, mi memoria ya no es buena, tienes que disculparme.

Dicho esto, recogió el periódico que había dejado sobre la mesa y se lo puso sobre las piernas. Me miró con ojos extraños: había en ellos desconfianza, pero también un rastro de odio. Aquel hombre ya no me iba a decir ni una palabra más.

Me despedí precipitadamente y me fui de allí con prisa. Me sentía frustrada por el resultado de la conversación, aunque, vista desde la perspectiva actual, pienso que fue muy reveladora. Pero entonces yo era todavía muy joven y no sabía que, a veces, los silencios pueden ser mucho más elocuentes que las palabras.

---

4 **empeñado** → empeñar – 11 **echar la culpa de uc a up** *loc* culpar a up – 16 **inclinarse** mover el cuerpo hacia abajo – 18 **una bofetada** golpe con la mano en la mejilla (Ohrfeige) – 25 **precipitadamente** rápidamente, con mucha prisa – 28 **revelador** que da información sobre uc – 29 **elocuente** *aquí*: significativo, expresivo

20 *Una cena llena de discusiones sobre el pasado*

Si hago caso de lo que escribí en mi diario, diré que en los siguientes días la vida continuó su curso, marcada solo por hechos que no tienen relevancia para lo que quiero contar: desde los reiterados intentos de mi madre por hablar conmigo
5 (pues supongo que notaba cómo mis intereses estaban cambiando y cómo, de algún modo, cada vez me sentía más lejos de ella y de mi padre) hasta las conversaciones idiotas que me veía obligada a mantener con Loreto, que había roto con su novio y buscaba mi hombro para llorar a todas horas.

10 Entre los hechos agradables de aquellos días tengo anotado el asombro que sentí mientras devoraba con ansia las páginas de El palacio de la luna, tan distinto a todo lo que había leído hasta entonces. También hay un lugar para la voz amiga de Joe Strummer acompañándome día tras día en la soledad de
15 mi cuarto. Y, claro, sobre todo para mi relación con Miguel, que seguía ocupando la mayor parte de las hojas del diario. Una relación que me hacía feliz, en todos los sentidos, y que se volvía aún más interesante por la prohibición de mi padre, una dificultad que seguíamos sorteando gracias a la ayuda
20 cómplice de Carlos. Estaba enamorada, y los textos que escribí en aquel momento reflejan ese sentimiento entusiasta que guardo en la memoria como un tesoro. A ese dulce desvarío se sumaba, además, el convencimiento de que, a través de Miguel, estaba descubriendo una faceta de la vida que hasta
25 entonces me había sido ajena, pues poco más sabía de ella que lo aprendido por medio de las muchas novelas que había leído.

Pero no me toca ahora hablar de ninguna de esas cuestiones, si quiero seguir con mi relato. No obstante, sí debo hacer

---

4 **reiterado** repetido – 8 **romper** *una relación* terminar, acabar con una relación sentimental – 19 **sortear** *aquí*: evitar uc o up – 22 **un tesoro** uc de mucho valor – 22 **un desvarío** locura, pérdida temporal de la razón – 23 **el convencimiento** seguridad absoluta de uc

173

referencia a lo que anoté el 22 de agosto. Ese día tuve una larga conversación con mi tío, una más de las que solíamos mantener por las noches en su cuarto. En ella le hice un relato detallado del nuevo encuentro con Sebastián y de mi visita a

5 la ferretería de Demetrio. Me sentía desanimada, ya que veía que nuestras indagaciones siempre nos llevaban a callejones sin salida. Podríamos establecer todas las hipótesis que nos vinieran a la cabeza, pero nunca sabríamos nada sobre aquel cadáver anónimo. Al contrario de lo que esperaba, Carlos

10 demostró un gran interés por las noticias que le di, en especial por las de la charla con Demetrio. Yo entonces no me daba cuenta de que lo que a mi tío de verdad le interesaba era cualquier información que le permitiera reconstruir la figura de su padre, con el que tan enfrentado había estado durante

15 tantos años de su vida. Pero eso solo lo supe años después.

–También yo tengo algo que contarte –me dijo Carlos, después de escuchar mi relato–. ¿Recuerdas aquel frasco que había en el estuche que tan en secreto guardaba mi madre? Se lo llevé a Ana, la forense, para que analizara el contenido.

20 Y ayer por la noche me llamó por teléfono para darme los resultados.

–¿Y qué contenía? –pregunté, tras comprobar que Carlos se había quedado callado, en una de esas pausas teatreras a las que era tan aficionado–. ¡Dímelo, venga!

25 –Pues el líquido del frasco resultó ser digoxina, un cardiotónico de la familia de los digitálicos. ¿Recuerdas la planta que tú llamas estralote, esa de flores púrpura que tanto te gustaba estallar? Pues su nombre más común es digital, de sus hojas superiores es de donde se obtiene la digoxina.

---

5 **desanimado** ≠ animado, sin motivación, deprimido – 6 **la indagación** investigación para saber uc que se desconoce – 6 **un callejón sin salida** Sackgasse – 24 **aficionado a uc** seguidor, admirador, que le gusta mucho uc – 25 **la digoxina** medicamento usado para tratar algunos problemas del corazón – 26 **un cardiotónico** sustancia que hace mayor el ritmo cardiaco (herzanregend) – 26 *la familia de los* **digitálicos** se emplean para tratar la *insuficiencia cardiaca* (Herzschwäche) y los problemas del ritmo cardiaco – 27 **un estralote** planta muy *tóxica* (giftig) con propiedades cardiotónicas de uso peligroso – 28 **estallar** explotar (zerplatzen)

–¡No seas pedante, no te pongas a darme lecciones ahora! ¿Por qué es tan importante el contenido de ese frasco?

–Porque la digoxina es un medicamento que se emplea para tratar algunas dolencias del corazón, sobre todo en casos de
5 insuficiencia cardiaca. Es un tratamiento con el que hay que ser muy cuidadoso. Si se administra en cantidades pequeñas durante más tiempo del debido, se llega por acumulación a una dosis tóxica. Los síntomas son claros: taquicardia, mareos, vómitos… Si se continúa administrando, en pocos días provoca
10 daños irreversibles en el corazón y suele acabar en un infarto.

Callé. No adivinaba la importancia que podía tener una información tan detallada como la que acababa de escuchar. Carlos, tras un silencio, continuó con voz grave:

–Lo que no sé es para qué querría mi madre esa medicina,
15 ella nunca padeció de nada relacionado con el corazón, que yo sepa. Y todavía me desconcierta más para qué la escondería en ese cajón secreto; es evidente que en él guardaba lo que no quería que nadie viera. Ni siquiera mi padre.

–¿Por qué me cuentas todo esto? ¿Por qué te parece tan
20 extraño?

–Te lo cuento porque papá murió de un infarto fulminante. Por lo que recuerdo, parece que tuvo algunas molestias los días anteriores a su muerte, aparentemente causadas por una indigestión, pero no les dio ninguna importancia. Nunca
25 se quejaba de nada, y menos del corazón; al revés, siempre presumía de que lo tenía fuerte como el de un chico de veinte años. Ya sé que esas cosas ocurren, nadie está a salvo de tener un infarto, y menos una persona como él que no se cuidaba nada. Pero tras el descubrimiento de este frasco ya no sé qué

---

1 **pedante** besserwisserisch – 4 **una dolencia** enfermedad (→ dolor) – 5 **un tratamiento** *de una enfermedad* sistema o método para *curar* (heilen) – 6 **administrar uc** *aquí*: dosificar,dar – 8 **una taquicardia** frecuencia del ritmo cardiaco superior al normal – 8 **un mareo** pérdida del equilibrio (Schwindel) – 9 **un vómito** contenido del estómago que sale de forma violenta por la boca – 10 **irreversible** definitivo, que no se puede solucionar – 15 **padecer** *una enfermedad* sufrir, tener – 21 **fulminante** rápido y repentino – 22 **una molestia** *aquí*: dolor – 24 **una indigestión** problema del estómago al tratar la comida (Verdauungsstörung) – 25 **quejarse de uc** protestar

pensar, sobre todo cuando repaso ciertas actitudes de mi madre. ¿Me comprendes si te digo que me vienen a la cabeza algunas asociaciones que hasta a mí me asustan? Ya te he contado que, en los últimos años, los dos procuraban convivir
5 manteniendo las formas, aunque su relación era cada vez más distante. Mamá hacía vida en su cuarto, y papá estaba cada vez más irascible.

–¿Quieres decir que…?

–Yo no quiero decir nada, Clara –me cortó mi tío–. Sólo te
10 cuento lo que se me viene a la cabeza, tal vez no sea más que una de esas obsesiones que a veces me atormentan. Cualquiera diría que la aparición de ese esqueleto nos está enloqueciendo un poco a todos, y no vemos más que asesinatos.

La noche del 24 de agosto, después de cenar, mi padre me
15 pidió que me quedara un poco más con ellos en la mesa. También se quedó mi tío, mientras que Loreto y los chicos se fueron a ver la televisión a la sala. Me extrañó la petición, que no era nada habitual, y también la expresión seria con la que papá había pronunciado sus palabras. Encendió un
20 cigarro con ademanes pausados, como solía hacer cuando se preparaba para decir algo importante, y, tras expulsar el humo de la primera calada, me preguntó con voz tensa:

–¿Puedes explicarnos qué te traes ahora entre manos? Creí que el aviso que te di sobre el mecánico ese había sido
25 suficiente, pero ya veo que te empeñas en amargarnos el verano –el silencio de los que estábamos en la mesa hacía más duro el tono de sus palabras–. Me gustaría saber qué estás buscando por ahí, por qué tienes que molestar a la gente haciendo tantas preguntas.

---

5 **mantener las formas** aparentar, conservar uc *aquí*: ser una familia perfecta –
7 **irascible** que se enfada con facilidad – 11 **atormentar** torturar, amargar, preocupar –
12 **enloquecer** volverse loco – 20 **un ademán** movimiento, gesto – 21 **expulsar** soltar,
dejar libre uc – 21 **el humo** Rauch – 22 **una calada** cada una de las aspiraciones del humo
del cigarro (Zug)

–No sé a qué te refieres, papá –contesté, tratando de ganar tiempo para poder reaccionar mejor. Sabía de sobra a qué se refería, claro. Pronto deduje que alguien le había ido con el cuento de mi visita a la ferretería y, tal vez, también a casa de
5 Sebastián. Si le habían contado eso, seguramente sospechaba lo que pretendía con mis preguntas.

–¿Qué pasa? ¿Te ha dado ahora por entrevistarte con la tercera edad? –continuó, ya lanzado–. ¿De dónde te viene tanto interés por la guerra, y por mi padre, y por sucesos que
10 ya estaban más que olvidados cuando tú naciste?

No tenía sentido contestar, ahora sí que estaba claro que conocía mi conversación con Demetrio. ¿Quién le habría ido con el cuento y por qué razón?

–¿No dices nada? ¡Pues en otros sitios sí que hablas! ¿Quién
15 te mete en la cabeza esas ideas que tanto defiendes? ¿No será ese muerto de hambre, el aprendiz de mecánico con el que te ha dado por salir?

Mi padre había ido subiendo progresivamente el tono de su voz. Estaba congestionado, con las venas del cuello tan
20 marcadas que parecía que le iba a dar un ataque. Y, sobre todo, había puesto esos ojos amenazantes que tanto miedo me dieron siempre.

–Papá tiene razón –intervino mamá, tratando de arreglar lo que no tenía arreglo posible–. Las vacaciones son para
25 divertirse, como hacen Loreto y sus amigas. Eres joven, te sobra gente con quien pasarlo bien. Y tú, en cambio, te empeñas en andar con ese chico del que nada sabemos.

Pobre mamá, pienso ahora. Toda la vida dándole la razón a mi padre sólo para mantener una felicidad y una paz ficticias,
30 esa felicidad de cartón-piedra tan importante para ella. Aquella noche la odié por su cobardía, por no atreverse a defenderme,

---

8 **la tercera edad** la gente mayor – 8 **lanzado** se dice de lo empezado con mucho ánimo –
16 **un aprendiz** up que aprende una profesión – 19 **una vena** Ader – 21 **amenazante** que
da señales de que uc mala va a pasar (→ amenazar) – 29 **la paz** Frieden – 30 **un cartón
piedra** Pappmaschee *aquí*: falso, irreal – 31 **la cobardía** falta de valor (→ cobarde)

por no tratar de entender mis razones, tampoco era tan difícil. La defensa vino de mi tío Carlos, que había estado escuchando en silencio toda la diatriba de mi padre.

–Eres muy injusto, Víctor, permíteme que te lo diga. Tienes
5 una hija extraordinaria, muy madura y reflexiva para su edad. Mucho más que tú, por cierto, y que no te parezca mal.

–No es necesario que la defiendas, Carlos, tú no eres el mejor ejemplo –le contestó mi padre con tono desafiante–. Te fuiste de casa, te olvidaste de papá y de mamá, hiciste siempre tu
10 vida sin que te importara la familia para nada. ¿Qué se puede esperar de ti?

–Algún día, si quieres, repasamos cómo eran las cosas en nuestra familia; yo tengo una versión muy distinta de la tuya –Carlos hablaba de manera pausada, aunque le notaba la
15 indignación contenida que encerraban sus palabras–. Quizá entonces ya vivías con los ojos cerrados, atento sólo a lo que te beneficiaba. Como ahora, por cierto. En eso no has cambiado nada.

–No entiendo qué quieres decir –replicó mi padre,
20 desconcertado por el ataque.

–Pues es muy fácil, Víctor. Aparece un cadáver en tu casa, con signos muy claros de que ha sido asesinado. Y tú lo único que haces es echarle tierra cuanto antes. Ni tienes interés en conocer quién era ese hombre ni tampoco en saber qué mano
25 empuñaba la pistola que lo mató. ¿Debo creer que es simple falta de curiosidad?

–El pasado, pasado está. ¿Qué nos importa a nosotros todo eso? –mi padre volvía a estar congestionado, y su expresión, aparentemente más contenida, estaba cargada de una ira que
30 nunca antes había visto en él.

–A ti, nada, no hace falta que me lo recuerdes. ¿Pero no te has parado a pensar que la persona que lo asesinó quizá vivía en el pazo?

---

3 **una diatriba** discurso violento y con *insultos* (Beschimpfung) contra up – 6 **por cierto** a propósito (übrigens) – 15 **la indignación** gran enfado que produce uc o up – 19 **replicar** contestar de mala forma

–Eso es mucho decir, no hay ninguna prueba.

–Son los hechos los que lo dicen, no sé qué más pruebas necesitas –continuó Carlos–. A ese hombre que a ti nada te importa alguien le pegó dos tiros y después lo emparedó. Aquí
5 dentro, en nuestra casa. Algo tendrá que ver con nosotros, ¿no te parece?

–Todo eso es pasado. ¿Acaso no sabes que los hechos ya han prescrito?

–¡Y a mí qué me importa si prescribieron o no! –ahora era
10 Carlos quien elevaba la voz–. No hablo de cuestiones legales, estoy hablando desde una perspectiva moral, si es que aún no has olvidado lo que eso quiere decir.

–¡Déjame en paz, Carlos! Recuerda que me estás hablando delante de mi mujer y de mi hija.

15 –¿Qué es mejor entonces, ignorar lo que ocurre? Quizá por eso tampoco te dabas cuenta de cómo papá trataba a nuestra madre, siempre fuiste especialista en volver la vista hacia otro lado –mi tío me dirigió una mirada fugaz y luego volvió a hablarle a mi padre–. Pues lo único que ocurre es que Clara no
20 se parece a ti. Así de sencillo. En el fondo, deberías alegrarte.

La discusión entre ellos dos duró todavía un buen rato, ante mi asombro y la mirada desolada de mi madre. No volvieron a elevar el tono de voz, pero las palabras parecían dardos envenenados, sobre todo las de papá, que hasta llegó
25 a echarle en cara a mi tío su condición homosexual. Yo ya sabía que Carlos y papá eran diferentes, pero nunca pensé que fueran capaces de discutir de esa forma. Al fin y al cabo, eran hermanos, se habían criado los dos bajo el mismo techo. Pero aquella noche, más que hablar de mí, en realidad estaban
30 haciendo un ajuste de cuentas con su pasado.

---

4 **pegar un tiro** disparar – 17 **volver la vista hacia otro lado** *loc* ignorar, no enfrentar una situación – 22 **desolado** muy triste – 24 **un dardo** Wurfpfeil – 24 **envenenado** *fig* con *veneno* (Gift) – 25 **echar en cara uc a up** *loc* vorwerfen

Después de unos minutos de frío silencio, cuando la discusión parecía haber llegado a un punto muerto, mi padre lanzó su último dardo:

–Lamento decírtelo, Carlos, pero ahora el pazo es mío. Si vas
5 a venir aquí para esto, mejor será que te quedes en Barcelona. Ya me hago mayor, acabo de cumplir los cincuenta años. Tengo derecho a disfrutar de todo lo que he conseguido en la vida. Y no voy a consentir que me la amargue nadie, sea mi hermano o sea mi hija. Así que ya lo sabes.

10 Sin más, se levantó y se dirigió a las escaleras que llevaban al piso de arriba. Mamá todavía siguió un rato más con nosotros, para pedirle a Carlos que le disculpara, que mi padre se arrepentiría a la mañana siguiente de sus duras palabras. Pero no tardó en marcharse detrás de papá, como una criada
15 solícita.

Y allí nos quedamos mi tío y yo, mirándonos en silencio, incapaces de verbalizar todo lo que, sin duda, querríamos decirnos. Así terminó aquella cena; una cena que, puedo decirlo desde la perspectiva que me da el paso del tiempo,
20 quizá fue el primer paso para las decisiones que tuve que tomar algún tiempo después.

---

8 **consentir** dar permiso, permitir (→ consentimiento) – 15 **solícito** sumiso, obediente (eifrig)

21

Al día siguiente no abandoné mi habitación hasta el atardecer. Por la noche apenas había conseguido dormir, me dolían la cabeza y todo el cuerpo, me sentía muy mal. No tenía ganas de ver a mi padre; la idea de permanecer en el mismo
5 espacio que él se me hacía insoportable, y mucho más tener que sentarme a la mesa como si nada hubiera ocurrido. Lo que más deseaba era ver a Miguel, pero eso resultaba imposible, tal como estaban las cosas en casa. Temí que mi tío se marchara ese mismo día, después de la dura discusión que había tenido
10 con papá, pero me tranquilizó con la visita que me hizo poco después de las doce: no abandonaría el pazo hasta principios de septiembre, tampoco él quería irse dejando una herida abierta en la relación con su hermano. De cualquier modo, aunque entonces yo no lo supiera expresar con las palabras
15 exactas, no era difícil adivinar que, en adelante, ya nada sería igual, porque algo estaba definitivamente roto en nuestra vida familiar.

La visita de Carlos fue la primera de las que tuve a lo largo del día, todas ellas importantes. Están puntualmente reseñadas
20 en mi diario, y puedo recordarlas ahora aquí con la seguridad que me da saber que no caeré en las trampas de la memoria. Además de informarme de sus intenciones de quedarse unos días más, me comunicó una noticia que me dejó preocupada. A primera hora de la mañana lo había llamado por teléfono
25 una mujer que se identificó como la madre de Miguel. Su hijo le había pedido que telefoneara al pazo, que preguntase por Carlos, y que le dijera que Miguel quería verle.

---

2 **un atardecer** comienzo de la tarde – 12 **una herida** Wunde – 19 **reseñado** nota o comentario corto (rezensiert)

–¿Y por qué no te ha llamado él directamente? ¿A qué viene eso de meter a su madre en el medio? –pregunté, desconcertada por aquella información.

–No lo sé, Clara. Supongo que en ese momento no podría, es posible que no le dejen hacer llamadas desde el taller –respondió mi tío, tratando de tranquilizarme–. He quedado en pasar por su casa después de comer. Cuando vuelva, subo a verte otra vez y te cuento qué es lo que me quiere.

La segunda visita importante fue la de Celsa. Poco antes le había dicho a mi madre, que entró a verme unos instantes, que no me encontraba bien y que prefería comer en mi dormitorio. A eso de las dos, Celsa me trajo una bandeja con dos rodajas de merluza rebozada y arroz en blanco, además de un yogur y varias piezas de fruta. Me acomodé en la cama dispuesta a comer algo y ella, en vez de marcharse, se sentó a mi lado. Tras vacilar un momento, me dijo que tenía que pedirme algo. La noté nerviosa, como si temiera que alguien pudiera entrar y sorprenderla conmigo; además, en su voz había un aire de misterio que me intrigó.

–Mi padre desea hablar contigo, Clara. No sé de qué, no me ha querido contar nada. Pero me ha insistido en que, en cuanto tengas ocasión, no dejes de visitarlo.

–¿Tu padre? –pregunté, extrañada. Hacía esfuerzos por acordarme de la persona de la que me hablaba, pero a mi cabeza no venía ninguna imagen. Sabía que Celsa estaba casada, su marido trabajaba en el Ayuntamiento, y a veces venía a echar una mano en el cuidado de los jardines. También conocía de vista a sus dos hijos, que eran mayores que yo. Vivían en una casa situada a unos doscientos metros del pazo, una vivienda sencilla con una huerta en la parte de atrás. Yo solía pasar por delante de ella siempre que iba al pueblo, pero

---

12 **una rodaja** Scheibe – 13 **una merluza** Seehecht – 13 **rebozado** paniert – 16 **vacilar** dudar, no saber que hacer – 19 **intrigar** → intrigado – 27 **echar una mano** *loc* ayudar – 28 **de vista** vom Sehen

nunca había visto por allí a ningún señor mayor que pudiera ser su padre.

–Mi padre, sí, no dejó de insistir hasta que le prometí que te lo diría. Seguramente no te das cuenta de quién es porque hace 5 muchos años que está enfermo, y apenas sale de casa. Tiene cáncer de próstata; hasta hace poco aún iba tirando, es de esos que no pueden estar sin hacer nada. Desde el comienzo del verano se encuentra peor, no creo que aguante mucho más. Se pasa en la cama casi todo el día. Yo le digo que se levante, pero 10 siempre me contesta que lo deje en paz, que ya le queda poco tiempo.

–¿Y por qué quiere hablar conmigo si no me conoce de nada?

–Te recuerda de cuando eras una niña, él entonces aún 15 salía y ayudaba algunas veces a arreglar el jardín. Porque papá trabajó toda la vida en el pazo, desde que era un muchacho. Tus abuelos lo apreciaban mucho, siempre fue su hombre de confianza.

–Creo que ya me acuerdo de él –dije. En mi cabeza acababa 20 de aparecer la imagen de un hombre mayor dando forma a los mirtos con unas grandes tijeras de podar. Un hombre al que mi abuela tenía en gran estima, seguro que era él–. Pero no acabo de entender por qué quiere verme.

–Mujer, él sabe cosas de ti. Siempre le cuento lo que pasa en 25 el pazo, os aprecia como si fuerais de la familia –Celsa me miró fijamente y añadió–: Ayer le conté la discusión que hubo en la cena. Ya sé que no debo meterme donde nadie me llama, pero desde la cocina se oye todo lo que habláis.

–Tranquila, Celsa, ya sabes que te consideramos como una 30 más de la casa. Lo que no acabo de entender es qué tiene que ver con tu padre la discusión de ayer.

---

6 **un cáncer** Krebs − 6 **ir tirando** *coloq* sein Leben fristen − 21 **unas tijeras de podar** *fp* Rebschere − 22 **tener a up en estima** estimar, apreciar a up − 27 **meterse donde nadie llama a up** *loc coloq* sich in Dinge einmischen, die einen nichts angehen

–Pues algo debe de tener que ver, porque cuando acabé de contársela empezó a hacerme un montón de preguntas sobre ti –Celsa me miró con cariño, en sus ojos se reflejaba el afecto que me tenía–. Hace años yo te conocía más; desde que has 5 crecido ya no hablamos tanto, pero creo saber bien cómo eres. Le dije que cada vez te pareces más a doña Rosalía, y no sólo en el físico. Que eres una chica noble y buena persona. Y que tienes un carácter fuerte, no eres de las que se dejan intimidar.

Me acerqué a Celsa y la abracé con ternura, no guardaba de 10 ella más que buenos recuerdos. Allí la tenía, una persona más que me miraba con cariño. Como Miguel, como Carlos. ¿Cómo podía quejarme, cómo estar triste, contando con gente que me quería así?

–¿Vas a ir a verlo? –insistió Celsa cuando nos separamos–. 15 Querría decírselo hoy, me lo va a preguntar en cuanto vuelva.

–Dile que mañana estaré allí, sin falta. Si me haces el favor, me acompañas, así nos presentas. Yo también tengo ganas de saber qué es eso tan importante que me quiere decir.

Serían las ocho de la tarde cuando Carlos volvió a entrar en 20 mi cuarto. Enseguida noté la preocupación y el desaliento que reflejaba su rostro. Ya me había levantado y estaba sentada en la cama, con la espalda apoyada en el cabecero. Sabía que venía de ver a Miguel y me asusté de inmediato, era evidente que algo no iba bien.

25 –Miguel no tiene nada grave, no te preocupes –me dijo Carlos, como si me adivinara el pensamiento. Se sentó a los pies de la cama y añadió–: Pero tendrá que guardar reposo tres o cuatro días. Tiene lesiones por todo el cuerpo, le conviene no moverse hasta que se vaya curando. Quería escribirte una 30 carta, pero le he convencido de que te lo podía contar yo.

---

8 **intimidar** asustar, tener miedo, presionar – 16 **hacer un favor a up** einen Gefallen tun – 20 **el desaliento** desánimo, tristeza – 25 **grave** *aquí*: importante – 27 **guardar reposo** quedarse en la cama – 28 **una lesión** herida

–¿Qué le ha pasado? ¿Ha tenido un accidente en el taller? –un súbito nudo de angustia se me instaló en el estómago.

–No, Clara, ojalá fuera como tú dices. A Miguel le dieron una paliza ayer por la noche. Le pegaron a conciencia, ni que
5 fueran profesionales.

Las lágrimas acudieron a mis ojos sin poderlo remediar. Lloré, lloré abrazada a Carlos, como si mi cuerpo no soportara el dolor que sus palabras acababan de añadir al que ya sentía. Cuando conseguí calmarme, mi tío continuó:

10 –Le cuesta trabajo hablar porque tiene los labios hinchados, pero me ha dicho lo suficiente para que yo te pueda hacer un resumen de lo ocurrido. Dos hombres lo estaban esperando cerca de su casa, aún no había anochecido del todo. Lo metieron en un coche y se lo llevaron a un lugar que se llama
15 Fonte Escura, me ha dicho que estuvisteis allí juntos en alguna ocasión. Lo sacaron del coche y se pusieron a darle puñetazos y patadas. A conciencia, a la vista del resultado. Llegaron a amenazarlo con una pistola, aunque digo yo que sería sólo para asustarlo. Y después se marcharon dejándolo allí tirado.
20 Consiguió bajar hasta la carretera, donde tuvo la suerte de que lo recogiera un camionero que lo llevó a su casa. Tiene contusiones y muchos hematomas por todo el cuerpo, pero no hay nada roto. El médico ha dicho que con reposo y gracias a su naturaleza fuerte se recuperará pronto.

25 –¿Quiénes lo golpearon? ¿Por qué le habrán hecho eso? –lo que me acababa de contar Carlos me parecía más propio de una película que de la vida real.

–Esa es la peor parte, Clara. Esta agresión a Miguel parece que tiene mucho que ver con vuestras visitas, sobre todo con la

---

2 **un nudo** Knoten *de angustia*; sensación de angustia y nerviosismo en la *garganta* (Kehle) – 4 **una paliza** serie de golpes dados a up – 4 **pegar** *aquí*: golpear – 4 **a conciencia** *loc* detalladamente, con empeño e insistencia – 6 **remediar** evitar – 10 **hinchado** geschwollen – 15 **la Fonte Escura** *gall* la Fuente Oscura – 16 **un puñetazo** golpe con el puño – 17 **una patada** golpe con el pie – 19 **tirado** *aquí*: en el suelo – 21 **un camionero** conductor de camiones – 22 **una contusión** daño producido por un golpe que no causa herida – 22 **un hematoma** marca morada o azul resultado de un golpe – 23 **el reposo** descanso, tranquilidad – 28 **una agresión** ataque o acto violento que causa daño

tuya a ese hombre de la ferretería. Porque me ha dicho que lo amenazaron con darle otra paliza mayor si seguía removiendo en lo que no debía. Y que se acordase de lo que le pasó a su familia durante la guerra, si no quería tener que vivir él lo
5 mismo. También le dijeron que no picase tan alto, que la del pazo era mucho para él. «La del pazo» no hay duda de que eres tú –concluyó Carlos.

Después de escuchar a mi tío, me quedé sin habla. Sentía el corazón oprimido, tenía ganas de llorar hasta que se me
10 acabaran las lágrimas, me dominaba una sensación de impotencia muy grande. Y, más allá de los hechos concretos, la intuición del peligro, la sospecha de que, aunque yo lo ignorara, quizá había en el pueblo personas que seguían teniendo razones para desear que los sucesos de la guerra no
15 salieran a la luz.

Miré a Carlos. Él era una persona mayor, tenía experiencia de la vida y era en quien yo más confiaba, así que le pregunté si sabía qué debíamos hacer.

–Hacer, yo diría que nada. La madre de Miguel no quiere
20 presentar denuncia, se le notaba que tenía mucho miedo. Tal vez ella sabe cosas del pueblo que nosotros ignoramos, no olvides que las familias de los que perdieron la guerra quedaron marcadas durante muchos años –Carlos reflexionó unos instantes, antes de seguir–: En cuanto a lo que pienso, sí que
25 tengo algunas ideas. Parece claro que alguien está informado de vuestras visitas, en este pueblo debe de ser difícil pasar desapercibido. Y no es necesario pensar mucho para saber que a ese alguien le molestó especialmente tu conversación con el de la ferretería.

---

5 **picar alto** *coloq* buscar uc que está por encima de él − 9 **oprimido** presionado por la angustia y tristeza − 12 **una intuición** sensación de que uc va a suceder antes de que ocurra (→ intuir) − 15 **salir uc a la luz** *loc* hacerse público, ser conocido uc por todos − 20 **una denuncia** comunicación a la autoridad de una ley no cumplida (→ denunciar) − 26 **pasar desapercibido** no ser observado, ser anónimo

–¡Ese Demetrio, qué miserable! Es el único que lo ha podido contar. ¡Un mal bicho, tenía razón Sebastián!

–Basta con que se lo haya contado a su nuera o a su hijo. Y estos a alguien más: sólo así se explica la agresión a Miguel.

5 –¿Por qué? ¿Acaso hemos hecho algo malo?

–Tal como yo lo veo, habéis conseguido poner nerviosa a alguna gente. Seguramente os han querido avisar de que no van a consentir que remováis más. Ahora ya sabemos los métodos que emplean. Supongo que tú te has librado 10 por ser una chica y, sobre todo, por ser una Soutelo. Por eso se conformaron con contárselo a tu padre; seguramente le pidieron que se encargara de solucionar el problema contigo.

–¿Entonces tú crees que papá…?

–No tengo una buena opinión de mi hermano, ya lo sabes. 15 Pero no le creo capaz de ordenar que le den una paliza a Miguel. Lo que sí creo es que conoce a los que han sido capaces de hacerlo.

–¿Pero quiénes? Hablas de los que no se conforman, de los que son capaces… ¿Quiénes son «ellos»?

20 –A eso sí que no te puedo contestar, Clara. No lo sé. Pero sé cuál es mi deber, no sólo como tío tuyo, sino como persona que te quiere. Dejad este asunto, convence a Miguel en cuanto se cure. De todas formas, creo que ya conocemos bastante, lo suficiente para saber que tu padre no está empeñado en echar 25 tierra sobre el esqueleto solo para preservar el buen nombre de la familia. Hay más razones.

–¿Cuáles?

–¿De verdad te importan? Lo podríamos investigar, no debe de ser difícil saber quiénes son los que en realidad mandan en 30 el pueblo. Pero no creo que ganáramos nada.

–¿Entonces vamos a dejar que se salgan con la suya? –protesté.

---

2 *ser* **un mal bicho** mala persona – 3 **una nuera** la mujer del hijo – 11 **conformarse** estar contento con lo que se tiene, no querer más – 21 **un deber** uc que se tiene que hacer, obligación – 25 **preservar** mantener, conservar – 31 **salirse con la suya** *loc coloq* conseguir lo que se quiere, ganar

–Yo más bien diría que nos vamos a alejar del nido de víboras antes de que ataquen. Creo que has llegado muy lejos, ya tenemos muchos datos. Ha llegado el momento de recordarte en serio lo que mi madre me dijo cuando acabé la carrera.

5 –¿A qué te refieres?

–Al consejo que me dio un día que nos quedamos a solas: «Vete de aquí en cuanto puedas, todavía estás a tiempo. Tú no eres como ellos. Que no te conviertan en otro Soutelo.» Y eso mismo es lo que te repito yo ahora. Eres muy joven, aún

10 tendrás que esperar algún tiempo. Pero huye de aquí en cuanto tengas ocasión, siempre contarás con mi ayuda. ¿Qué te parece la idea de hacer la carrera en Barcelona?

–Todavía falta mucho para que llegue ese momento. ¿Y qué hago hasta entonces? –de alguna manera, era consciente

15 de que las palabras de mi tío estaban cargadas de sentido. Me habían sorprendido, pero veía en ellas una salida que de repente me resultaba muy atractiva.

–El tiempo pasa más rápido de lo que imaginas. Y mientras, paciencia y astucia, querida sobrina. Es lo mejor que te puedo

20 aconsejar.

Aquel fue el día de los abrazos. Tras nuestra larga conversación también abracé a mi tío y, a través de él, a Miguel. Las únicas dos personas en las que podía confiar por completo. Fuera de mi cuarto me esperaba un mundo hostil

25 al que no me quedaba más remedio que volver. La vida seguía y yo no podía dejarme derrotar por ella. En el futuro debería armarme de paciencia y de astucia, como mi tío me acababa de recomendar.

---

1 **un nido de víboras** Schlangennest – 6 **un consejo** Rat – 6 **a solas** sin nadie más – 19 **la astucia** habilidad lograr un objetivo – 20 **aconsejar** dar un consejo – 24 **hostil** contrario, ≠ amigo – 26 **derrotar** vencer, ganar – 27 **armarse** *de paciencia* prepararse para conseguir uc o resistir una situación contraria

El asesinato de Rafael
La confesión de Vicente

22

A las once de la mañana del día siguiente, Celsa me vino a buscar a mi habitación. Tenía que acercarse al pueblo a comprar unos moldes para las magdalenas que preparaba cada semana, así que era un buen momento para llevarme
5 a su casa. Me cambié a prisa, estaba impaciente por saber qué tenía que decirme aquel hombre que para mí era un desconocido. Llegamos enseguida, ya he dicho que vivían a poca distancia del pazo. En la casa no había nadie más que su padre, que se encontraba acostado en una de las habitaciones
10 situadas en la parte de atrás. Cuando entramos, las persianas estaban casi bajadas por completo, dejando la estancia en una semipenumbra que poco permitía ver.

Celsa las subió hasta la mitad y la luz del día inundó el cuarto. Entonces pude observar con detenimiento el dormitorio, de
15 dimensiones reducidas y con los muebles justos: la cama, la mesilla de noche, una cómoda pequeña, una butaca con varios cojines. El armario era empotrado y ocupaba toda la pared del lado de la puerta. En la cama se encontraba un hombre que me pareció muy mayor, una impresión acentuada porque estaba
20 sin afeitar. Era flaco, con poco pelo, con los ojos hundidos. Su mirada me pareció marcada por el desasosiego, como la de una persona cuando se siente perdida en algún lugar.

Al vernos entrar, se incorporó ligeramente. Llevaba puesta una camiseta gris con las letras «University of New York»
25 escritas en caracteres verdes, y supuse que sería de alguno de sus nietos. Celsa colocó dos cojines contra el cabecero de la cama en los que él apoyó la espalda. Se llamaba Vicente, fue lo primero que me dijo cuando lo saludé. Me observaba

---

3 **un molde** forma para hacer postres – 3 **una magdalena** pequeño pastel individual – 5 **a prisa** rápidamente, sin tiempo – 10 **una persiana** Rollladen – 14 **con detenimiento** con tiempo, despacio, con atención – 17 **un cojín** Kissen – 17 *un armario* **empotrado** dentro de la pared – 20 **afeitar** quitar los pelos de la barba (rasieren) – 20 **flaco** muy delgado – 20 **hundido** hacia dentro (→ hundirse) – 25 **un carácter** letra o signo de escritura

con curiosidad, supongo que trataba de descubrir en mí los rasgos que le permitieran reconocer a la niña pequeña que él recordaba.

–Así que tú eres la Clara de la que tanto me habla mi hija.
5 Tiene razón Celsa, siempre me dice que cada vez te pareces más a doña Rosalía.

Sonreí y le agradecí el cumplido, un cumplido que, de tanto escucharlo, ya comenzaba a resultarme familiar. Después me senté en la butaca y esperé a que aquel hombre me dijera lo
10 que quería contarme. Pero él se dirigió primero a su hija:

–Vete, Celsa, ocúpate de tu trabajo. Lo que le tengo que decir a Clara sólo lo puede escuchar ella.

Me di cuenta de que a Celsa le molestaban las palabras de su padre. Hizo un tímido intento de protesta, aunque pronto
15 pareció aceptar la situación. Me dijo que no tardaría más de una hora en hacer los recados y que me recogería al volver. Después se marchó. En cuanto escuchó el ruido de la puerta al cerrarse, Vicente me pidió que me acercara un poco más a su cama.

20 –Tenemos poco tiempo, Clara, de modo que te voy a hablar sin rodeos. Hay algo importante que te quiero contar, creo que tú debes saberlo.

–¿Y por qué yo? Usted apenas me conoce, no entiendo por qué me ha llamado.

25 –Sé de ti más de lo que imaginas, Celsa me cuenta muchas cosas. Puede que me equivoque, pero es un riesgo que debo correr. Creo que eres la única persona del pazo a quien le puedo confiar mi secreto.

Bajó el tono de su voz, así que me incliné hacia él para poder
30 oír bien lo que decía. Daba la impresión de que le fatigaba articular las palabras, como si se viera obligado a mantener una lucha continua contra la enfermedad que le robaba las

---

14 **tímido** *aquí*: leve, ligero – 21 **sin rodeos** directamente – 27 **correr un riesgo** *loc* arriesgar uc, estar expuesto a un peligro – 30 **fatigar** cansar – 31 **articular las palabras** hablar

escasas energías que lo mantenían con vida. Poco después, continuó:

–Un secreto muy grande, sí. Soy viejo y estoy muy enfermo, no creo que tarde mucho en morirme, y no quiero que
5 desaparezca conmigo. Al cura ya se lo he contado en confesión, debería sentirme más tranquilo después de quedarme en paz con Dios. Pero eso no me basta, no puedo irme con una carga así.

Paró de hablar, como si le costara trabajo decidirse. Su
10 respiración agitada era lo único que se oía en el silencio de aquel cuarto. Así estuvimos unos cuantos minutos más, hasta que por fin se decidió a hablar de nuevo:

–Te ruego que me comprendas. Cuando se siente la muerte tan cerca se ve la vida de otro modo. Las cosas que creías
15 importantes dejan de serlo. Y otras que has luchado por olvidar se convierten en obsesiones. Como este secreto mío.

Hasta aquel momento yo estaba viviendo la situación con curiosidad, aunque sin darle mayor trascendencia. Pero las últimas palabras de Vicente hicieron que el cuerpo se me
20 pusiera en tensión, era muy evidente la ansiedad y la angustia que transmitían. De repente tomé conciencia de que aquel era uno de esos pocos momentos en los que la vida parece adensarse y exige de nosotros una concentración máxima.

–Le juré a don Pablo que nunca lo contaría, pero creo que no
25 rompo mi promesa confesándotelo a ti. Él ya murió, igual que doña Rosalía, casi no queda nadie de aquellos años. Ahora ya no puede causar ningún daño que lo sepas. Sólo te pido que hagas un buen uso de lo que te voy a contar. Creo que ni don Víctor ni doña Ana María deberían saberlo nunca. Y supongo
30 que don Carlos tampoco, no tiene sentido causar sufrimientos innecesarios.

---

5 **un cura** uc que trabaja para la iglesia *p ej* dando misas − 7 **una carga** peso en el alma (Last) − 13 **rogar** pedir con mucha fuerza y humildad − 20 **la ansiedad** intranquilidad, desasosiego, preocupación (→ ansia) − 23 **adensarse** hacerse más denso e intenso − 24 **jurar** prometer uc a up por Dios o up querida − 30 **un sufrimiento** pena, tristeza, dolor (→ sufrir)

Asentí con la cabeza. Las preguntas surgían atropelladas en mi interior, pero por nada del mundo deseaba interrumpir el discurso que Vicente había iniciado.

–Entré a trabajar en el pazo en la primavera del año 1929,
5 nunca se me olvidará. Yo era muy joven, ni quince años tenía, pero entonces a esa edad ya había que trabajar como un hombre. Don Pablo sólo era un poco mayor que yo; quizá por eso me tomó mucho aprecio desde el principio, contaba conmigo para todo. Yo era el criado y él, el hijo del señor; pero,
10 a nuestra manera, los dos nos apreciábamos.

»En el año treinta y seis llegó la guerra. Don Raimundo y doña Carme se marcharon a Santiago a principios de agosto, no querían permanecer aquí durante aquellos días tan revueltos, en los que nadie estaba seguro. En el pazo nos
15 quedamos solos don Pablo y yo. También estaban las criadas, pero los dos éramos las únicas personas que dormíamos en el edificio. Yo lo hacía en los almacenes de abajo, tenía allí una cama en un cuarto que había preparado para mí.

»Tardé en darme cuenta de que algo extraño sucedía.
20 Aunque no solía subir a los pisos de arriba, una noche vi cómo don Pablo bajaba del desván llevando en sus manos una tartera vacía. No comenté nada, una de mis virtudes ha sido siempre la de saber callar; pero a partir de aquel día empecé a fijarme en detalles en los que en otras circunstancias no
25 hubiera reparado.

»Sospechaba que había alguien más en el pazo, alguien a quien mi amo estaba escondiendo, no le encontraba otra explicación. Eso se hizo más evidente días después, cuando esa persona misteriosa pasó a ocupar el dormitorio contiguo al
30 de don Pablo, un cuarto pequeño que estaba siempre cerrado. Me di cuenta porque las luces de los dos cuartos permanecían encendidas hasta bien entrada la noche. Ese era un detalle

---

8 **tomar aprecio a up** apreciar, estimar, considerar bien a up – 22 **una tartera** recipiente cerrado para llevar o guardar comida – 27 **un amo** señor, jefe

que nadie de fuera advertiría. Mi amo y su acompañante se pasaban hablando horas y horas, en ocasiones hasta la madrugada. Algunas veces me veía obligado a atravesar el pasillo y escuchaba el rumor de conversaciones, casi siempre
5 en el dormitorio de don Pablo. Pero hablaban en voz muy baja y apenas se les entendía nada.

»Fue en aquellos días cuando el humor de don Pablo cambió de manera evidente, como si se le hubiera agriado el carácter. A veces incluso me hablaba de malos modos, a mí
10 que siempre me había tratado con deferencia. Lo atribuí a las tensiones que estaba provocando la guerra, no había mañana en que no apareciera algún muerto en las cunetas. Ni por un momento se me ocurrió pensar que la causa podría ser el misterioso habitante del cuarto, a pesar de comprobar que las
15 charlas nocturnas acababan a veces en violentas discusiones que traspasaban las paredes y se oían en los pasillos. Así fue como tuve ocasión de escuchar algunas referencias a la guerra, a personas que habían aparecido muertas, a los falangistas... Con todo, el nombre que más veces se repetía era el de doña
20 Rosalía, que por aquel entonces era una joven soltera a quien mi amo cortejaba, aunque ella poco caso le hacía.

»Una noche, era ya a mediados de agosto, escuché un alboroto que venía del cuarto, bastante mayor que el de otros días. Eran voces subidas de tono, las propias de una discusión
25 acalorada, que se prolongaron durante mucho tiempo y sólo cesaron al producirse un ruido seco, como de un disparo. Me levanté de la cama de inmediato, durante aquellos días yo estaba siempre vigilante, por lo que pudiera ocurrir. Poco después, don Pablo me vino a buscar. Estaba muy alterado,
30 nunca le había visto el rostro tan desencajado, aunque

---

3 **una madrugada** temprano en la mañana – 8 **agriar** *el carácter* estar de mal humor y enfadado, ser menos sociable – 10 **deferencia** amabilidad, cortesía – 10 **atribuir uc a** pensar que uc es por causa de otra cosa – 16 **traspasar** pasar a través, cruzar – 21 **cortejar a up** intentar conseguir el amor de up – 23 **un alboroto** ruido producido *p ej* por una discusión – 25 **acalorado** *aquí*: apasionado, violento y en voz alta – 26 **cesar** dejar de, parar – 28 *estar* **vigilante** vigilando, observando, prestando atención – 29 **alterado** nervioso, intranquilo, inquieto – 30 **desencajado** *aquí*: blanco, con mala cara

exteriormente intentaba mantener la calma. Me dijo que
arriba había un hombre muerto, y que necesitaba mi ayuda.
Subí con él. El cadáver estaba tendido sobre la alfombra de la
habitación. Había mucha sangre a su alrededor, sobre todo en
5 la parte de la cabeza. Yo conocía a aquel hombre, en el pueblo
lo conocía todo el mundo. Se llamaba don Rafael, había venido
destinado de maestro hacía menos de un año. Era, sin duda, el
misterioso invitado que había compartido el pazo con nosotros
durante las últimas semanas.

10   Mi sorpresa fue enorme, pensaría en cualquiera antes que
en el maestro, porque estaba cansado de escucharle a mi
amo comentarios despectivos sobre él. No sabía lo que había
pasado aquella noche entre ellos, aunque era fácil aventurarlo.
Tampoco pregunté nada, ¿qué iba a preguntar? A mí me llegaba
15 con lo que don Pablo me ordenara, ya te he explicado que en
aquella época le profesaba una obediencia ciega. Quería que le
ayudara a hacer desaparecer el cadáver. «Enterrarlo, no. Ni en
la huerta ni en el bosque, siempre acaban por encontrarlos»,
me dijo. Hablaba en un tono frío y seco; había superado el
20 nerviosismo inicial y volvía a controlar la situación. «Escucha
bien lo que te voy a decir: este hombre nunca ha estado aquí,
nunca lo has visto conmigo, nunca ha entrado en el pazo.
¿Entiendes, Vicente? Por eso ahora tiene que desaparecer para
siempre.»

25   »Entonces le di la idea para deshacernos de él. Llevaba unos
días trabajando en los bajos que dan al jardín, dividiendo en
dependencias más pequeñas lo que antes era un espacio
abierto. Mi plan era sencillo: se trataba de levantar un falso
tabique y meter el cadáver en el hueco. «Emparedarlo», fue la
30 palabra que empleó don Pablo.

    »Y así lo hicimos. Lo envolvimos en la alfombra y lo bajamos
al almacén. Levanté los dos tabiques yo solo, aquella noche

---

7 **destinado** enviado, mandado a un lugar para trabajar – 16 **profesar** ofrecer, dar – 16 **la
obediencia ciega** hacer todo lo que quiere up sin pensar o examinar los motivos

trabajé hasta el amanecer sin descansar ni un minuto. Cuando acabé de recubrir las paredes con cemento, no se notaba nada: aquel cadáver quedaría oculto para siempre, nadie sabría nunca de su estancia en el pazo. Don Pablo me hizo prometer
5 que guardaría silencio hasta el día de mi muerte. Nunca más volveríamos a hablar de lo que había ocurrido aquella noche, la orden era olvidarlo todo. Y así lo hice. Cumplí mi palabra, nunca he dicho nada. Hasta hoy, que te lo confieso a ti. Los remordimientos continuaron dentro de mí y no dejaron de
10 crecer año tras año. No puedo irme al otro mundo llevándome un secreto así, ya es suficiente con que lo hiciera don Pablo. Y menos después de saber que el muerto ha aparecido por fin, después de tantos años. Es verdad que no hay nada eterno; excepto la muerte, de ahí sí que no hay manera de regresar.
15 »Sé que llevas tiempo haciendo preguntas, Celsa sabe de tus idas y venidas bastante más de lo que tú crees. Haces bien, tienes derecho a saber. No quiero pasarte la carga que yo me he visto obligado a llevar, tú tendrás que decidir si alguien más debe conocer esta historia. Pero medita bien a quién
20 se la cuentas, no vale la pena estropear la vida de nadie. Te ruego que a mi hija nunca le digas nada, no debe saber ni una palabra de esto.

Cuando acabó su larga confesión, Vicente dejó caer el cuerpo hacia atrás, liberado por fin de la tensión que lo había
25 mantenido erguido mientras hablaba. Musitó «gracias» varias veces, con un hilo de voz; su extenso relato lo había dejado extenuado. Yo me quedé callada unos minutos, mirándolo, sin saber qué decir. Supongo que debí haberle hecho más preguntas, interesarme por detalles que quizá sólo él me podía
30 revelar. Lo he pensado muchas veces, perdí la oportunidad

---

1 **un amanecer** momento del día en el que sale el sol – 9 **un remordimiento** sentimiento de intranquilidad por haber hecho uc malo – 10 **irse al otro mundo** *coloq* morir – 19 **meditar** *aquí*: pensar bien uc antes de tomar una decisión – 25 **musitar** hablar en voz muy baja casi sin que se comprenda lo que dice – 26 **un hilo de voz** una voz muy débil – 27 **extenuado** muy cansado, sin fuerzas – 30 **revelar** contar uc secreto (→ revelación)

de aclarar un poco más algunos de los misterios que todavía hoy sólo puedo intuir. Pero no lo hice, estaba demasiado impresionada por todo lo que había escuchado. Una revelación que daba respuesta a todas las preguntas que me llevaban
5 preocupando desde el comienzo del verano.

Al poco tiempo, oímos el ruido de la puerta y Celsa entró en el dormitorio. Nos encontró a los dos callados, mirándonos, tal y como nos había dejado al salir. Ella tampoco dijo nada, supongo que la disuadió la expresión grave de mi rostro.
10 Arropó a su padre, que se volvió a meter bajo las mantas, y dejó otra vez los cojines en la butaca. Yo me levanté, dispuesta a marcharme de allí. Cuando ya salía, escuché otra vez la voz apagada de Vicente:

–Don Pablo después cambió mucho, nunca volvió a ser el
15 mismo. Y más tarde, cuando se casó, a quien le fui siempre fiel fue a doña Rosalía. Ella sí que era una buena persona.

Me fui, me fui con Celsa. Sabía que no volvería a ver a aquel hombre nunca más, que era la última vez que entraba en aquella casa. Y sabía también que jamás podría olvidar el
20 tiempo que había pasado allí, porque las revelaciones que acababa de escuchar eran demasiado importantes. No porque dieran respuesta a las preguntas que Miguel y yo, y también Carlos, nos habíamos venido haciendo desde el principio del verano: eso era lo de menos. Aquellas palabras eran
25 importantes porque iluminaban con una luz distinta –más dura, más intensa, más cruel– toda mi historia familiar. Por eso me afectaban tanto. Porque las repercusiones de aquel crimen de hacía tantos años también me alcanzaban a mí, aunque entonces no fuera capaz de intuir la intensidad con la que me
30 iban a golpear.

---

9 **disuadir** desaconsejar uc, quitar una idea de la cabeza – 10 **arropar** tapar, cubrir con ropa – 10 **una manta** Decke – 15 **fiel** loyal – 26 **cruel** atroz, horrible – 28 **alcanzar** llegar hasta un cierto lugar o punto

23 El entierro de Rafael

En los días finales de agosto llegaron al pazo mi tía Ana María y César, su marido, que venían de hacer un dilatado viaje por el Mediterráneo en el yate de unos amigos suyos. Que hubiera más gente en la casa contribuyó a que me fuera más fácil llevar
5 una vida independiente. Dejé de ir por el pueblo, odiaba a todo el mundo después de lo que le había sucedido a Miguel. Volvía a pasar muchas horas en el mirador, sola, con la sensación de que el verano, que pronto acabaría, era como un bucle que se cerraba sobre sí mismo. Otras veces también me encerraba en
10 mi cuarto, embebida en la lectura o dejando pasar las horas sin hacer nada, con la certeza de que estaba cada vez más próximo el final de aquel extraño verano, y también el momento de regresar a la rutina de la ciudad.

Supongo que no somos conscientes, hasta muchos años
15 después, de la importancia que tienen algunas etapas de nuestra vida. Releo las notas del diario correspondientes a aquellos días y me parecen pobres y superficiales. No expresan en ningún momento la trascendencia que acabó teniendo todo lo sucedido durante aquellos dos meses. Quizá porque,
20 como ya he dicho, anotaba los hechos externos y dejaba sin recoger la multitud de sentimientos encontrados que hervían en mi cabeza.

Compartí con mi tío y con Miguel el secreto que me había transmitido el padre de Celsa –era un peso demasiado grande
25 para llevarlo yo sola–, pero me guardé para mí la identidad del autor de la revelación. Qué más daba, eso no era lo importante. Al final, sobre todo para Carlos, supongo que no debía de ser difícil intuir cuál era la fuente.

---

2 **dilatado** *aquí*: largo – 3 **un yate** barco de vacaciones (Yacht) – 8 **un bucle** *aquí*: círculo –
10 **embebido** concentrado – 16 **correspondiente a** tiene relación con uc o up – 21 **hervir**
pensamientos fig aufbrausen – 28 **una fuente** *de información* lugar de donde sale un
conocimiento

Cuando lo hablé con mi tío, que se había ausentado dos días a causa de un viaje al museo Serralves de Oporto, se quedó tan anonadado que tardó un tiempo en reaccionar. Permaneció con la mirada ausente durante bastantes minutos, como si
5 en vez de estar en mi cuarto se encontrase en otro lugar muy distante, perdido entre sus recuerdos. «El hijo de un asesino», repitió varias veces con la cabeza entre las manos, como si fuera un mantra obsesivo. «La nieta de un asesino», podría repetir yo también, aunque en aquel momento no dije nada. Cuando
10 Carlos consiguió recuperarse, iniciamos una conversación con el propósito de ordenar tanta información nueva.

–Todavía tengo muchas dudas, nunca sabremos si fue un acto impulsivo o meditado. Y tampoco si papá lo mató por diferencias políticas o amorosas. O por una mezcla de las dos
15 –dijo en algún momento del diálogo–. Quizá sea mejor no saberlo con seguridad. Creo que no podría soportarlo.

–¿Por qué dices eso?

–Porque, si lo pienso fríamente, no encuentro más que crueldad en la conducta de mi padre. Traicionar de ese modo a
20 su amigo, engañarlo para atraerlo al pazo y acabar matándolo. Desaparecido Rafael, tenía el camino libre para conquistar a mi madre. Lo terrible es pensar que, si fue deliberado, su plan obtuvo un éxito rotundo.

Mi tío creía que la abuela Rosalía debió de sospecharlo,
25 quizá incluso llegó a saberlo con seguridad en algún momento. Era evidente que ella nunca había olvidado a Rafael, guardó siempre las fotos y las cartas en un lugar secreto. ¿Habría llegado de verdad a conocer el papel que había jugado su marido? Nunca lo sabríamos, aunque Carlos sí tenía una
30 teoría sobre el momento en que eso pudo ocurrir. Me contó

---

1 **ausentarse** no estar presente, haberse ido – 2 **Museo Serralves** Museo de arte contemporáneo de estilo art déco – 4 **ausente** lejano, perdido (→ ausentarse) – 8 **un mantra** *ms* en el hinduismo y en el budismo, sílabas, palabras o frases sagradas que se repiten al meditar – 10 **recuperarse** *de la noticia* volver a su estado anterior – 19 **la crueldad** insensibilidad por el sufrimiento de up (→ cruel) – 19 **traicionar** verraten (→ traición) – 23 **rotundo** *aquí*: completo, total – 28 **jugar un papel en uc** *loc* eine Rolle spielen

que el primer año que él se marchó a estudiar a Santiago, sus padres dejaron de dormir juntos y la abuela Rosalía se trasladó al dormitorio que le conocí desde siempre, el lugar donde encontré las fotos. Algo debió de ocurrir para que
5 tomara la decisión de acabar con su matrimonio, aunque siguieran manteniendo las formas. Pero ese era otro dato que permanecería en el misterio para siempre.

Lo que Carlos no se atrevió a expresar con palabras, pero sí insinuó varias veces, era la sospecha de que mamá Rosalía
10 había provocado la muerte de su marido, que lo había conseguido de un modo muy hábil con la medicina que escondía en el estuche. ¿Para vengar el asesinato de Rafael o para librarse de un marido que le hacía la vida inaguantable? Tampoco lo sabríamos, hay cosas del pasado fuera de nuestro
15 alcance. Y, a pesar de que nunca le dije nada a Carlos, a mí todavía me quedaba otra duda más: ¿cuánto de todo esto sabía o sospechaba mi padre? ¿Era esta la verdadera razón de que se empeñara en echar tierra sobre el cadáver de Rafael, más que la disculpa de salvaguardar el nombre de la familia? Pero estas,
20 como las de Carlos, eran todas preguntas sin respuesta.

El 28 de agosto fui a ver a Miguel a su casa. Todavía se veía obligado a guardar cama, pero ya tenía un aspecto mucho mejor del que me había descrito mi tío. La señora Hortensia y su madre manifestaban una preocupación evidente, incluso
25 sospecho que no les gustó mi visita. Tal vez consideraban que yo era la culpable última de lo que le había ocurrido, y no les faltaba parte de razón. Al principio, su madre se quedó también en la habitación, parecía no querer dejarnos solos. Tuvo que ser Miguel quien le pidiera que se marchase de allí,
30 tras varios minutos de charla intrascendente.

---

5 **un matrimonio** unión legal entre dos personas (Ehe) – 9 **insinuar** decir uc indirectamente – 13 **inaguantable** insoportable, desagradable – 22 **guardar cama** quedarse en la cama, reposar

Cuando por fin nos vimos solos, nos besamos y nos abrazamos con ganas. Hacía muchos días que no estábamos juntos y los dos deseábamos sentir el cuerpo del otro. A él todavía le dolían los labios, hinchados por la inflamación, pero
5 supongo que le gustaban más mis besos, porque no se quejó lo más mínimo.

Fue esa tarde cuando le conté también a él todas las informaciones nuevas que tenía, incluso algunos de los pensamientos que mi tío había expresado en voz alta. «Es
10 un secreto», le dije, «ni tu madre ni tu abuela tienen por qué saberlo». También Miguel se asombró al conocer las circunstancias del asesinato de Rafael, así como la posible venganza de mi abuela, que él daba por cierta. Con todo, en el fondo tampoco se sentía demasiado sorprendido, era como
15 si las noticias que le daba encajaran con su visión del mundo. «Ricos y pobres, vencedores y vencidos. La historia siempre acaba siendo la misma», recuerdo que me dijo en un momento de la conversación. «Los del pazo siempre seréis los del pazo».

–Serán –le corregí–, no me metas a mí en el mismo grupo.
20 Recuerda lo que te dije una vez: uno no puede elegir la familia en la que nace.

Durante los días siguientes nos vimos en más ocasiones, pero ya fuera de su casa, pues él se sentía mejor y comenzó a hacer una vida normal, aunque sin reincorporarse a su trabajo
25 en el taller. Recuerdo que viví esa última semana del mes centrada casi exclusivamente en mi relación con Miguel, no me importaba nada desafiar la prohibición de mi padre. El día 31 fuimos otra vez al río, a la Pena do Encanto que ya se había convertido en nuestro lugar secreto. Fue otro atardecer de
30 besos y caricias, fue otra noche de estrellas fugaces estallando en mi interior. Volví a casa tarde, muy tarde, y me gané otra bronca terrible de mi padre. Pero no me importó aguantarla,

---

4 **una inflamación** Schwellung – 13 **dar por cierto uc** pensar que es verdad – 16 **un vencido** up que pierde *p ej* una guerra – 24 **reincorporarse** volver a, regresar – 30 **una caricia** tocar algo muy suavemente (Streicheln) – 32 **una bronca** discusión, pelea ruidosa

no me paralizaron sus ojos amenazadores, no me paralizarían
nunca más. Callé, eso sí, por primera vez puse en práctica las
recomendaciones de mi tío. En aquellos momentos ya sabía
que mi vida entraba en otra etapa diferente en la que nada iba
5 a ser igual.

El cuatro de septiembre es la última fecha que tengo anotada
en mi diario de aquel verano. Mis padres habían decidido
prolongar las vacaciones algunos días más, debido al tiempo
excepcional del que disfrutábamos, y esa casualidad fue la
10 que hizo posible que pudiera asistir al entierro de los restos
de Rafael. Fue Carlos quien lo supo, a través de su amiga
Ana. Aunque el caso permanecía formalmente abierto, el
juez decidió que los restos encontrados en el pazo, que para
la justicia seguían siendo tan anónimos como el primer día,
15 fueran enterrados en el cementerio del pueblo.

El cementerio de Vilarelle está situado a las afueras y carece
del encanto de los antiguos camposantos rurales. Existía
otro cerca de la Plaza Mayor, con panteones y tumbas que
testimoniaban su antigüedad, pero ya hacía años que no se
20 enterraba a nadie en él. El nuevo era un espacio rectangular
más frío e impersonal, con senderos de cemento que lo
atravesaban en las dos direcciones y con las paredes ocupadas
por hileras de nichos que, vistas desde lejos, parecían bloques
de extraños apartamentos. Fue en uno de esos nichos, situado
25 casi al nivel del suelo, donde dos empleados de la funeraria
depositaron una sencilla caja que contenía los huesos del
esqueleto encontrado en el pazo. Además del juez, de la
forense y de otros dos hombres que debían de haber venido en
calidad de testigos del acto, las únicas personas que asistimos
30 a la fría ceremonia fuimos Miguel, mi tío y yo.

1 **amenazador** amenazante – 10 **un entierro** acción y efecto de enterrrar (Beerdigung) –
17 **el encanto** belleza, atractivo, magia (Charme) – 17 **un camposanto** cementerio –
17 **rural** del campo – 18 **un panteón** monumento en el cementerio donde se entierra a
varias personas normalmente de una misma familia – 19 **testimoniar** demostrar, dar o
mostrar testimonio (bezeugen) – 19 **la antigüedad** edad de uc (→ antiguo) – 23 **un nicho**
hueco en la pared de un cementerio para el muerto

Aquella mañana supuse que para el juez y las otras personas sólo se trataba de un acto burocrático más, una molesta ocupación que formaba parte de sus obligaciones y que no les importaba nada. Supe más tarde que estaba equivocada, que únicamente era obligatoria la presencia de un testigo y de los empleados de la funeraria, y que ni el juez ni la forense solían asistir a actos como aquel. Ana había venido acompañando a mi tío, pero todavía hoy desconozco las razones que movieron al juez a acercarse al cementerio. ¿Una petición expresa de mi padre o cierta curiosidad ante aquel asesinato sin resolver? Nunca lo llegué a saber.

De todos modos, sé que para todos ellos lo que se estaba enterrando eran los restos de un muerto que ni un nombre poseía. Pero para nosotros tres era una ceremonia muy importante, pues se le daba sepultura a una persona que, a nuestra manera, queríamos acompañar y desagraviar. Para nosotros sí tenía nombre, aunque desconociéramos otros datos biográficos, y tenía también una vida de la que habíamos llegado a conocer los retazos suficientes para sentirlo muy próximo a las nuestras. Rafael había sido amigo del bisabuelo y del tío abuelo de Miguel, había compartido con ellos un tiempo de esperanza, los ideales de una sociedad mejor y más justa. Y, sobre todo, había sido el amor de mi abuela Rosalía, que quizá se hubiera casado con él si aquella guerra atroz no lo hubiera desbaratado todo. Y era también el hombre a quien mi abuelo había asesinado, en un crimen perfecto que había logrado burlar las garras del tiempo.

Fue un entierro triste, una tristeza a la que el cielo, cargado de nubes grises que ya presagiaban el otoño, parecía querer sumarse. Allí estuve, con Miguel a un lado y mi tío al otro, mientras colocaban la losa de granito y sellaban después los bordes con cemento. Antes de salir, había cortado unas

---

10 **resolver** solucionar – 15 **dar sepultura** enterrar – 16 **desagraviar** reparar un daño hecho – 27 **burlar** engañar, mentir (→ burla) – 27 **la garra** (Kralle) *del tiempo aquí*: el paso del tiempo – 29 **presagiar** saber lo que va a pasar por señales o presagios – 31 **una losa** piedra – 31 **sellar** cerrar herméticamente

cuantas rosas en los jardines del pazo y había hecho con ellas un ramo apresurado, que en ese momento coloqué en el nicho, apoyado contra la placa vacía de nombres y de fechas. Unas gotas de color sobre el gris de la piedra.

5   Fue el último homenaje a una persona que, desde el abismo del tiempo, había contribuido a cambiarme la vida de modo decisivo. Sus huesos habían abandonado las tinieblas de su extraña tumba al comienzo del verano, y volvían a la oscuridad del nicho cuando el verano llegaba a su fin. Apenas habían

10   sido dos meses de regreso a la luz, tiempo suficiente para dejar en nosotros una huella imborrable. Pues los tres éramos conscientes de que, en aquellas pocas semanas de nuestra vida, no sólo habíamos conseguido rescatar la memoria de Rafael de la voracidad del olvido. También él, con su presencia

15   muda, había sido como la piedra que al caer agita las aguas encharcadas de un estanque y provoca la sucesión de ondas que acaban por alcanzar a toda la superficie. Así me habían alcanzado a mí, zarandeada hasta lo más hondo por los sucesos de una etapa inolvidable.

---

4 **una gota** Tropfen – 7 **la tiniebla** oscuridad, falta de luz (Finsternis) – 11 **imborrable** que permanece, no se puede eliminar – 14 **la voracidad** → voraz – 16 **encharcado** *aquí*: quieto, que no se mueve – 16 **un estanque** aguas artificiales que se encuentran en los jardines y parques – 16 **una onda** Welle – 18 **zarandear** mover de un lado a otro con fuerza

24

Debo poner el punto final a este escrito, aquel verano ya no dio para más. La vida, sí, claro; la vida siempre sigue su curso sin hacer caso a los límites arbitrarios que le intentamos poner. Regresamos a la casa de A Coruña, a la misma rutina de todos los inviernos. Comencé el último curso de bachillerato, tratando de guiarme siempre por las pautas que me había dado Carlos. Viví aquel curso y el siguiente con un distanciamiento progresivo de mis padres, que parecían resignarse ante un comportamiento que no comprendían. Lo achacaban a la adolescencia, a las crisis de la juventud, y yo no hacía nada por sacarlos de su error. Ellos no tenían por qué sospechar que el mal era más profundo: no sabían lo que yo sabía, ni tan siquiera lo imaginaban.

Fueron años muy duros para mí. Aunque las circunstancias me hicieron crecer aceleradamente, quizá yo no tenía la edad ni la madurez necesarias para enfrentarme a una situación tan adversa. Callarme todo cuanto sabía, no dejarme arrastrar por la parte oculta del iceberg que imaginaba, soportar una convivencia familiar que, sobre todo con mi padre, se me hacía insoportable. Y la soledad, la sensación de soledad profunda, a pesar de estar rodeada de gente durante la mayor parte del día. Fueron años duros, ya lo he dicho, así están grabados a hierro en mi memoria.

Me ayudaron a sobrevivir las cartas de Miguel, y también las de Carlos. Abandoné mi diario, donde sólo encuentro notas cada vez más breves y distanciadas. Era mucho mejor escribirles a las personas queridas, saber que alguien leía las únicas palabras sinceras que en aquella época podía expresar. Nunca les escribí tanto como durante aquellos cursos. Ellos

---

1 **poner el punto y final a uc** terminar – 3 **arbitrario** convencional, acordado (eigenmächtig) – 6 **una pauta** norma, regla – 9 **achacar** responsabilizar a uc por otro (auf etw schieben) – 15 **aceleradamente** precitadamente, más rápido de lo normal – 17 **adverso** contrario, negativo, opuesto – 19 **una convivencia** vida común con personas

fueron las manos que me sostuvieron a lo largo de tantos meses de aquel exilio interior en el que viví.

Los dos veranos siguientes no volví a Vilarelle. Los pasé fuera con el consentimiento familiar; tenía el pretexto de que 5 debía mejorar mi inglés. El primer año, en Londres, aturdida por la experiencia de sentirme en un país extranjero, libre por primera vez de la tutela de mis padres. El segundo verano lo pasé en una granja perdida en las planicies de Illinois, en el seno de una familia que me acogió dentro de un programa 10 de inmersión. Fue una experiencia necesaria, que me sirvió para aprender a convivir con la soledad. De aquellos meses guardo imágenes imborrables, como los inmensos campos de maíz extendiéndose hasta donde abarcaba la vista o el insólito espectáculo del aire plagado de miles de luciérnagas que 15 iluminaban la noche con su luz fosforescente.

Cuando llegó el momento de matricularme en la universidad, opté por Literatura e Historia del Arte en la Autónoma de Barcelona. El disgusto de mis padres fue memorable, ellos tenían otros planes diferentes para mí. Pero no cedí; ya era 20 mayor de edad y contaba con la ayuda de Carlos, la económica y la afectiva. Durante unos meses viví en su casa, donde por fin conocí a Andreu e inicié con él una amistad que hoy, desaparecido Carlos, continúa firme y muy viva. Más tarde me independicé y compartí diversos pisos con amigos que fui 25 haciendo a medida que me asentaba en mi nuevo territorio.

Mi tío llegó a un acuerdo con Miguel, eso lo supe años después. Le ofreció lo que se podría considerar una beca atípica, pagarle los estudios que eligiera. La propuesta de

---

5 **aturdido** desorientado, confuso, desconcertado – 7 **una tutela** cuidado, control y autoridad de los padres – 8 **una granja** Bauernhof – 8 **una planicie** terreno recto (Ebene) – 8 **Illinois** estado de los Estados Unidos situado en el Medio Oeste que vive de la industria y de la agricultura – 10 **una inmersión** *en un idioma* aprenderlo estando en contacto continuo con él – 13 **abarcar** alcanzar, llegar con la vista – 14 **plagado** lleno – 14 **una luciérnaga** Glühwürmchen – 16 **matricularse** inscribirse – 17 *Universidad* **Autónoma de Barcelona** universidad pública de Cataluña fundada en 1968 – 18 **memorable** *aquí:* muy grande, para recordar – 20 **ser mayor de edad** tener 18 o más años – 25 **asentarse** *en un lugar* vivir de foma definitiva en un lugar – 27 **una beca** Stipendium

Carlos quizá nacía del deseo de liberar a mi amigo de un destino que parecía prefijado o de cierta mala conciencia por pertenecer al linaje de los Soutelo, no lo sé. Y así, a destiempo, Miguel estudió el bachillerato y después comenzó la carrera de
5 Periodismo en Compostela.

Aunque nos seguimos viendo varias veces al año, en las breves temporadas en que yo volvía a la casa de A Coruña, nuestro amor adolescente se fue desvaneciendo. Tal vez por el tiempo, o por la distancia, o porque tenía que ser así y cada
10 uno debíamos de seguir nuestro camino. El amor y la pasión desaparecieron, pero la amistad, no. La amistad siguió firme, creciendo con nosotros. Ahora trabaja de redactor en un periódico de Vigo y, al mismo tiempo, se dedica a la fotografía. Su trabajo es sorprendente y deja clara su actitud inconformista
15 ante la vida. Le va bien, está contento. Y sigue siendo mi mejor amigo, la persona a la que llamo cuando la vida me golpea y preciso un puerto en el que refugiarme.

Los golpes de la vida… Los hubo simbólicos, como la muerte de Joe Strummer en diciembre de 2002. La voz que
20 tanto me había acompañado durante aquellos años decisivos desapareció para siempre, aunque tenga el consuelo de que me queden sus discos. También hubo lugar para otros golpes reales, esos que la vida parece elegir para ponernos a prueba. El último fue la muerte de Carlos, pronto hará un año.
25 Cuando acabé mis estudios comencé a trabajar con él en la editorial, así que también le debo gran parte de mi experiencia profesional. Fue siempre mi apoyo más cercano, mi segundo padre. Podría seguir disfrutando de su afecto, y de todo lo que me enseñaba sobre la vida, pero un accidente absurdo, en uno
30 de sus frecuentes viajes, nos privó para siempre de su alegría y de su lucidez.

---

2 **prefijado** anteriormente determinado o hecho – 3 **a destiempo** *loc* fuera de tiempo o del momento oportuno – 5 **Compostela** Santiago de Compostela – 13 **Vigo** ciudad situada en el occidente de la provincia de Pontevedra (Galicia) – 17 **un puerto** Hafen – 17 **refugiarse** buscar refugio – 21 **un consuelo** Trost – 30 **privar de** dejar sin uc – 31 **la lucidez** claridad mental y rapidez intelectual

En la lectura del testamento descubrimos que Carlos ya había previsto una eventualidad así. Le dejaba a Andreu la propiedad de las galerías y a mí, la editorial de los libros de artista.

5 Y nos dejaba además a los dos el tesoro que guardaba en su ordenador, el texto que había ido escribiendo pacientemente a lo largo de los últimos años, una crónica lúcida y nada complaciente de la realidad que le había tocado vivir. Memoria de mí, así lo titulaba él en su testamento, donde dejaba

10 perfectamente claro su deseo de que solo nosotros dos lo debíamos leer.

En la editorial hicimos una edición en la que extremamos todos los cuidados. Una edición de tirada extraordinariamente limitada: dos únicos ejemplares, uno para Andreu y otro

15 para mí. Releo cada poco tiempo las páginas de un libro tan singular, y vuelvo muchas veces a las notas de aquel verano, donde tanto aparezco yo y mi búsqueda ingenua del sentido de la vida.

Pero todavía releo muchas más veces el texto que Carlos

20 colocó al comienzo de su libro. Es una cita de James Joyce, un autor que él veneraba de manera particular, tomada de su libro Retrato del artista adolescente:

No serviré por más tiempo a aquello en lo que no creo, llámese mi hogar, mi patria o mi religión. Y trataré de

25 expresarme en algún modo de vida o arte, tan libremente como pueda, tan plenamente como pueda, usando para mi defensa las solas armas que me permito usar: silencio, destierro y astucia.

Destierro, sí, nunca más volveré a Vilarelle. Pero silencio,

30 no. Cuando a veces rememorábamos aquel verano tan

---

6 **pacientemente** con paciencia – 7 **lúcido** con la mente clara – 9 **titular** un libro ponerle nombre – 12 **extremar** llevar uc al extremo (übertreiben) – 16 **singular** especial, único – 21 **venerar** adorar (verehren) – 24 **un hogar** casa – 24 **una patria** país en que se ha nacido (Heimat) – 26 **plenamente** completa, total y enteramente – 27 **un destierro** exilio (Verbannung) – 30 **rememorar** recordar, acordarse de

importante en mi vida, Carlos siempre me decía «cuéntalo, cuéntalo cuando te sientas con la capacidad y con las fuerzas necesarias. No dejes que se desvanezca en el tiempo, como si fueran recuerdos inútiles».

5   A pesar de los años transcurridos, aquí está este texto que hoy concluyo. De algún modo, es otra tumba abierta. En ella esperaba aquel Rafael al que la justicia nunca le otorgará un reconocimiento, el caso quedó archivado como mi padre quería. Es igual: lo importante es que viviera todos estos años
10 en mi memoria, y que viva a partir de ahora en estas líneas. Que este escrito mío sea el grito silencioso de ese Rafael que mi abuela amó, y de tantos como él que también amaron y soñaron en tiempos difíciles, dejándose guiar por el deseo de vivir que late en todo ser humano. El mismo que siento
15 palpitar en mí, el que me ha dado fuerzas para llegar a estas palabras con las que ahora finalizo.

8 **un reconocimiento** Anerkennung (→ reconocer) – 11 **un grito** Schrei (→ gritar) – 14 **latir** existir, moverse, vivir – 15 **palpitar** mostrarse, manifestarse intensamente

AGRADECIMIENTOS

Escribir una novela es siempre un arduo y largo viaje, con la soledad como principal compañera. Pero también hay voces amigas que sirven de compañía y de ayuda, y que acaban por
5 ser imprescindibles para poder llegar hasta el final. Por eso quiero que quede constancia aquí de mi agradecimiento a las personas que me ayudaron a lo largo del proceso.

Montse Paz y Manolo Bragado me permitieron saquear su biblioteca en busca de los libros que necesité para informarme
10 sobre la arquitectura de los pazos y las circunstancias de la guerra civil en Galicia. También Antonio Reigosa, desde el Museo Provincial de Lugo, me proporcionó información muy útil sobre algunos pazos que me interesaban especialmente. El abogado Xulio Villarino me asesoró en las cuestiones que
15 tienen que ver con los procedimientos judiciales, y José Antonio Sampayo, médico forense, hizo otro tanto con las cuestiones relacionadas con su labor profesional. Los dos, además, asumieron el trabajo de leer un borrador de la novela y señalarme los errores que en él había. Y Mariña, mi hija,
20 además de estar conmigo los días frenéticos y entusiastas en los que planifiqué la novela, me aportó datos muy útiles sobre The Clash y otros grupos musicales.

Bernardo Máiz y Mª Carmen Bar me ofrecieron informaciones muy valiosas sobre algunos de los aspectos más im-
25 portantes de la historia. Ambos aparecían como personajes de ficción en uno de los capítulos del borrador de la novela, finalmente suprimido (porque, como ocurre en las películas, a veces los autores también nos vemos forzados a sacrificar fragmentos en el montaje final. Con el agravante de que aquí,

---

2 **arduo** difícil, complicado – 8 **saquear** *fig* robar todo lo que hay en un lugar – 14 **asesorar** dar consejo – 20 **frenético** exaltado, apasionado – 21 **aportar** dar uc – 27 **suprimido** eliminado – 28 **sacrificar** renunciar a uc en provecho de otra cosa o de up (opfern) – 29 **un montaje** *de un libro* Zusammensetzung – 29 **un agravante** desventaja, inconveniente

a diferencia de los DVD, no es posible incluirlos en el apartado de «Extras»). Aun así, su presencia soterrada es perceptible en muchas páginas.

El apoyo continuado de Isabel Soto durante el proceso de redacción del libro fue muy importante para mí. A ella y a Manolo Bragado les debo además la lectura atenta del primer borrador y las valiosas sugerencias que ambos me hicieron. También debo agradecer las palabras de estímulo de Miguelanxo Prado y Uxía López Meirama, que se entusiasmaron con la idea original. Y no puedo olvidar la ayuda de Xavier Senín, que me prestó su ordenador para que no me viera obligado a interrumpir el trabajo durante varias semanas. Por último, Dolores Torres París, con su revisión minuciosa, contribuyó a darle la forma definitiva al texto.

Y, por supuesto, gracias especiales a Dinah Washington, tan viva como cuando, en la década de los cincuenta del siglo pasado, grabó algunos discos excepcionales. Esos álbumes –*For Those in Love*, sobre todo– fueron la parte principal de la banda sonora que me acompañó durante las muchas horas que pasé escribiendo este libro.

---

2 **perceptible** que se puede notar o ver – 9 **un estímulo** ánimo, motivación – 10 **entusiasmarse con uc** sich begeistern (→ entusiamo) – 11 **prestar uc** ausleihen – 15 **Dinah Washington** (1924-1963) cantante estadounidense de blues, jazz y pop – 19 **una banda sonora** Soundtrack

Agustín Fernández Paz

El autor y su obra

Agustín Fernández Paz
Vilalba (Lugo), 29 de mayo de 1947 - Vigo (Pontevedra),
12 de julio de 2016

Perito Industrial Mecánico, Maestro de Enseñanza Primaria, Licenciado en Ciencias de la Educación, Diplomado en Lengua Gallega.

Trabajó primero como profesor de EGB y, más tarde, de Enseñanza Media, en diferentes centros escolares. Durante varios años trabajó como Coordinador Docente de Galego. En la actualidad es profesor de Enseñanza Secundaria (Lengua y Literatura Gallegas) en el IES "Os Rosais 2", de Vigo.

Entre 1988 y 1990 fue miembro del gabinete de Estudios para la reforma educativa da Consellería de Educación e Ordenación Universitaria, formando parte del equipo de los Diseños Curriculares de primaria y secundaria. Miembro del Consejo de Cultura Gallega y asesor de programa SOL de la Fundación Germán Sanchez Ruiperez.

Perteneció a los colectivos pedagógicos "Avantar" y "Nova Escola Galega", de los que fue co-fundador. Ha impartido numerosos cursos sobre diferentes temas, la mayoría relacionados con la didáctica de la lengua, la normalización lingüística y los medios de comunicación. Escribió en revistas sobre esos mismos temas. Fue co-autor de numerosos materiales didácticos, la gran mayoría dirigidos a la enseñanza de la lengua, y de diferentes libros de lecturas.

Hizo crítica de literatura infantil-juvenil y de cómics; codirigió la colección „Merlín" de Edicións Xerais. Ha sido autor de numerosos trabajos de normalización lingüística, de didáctica de la lengua, de promoción de la lectura, de literatura infantil, de introducción de los medios de comunicación en las aulas.

Obras

- *Cuentos por palabras* (1991)
- *Amor de quince años* (1997)
- *Cartas de invierno* (1998)
- *Las hadas verdes* (2000)
- *Aire Negro* (2001)
- *Avenida del Parque* (1996)
- *Noche de voraces sombras* (2003)
- *Mi nombre es Skywalker* (2003)
- *Corredores de Sombras* (2006)
- *A neve interminable* (2015)

Premios

- Premio Lazarillo 1990 por *Contos por palabras*
- Premio Merlín en 1989 por *As flores radiactivas*
- Premio de Literatura Infantil "Raíña Lupa" por *Cos pés no aire.*
- Premio de Literatura Protagonista Jove 2001, IBBY Honour List 2002 y White Ravens 2001 por *Aire negro.*
- Premio O Barco de Vapor 2003 por *O meu nome é Skywalker*

Además de los correspondientes a su labor literaria, hay otros trabajos suyos que merecieron diferentes galardones. Entre ellos, cabe destacar el 1º Premio del „Concurso de guións de vídeos didácticos", con el trabajo: „Xan de Xenaro: memoria de 32 años", sobre la vida de un guerrillero del maquis gallego, escrito en colaboración con el historiador Bernardo Maiz. Por el conjunto de sus escritos sobre cómics se le concedió, en 1992, el „Premio Ourense de Banda Deseñada". El libro CANLES 5, del que es co-autor, recibió el „Premio Emilia Pardo Bazán", del Ministerio de Educación, para libros de texto no sexistas.

Abreviaturas y símbolos

aquí:	=	señala un significado específico de la palabra en el contexto
coloq	=	coloquial
despect	=	despectivo
etw	=	etwas
eufem	=	eufemismo
f	=	femenino
fam	=	lenguaje familiar
fig	=	lenguaje figurativo
gall	=	expresión en lengua gallega
ger	=	gerundio
inf	=	infinitivo
lit	=	literario
loc	=	locución, giro idiomático
m	=	masculino
p ej	=	por ejemplo
pl	=	plural
s	=	singular
uc	=	una cosa, algo
up	=	una persona, alguien
vulg	=	*expresión vulgar*
≠	=	contrario de
→	=	remite a una palabra ya conocida